すごい！平屋

X-Knowledge

すごい平屋のつくり方

近年、平屋に憧れる人が増えています。心地よい縁側やテラスを設け、思い立ったらすぐ外に出られる庭とのつながり。階段の上り下りがなく、安全で地震にも強いストレスフリーな構造など、平屋には、ある意味で「理想の住まい」の要素が詰まっているといえそうです。これらの長所をいかに巧く引き出せるかが、「すごい平屋」のカギになります。

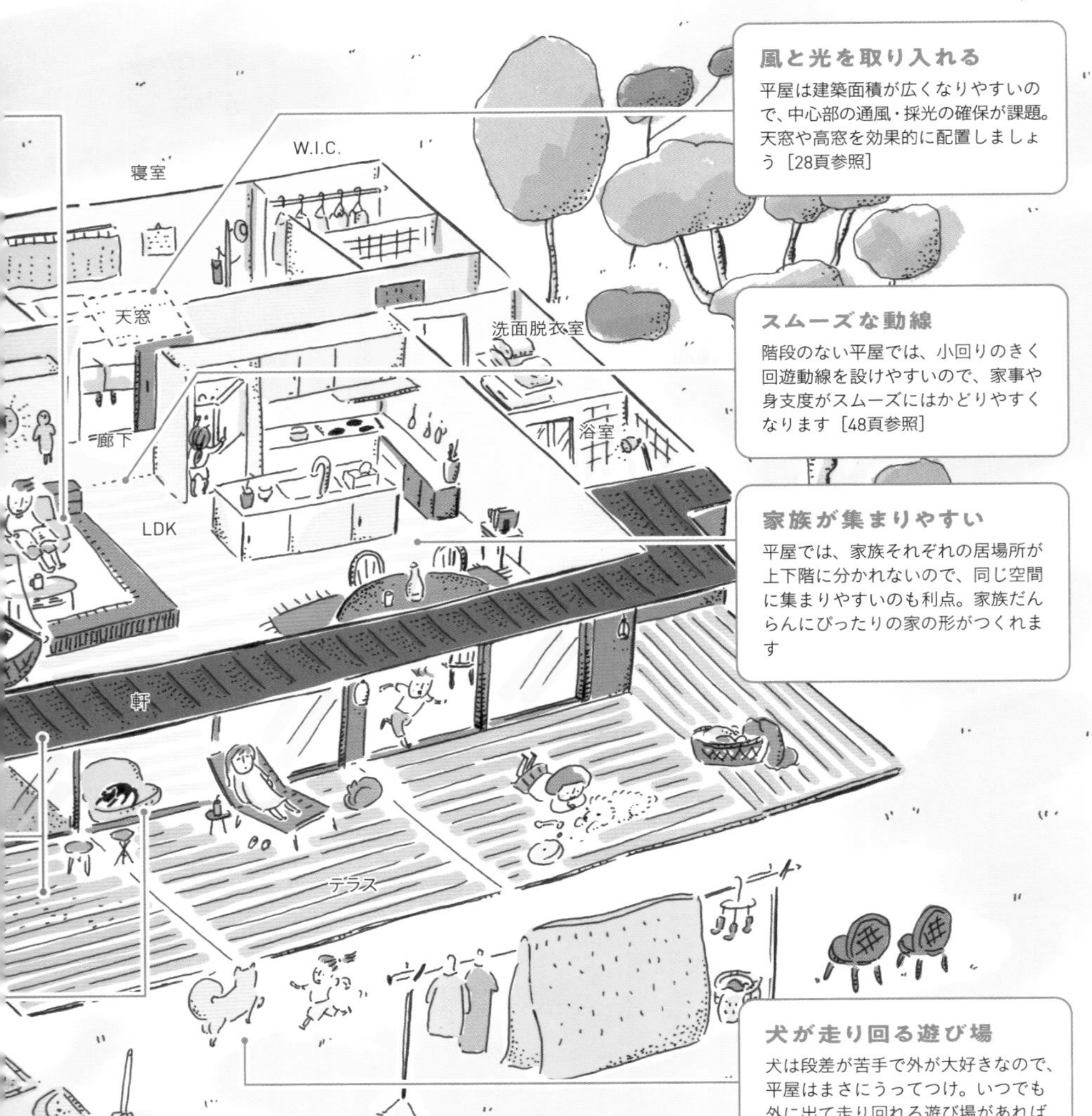

風と光を取り入れる

平屋は建築面積が広くなりやすいので、中心部の通風・採光の確保が課題。天窓や高窓を効果的に配置しましょう［28頁参照］

スムーズな動線

階段のない平屋では、小回りのきく回遊動線を設けやすいので、家事や身支度がスムーズにはかどりやすくなります［48頁参照］

家族が集まりやすい

平屋では、家族それぞれの居場所が上下階に分かれないので、同じ空間に集まりやすいのも利点。家族だんらんにぴったりの家の形がつくれます

犬が走り回る遊び場

犬は段差が苦手で外が大好きなので、平屋はまさにうってつけ。いつでも外に出て走り回れる遊び場があれば完璧です［80頁参照］

プラン原案：松原正明（木々設計室）

あえて廊下を設ける

部屋と部屋がワンフロアでつながる平屋では、あえて廊下を設けて空間を切り分けるのも1つの手。また、天窓や高窓、欄間などを活用すれば、各室に光を届ける明り取りとしても活躍します［36頁参照］

高さの変化でメリハリを

設計によっては、単調な印象にもなりかねない平屋。天井や床の高さに変化をつければ、空間にメリハリが生まれます［56頁参照］

敷地に余白を残す

広い敷地をあえて使い切らず、30坪程度の小さな平屋を建てるのもお勧め。その分庭の面積が増えるので、外部とのつながりを贅沢に楽しめます［40頁参照］

小屋裏を活用する

ロフトなどを設ければ、採光や収納など、さまざまな問題が解決できます［64頁参照］

地震にも強い構造

複数階建てに比べて地震に強く、設計の自由度が高い平屋。大開口を設けても耐震等級3を取得しやすいなど、平屋の構造的な強みはたくさんあります［88・90頁参照］

将来も安心なバリアフリー

老後を考えると、平屋は段差が少なく安心。アプローチをスロープにしたり、介護のため廊下幅を広く取り、手摺を設置するなど将来を想定しましょう［114頁参照］

薪ストーブとの相性抜群

特に、30坪程度の小さな平屋と薪ストーブの相性は最高。最適な場所に配置することで、薪の搬入やメンテナンスなどのハードルもぐんと低くなります［152頁参照］

深い軒と半屋外空間

室内空間と外部が水平につながる平屋。軒を深く出して日射を遮り、かつ気楽に外に出られる土間やテラスなどを設けることで、暮らしがぐっと豊かになります［12・20頁参照］

猫も喜ぶ高さの工夫

縁側でひなたぼっこをしたあとは、高いところに昇りたいのが猫という生き物。猫が飽きないように、平屋でも小屋裏やキャットウォークを設けてあげましょう［150頁参照］

庭と近い生活

室内と外部の距離が近いのも、平屋の大きな魅力。庭の緑を愛でる喜びや、家庭菜園を設けて野菜を収穫するなどさまざまな楽しみが生まれます［72・120頁参照］

Contents

2章 平屋設計のお悩み解決

Contents

3章 住み心地を高める平屋の小技

本書は『建築知識』2019年9月号特集を加筆・再編集したものです。

凡例

本書の図面およびイラストに記載されている記号は下記の部屋名・意味に対応しています

リビング	→	L
ダイニング	→	D
キッチン	→	K
トイレ	→	WC
クロゼット	→	CL
ウォークインクロゼット	→	W.I.C
シューズインクロゼット	→	S.I.C
動線（メイン）	→	
目線・視線	→	
採光［*］	→	
通風	→	

＊ 太陽高度を表すものではありません

ブックデザイン　米倉英弘、藤井保奈（細山田デザイン事務所）

DTP　横村 葵

カバー写真（表）／撮影　藤村泰一「上吾川の家」（設計／西村太一建築設計室）

カバー写真（裏）／撮影　小川重雄「犬山の住宅」（設計／hm+architects）

巻頭写真／撮影　P1「山脇の家」（設計・撮影／赤座建築デザイン事務所）
P2 松村隆史「海東の家」（設計／松原建築計画）

巻末写真／撮影　P167 松村隆史「海東の家」（設計／松原建築計画）
P168「山脇の家」（設計・撮影／赤座建築デザイン事務所）

P4・5イラスト　進士遙
1・2章／解説イラスト　米村知倫（Yone）
1章／立体イラスト　米光マサヒコ
3章／解説イラスト　溝川なつ美

図面トレース　加藤陽平
小松一平（小松建築設計事務所）
榊原清玄
長岡伸行
濱本大樹
堀野千恵子
（五十音順）

印刷・製本　シナノ書籍印刷

1章 平屋の大正解

居心地のいい平屋をつくるためには、
2階建てとはまた違うポイントを
押さえる必要があります。
この章では、屋根をパカッと外した立体イラストで
「すごい平屋」たちの全貌を一挙紹介！

大正解

01

『半屋外空間で内と外をつなげる』

すべての室内空間と外部が水平につながる平屋の魅力を存分に楽しむには、内外を気軽に行き来できる〝仕掛け〟が必要です。近年では、室内に広めの土間を設け、半屋外のように過ごせる多目的空間とするプランが人気。ＬＤＫなどのメインスペースを土間にすれば、家族が集まる場所と外部が直接つながるうえ、薪ストーブの設置やメンテナンスも楽になります。

室内にいながら季節ごとに変化する光や風、木陰のような気持ちよさを肌で感じ取れるので、住まい手の満足度もアップ。庭や周囲の環境との一体感も魅力です。

POINT

メインスペースを土間にする

LDKに大開口を設けても、実際に外に出にくい設えでは平屋の魅力は半減。思い切ってLDKを土間にすれば、室内外の心理的距離が縮まります

POINT

通り土間で空間をつなぐ

住居と仕事場、LDKと寝室などプライバシーの度合いで空間を分けるなら、通り土間が大活躍。来客時の動線もスムーズに分けられます

POINT

街に開いた軒下空間をつくる

内部と外部のかかわりが密接な平屋では、近所の人との関係も重要。道路沿いに広い軒下に空間を設けると、人が集まる憩いの場所になります

POINT

サンルームを設ける

室内物干し場の設置は、もはや家づくりのマスト。庭に面した透明屋根付きのサンルームを物干し場にすれば、採光・通風も得られて一石二鳥です

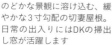

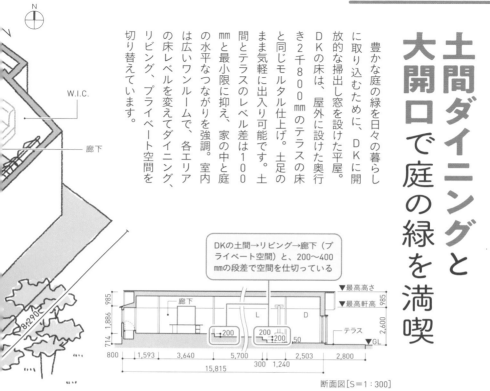

土間ダイニングと大開口で庭の緑を満喫

豊かな庭の緑を日々の暮らしに取り込むために、DKに開放的な掃出し窓を設けた平屋。DKの床は、屋外に設けた奥行き2千800㎜のテラスの床と同じモルタル仕上げ。土足のまま気軽に出入り可能です。土間とテラスのレベル差は100㎜と最小限に抑え、家の中と庭の水平なつながりを強調。室内は広いワンルームで、各エリアの床レベルを変えてダイニング、リビング、プライベート空間を切り替えています。

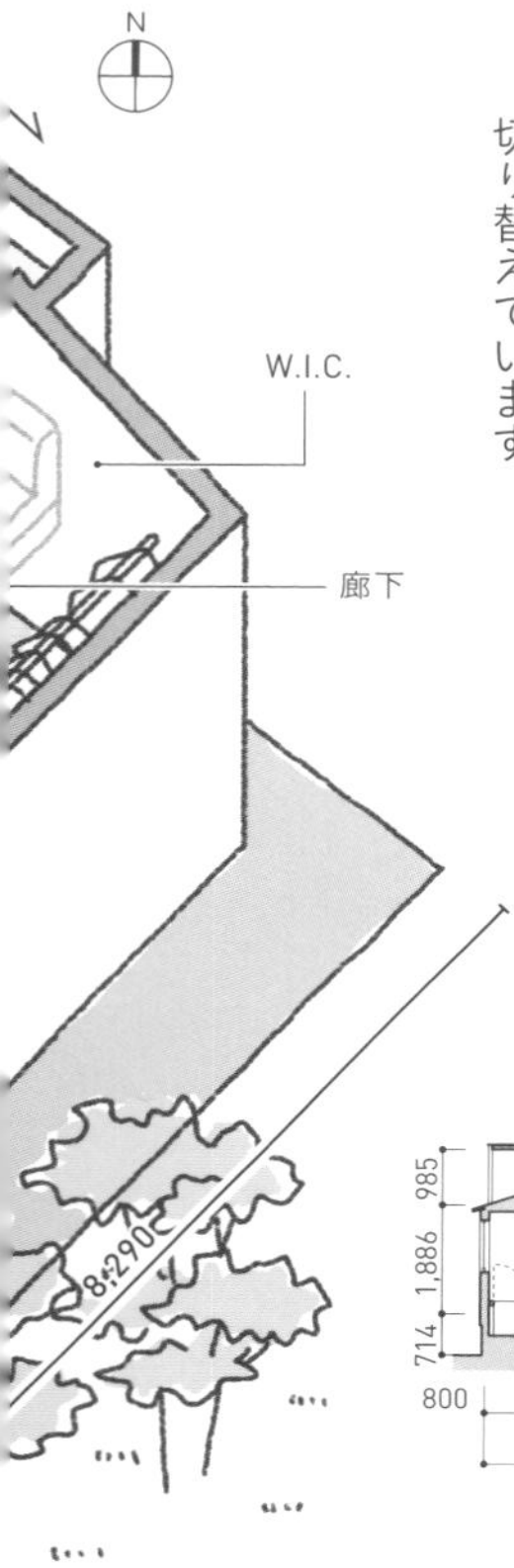
N
W.I.C.
廊下
8,290

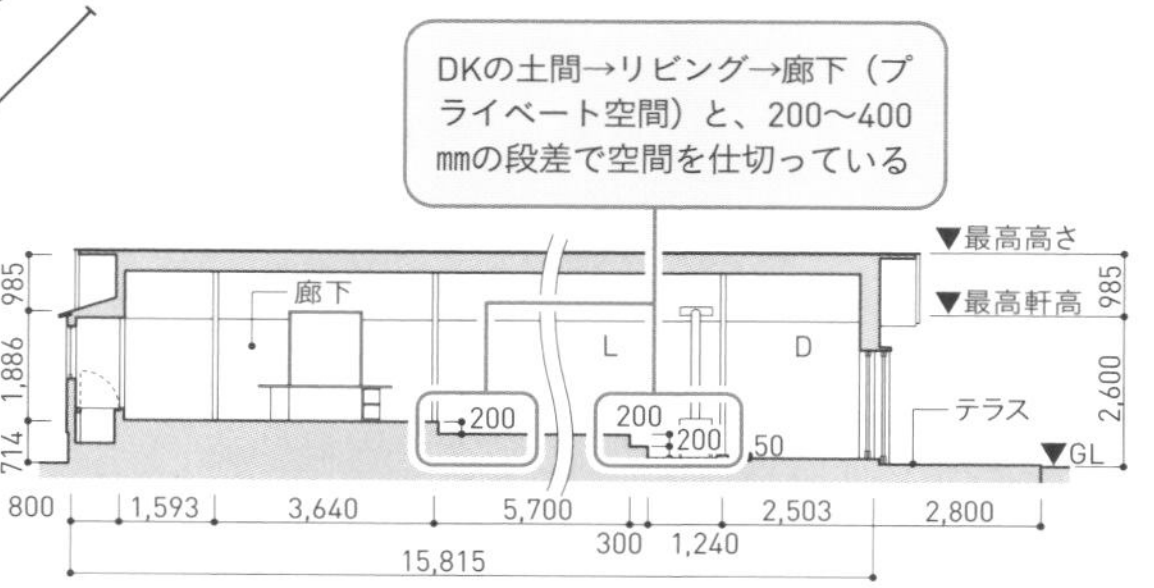
DKの土間→リビング→廊下（プライベート空間）と、200〜400mmの段差で空間を仕切っている
▼最高高さ
▼最高軒高
テラス
▼GL
廊下
L
D
200
200
200
50
985
1,886
714
985
2,600
800
1,593
3,640
5,700
2,503
2,800
300
1,240
15,815

断面図[S＝1：300]

床をDKより400mm上げたリビングは、その分天井高が低くなり、落ち着いた空間に。当初計画では出窓だった場所をニッチとしてソファを造作した。窓を減らして陰影を出し、明るいDKと対比させている

のどかな景観に溶け込む、緩やかな3寸勾配の切妻屋根。日常の出入りにはDKの掃出し窓が活躍します

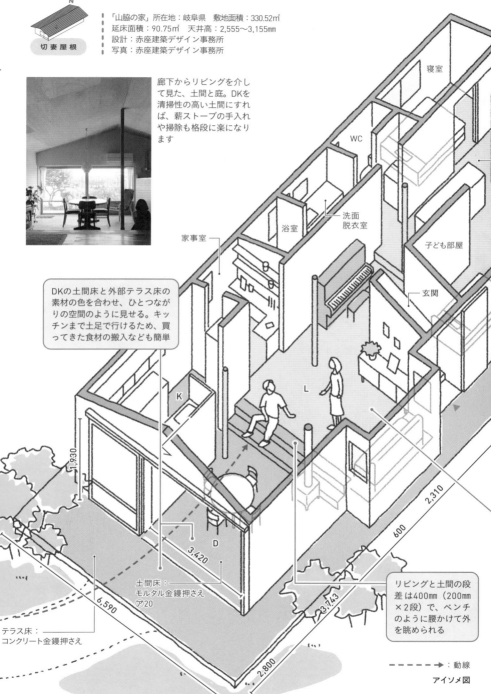

N
切妻屋根

「山脇の家」所在地：岐阜県　敷地面積：330.52㎡
延床面積：90.75㎡　天井高：2,555〜3,155㎜
設計：赤座建築デザイン事務所
写真：赤座建築デザイン事務所

廊下からリビングを介して見た、土間と庭。DKを清掃性の高い土間にすれば、薪ストーブの手入れや掃除も格段に楽になります

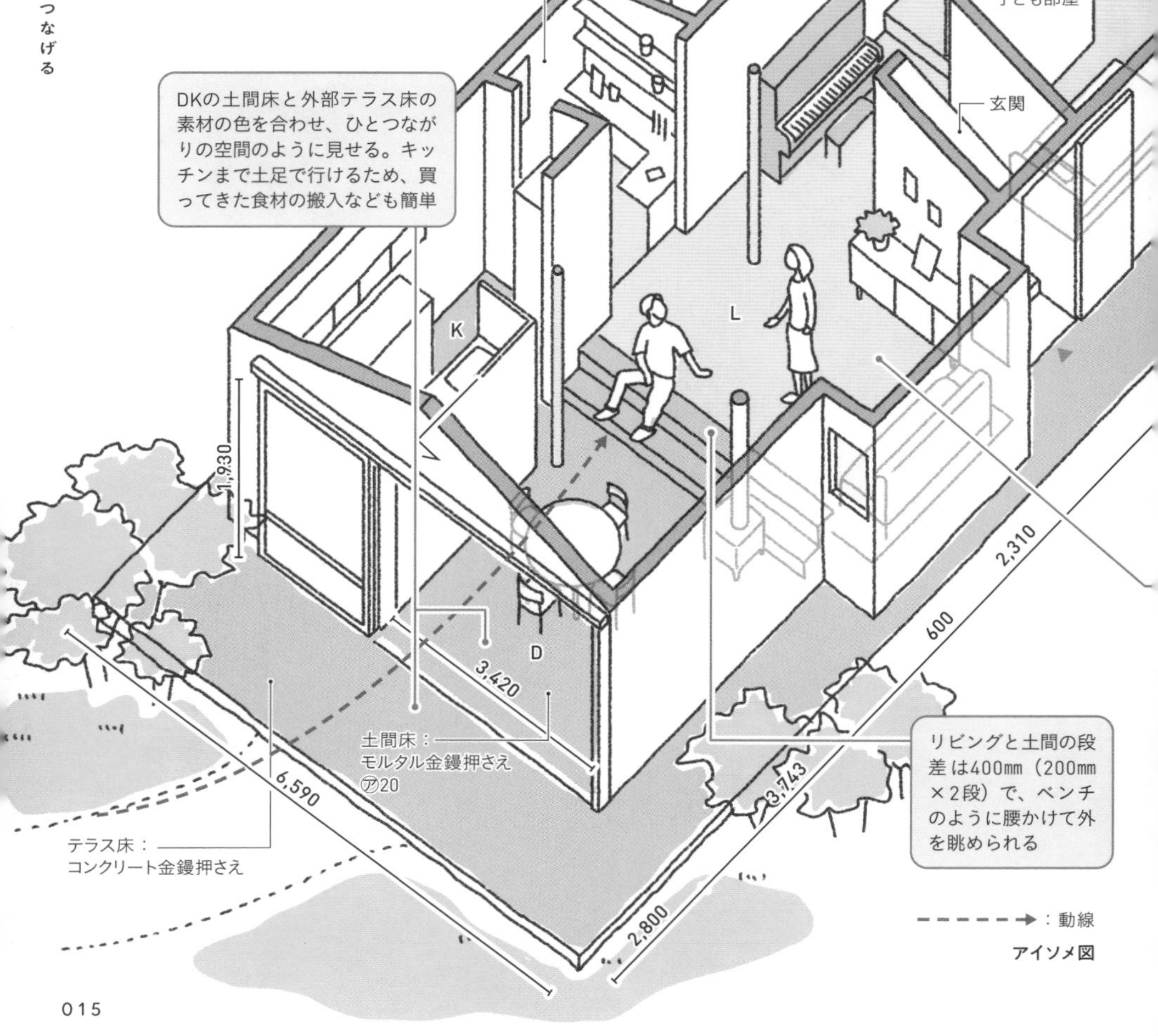
寝室
WC
洗面
脱衣室
浴室
家事室
子ども部屋
玄関
DKの土間床と外部テラス床の素材の色を合わせ、ひとつながりの空間のように見せる。キッチンまで土足で行けるため、買ってきた食材の搬入なども簡単
K
L
D
1,930
3,420
6,590
3,743
2,800
600
2,310
土間床：
モルタル金鏝押さえ
㋐20
テラス床：
コンクリート金鏝押さえ
リビングと土間の段差は400㎜（200㎜×2段）で、ベンチのように腰かけて外を眺められる
：動線
アイソメ図

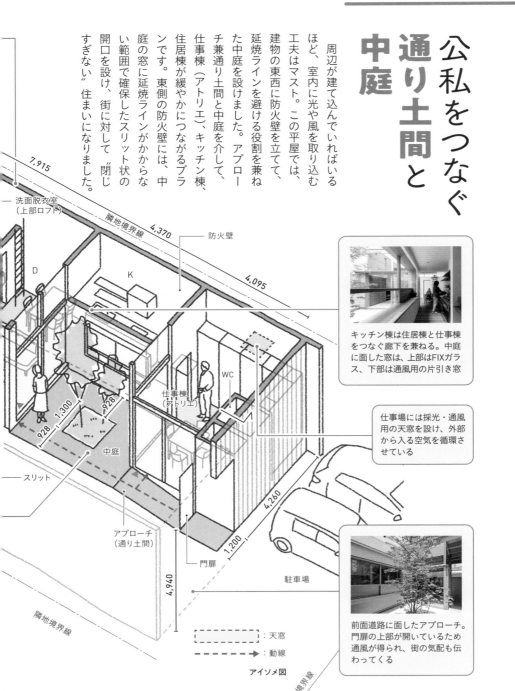

公私をつなぐ通り土間と中庭

周辺が建て込んでいればいるほど、室内に光や風を取り込む工夫はマスト。この平屋では、建物の東西に防火壁を立てて、延焼ラインを避ける役割を兼ねた中庭を設けました。アプローチ兼通り土間と中庭を介して、仕事棟（アトリエ）、キッチン棟、住居棟が緩やかにつながるプランです。東側の防火壁には、中庭の窓に延焼ラインがかからない範囲で確保したスリット状の開口を設け、街に対して〝閉じすぎない〟住まいになりました。

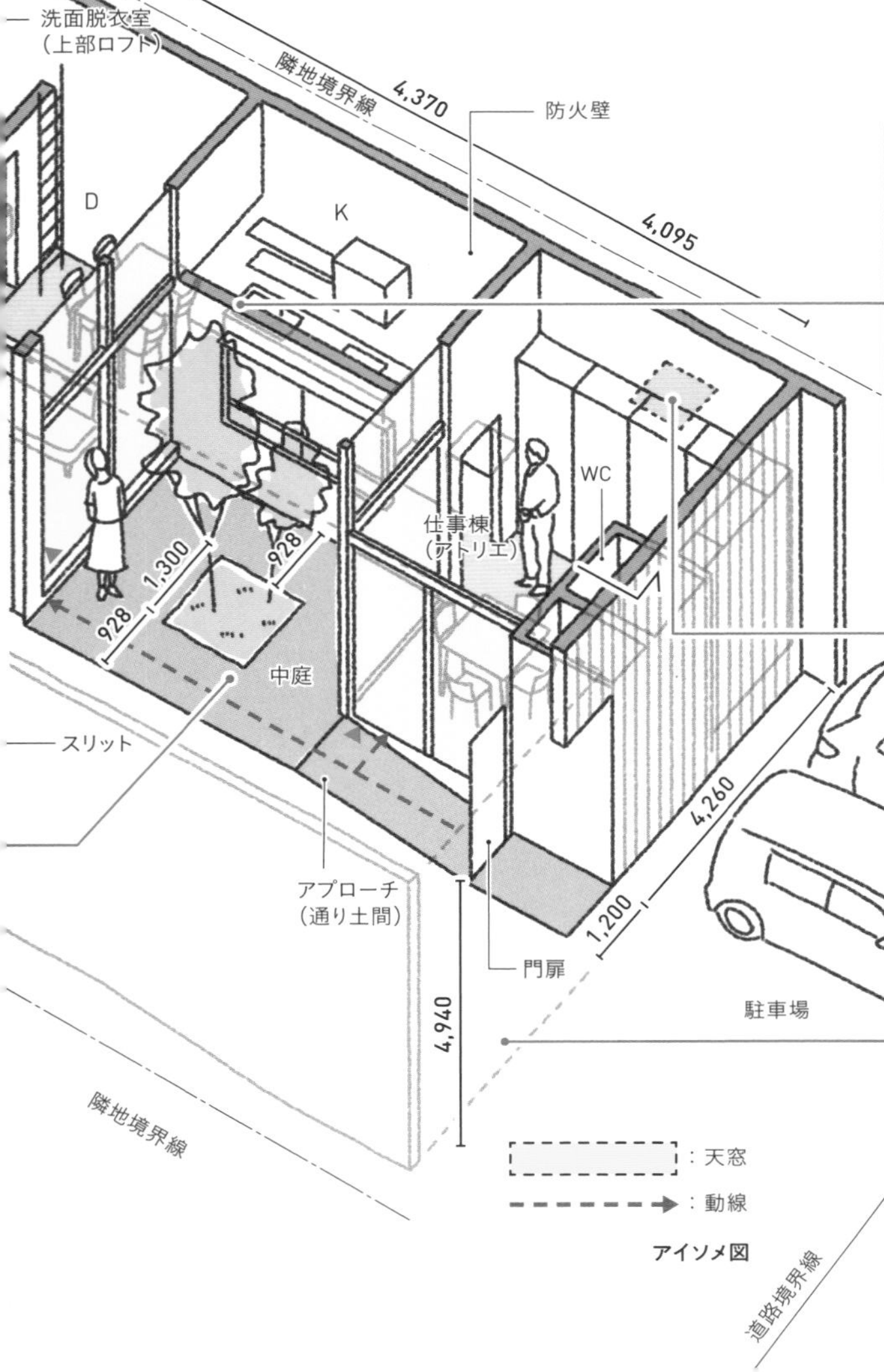
7,915
洗面脱衣室（上部ロフト）
隣地境界線
4,370
防火壁
D
K
4,095
WC
仕事棟（アトリエ）
1,300
928
928
中庭
スリット
4,260
アプローチ（通り土間）
1,200
門扉
4,940
駐車場
隣地境界線
：天窓
：動線
道路境界線

アイソメ図

キッチン棟は住居棟と仕事棟をつなぐ廊下を兼ねる。中庭に面した窓は、上部はFIXガラス、下部は通風用の片引き窓

仕事場には採光・通風用の天窓を設け、外部から入る空気を循環させている

前面道路に面したアプローチ。門扉の上部が開いているため通風が得られ、街の気配も伝わってくる

中庭のシンボルツリーはすっきりと上に伸びるアオダモ。リビングからもアトリエからも緑が見え、心が和みます

箱状の洗面脱衣室の上部はロフト。南面の窓からロフトを通じてLDKまで光が抜ける

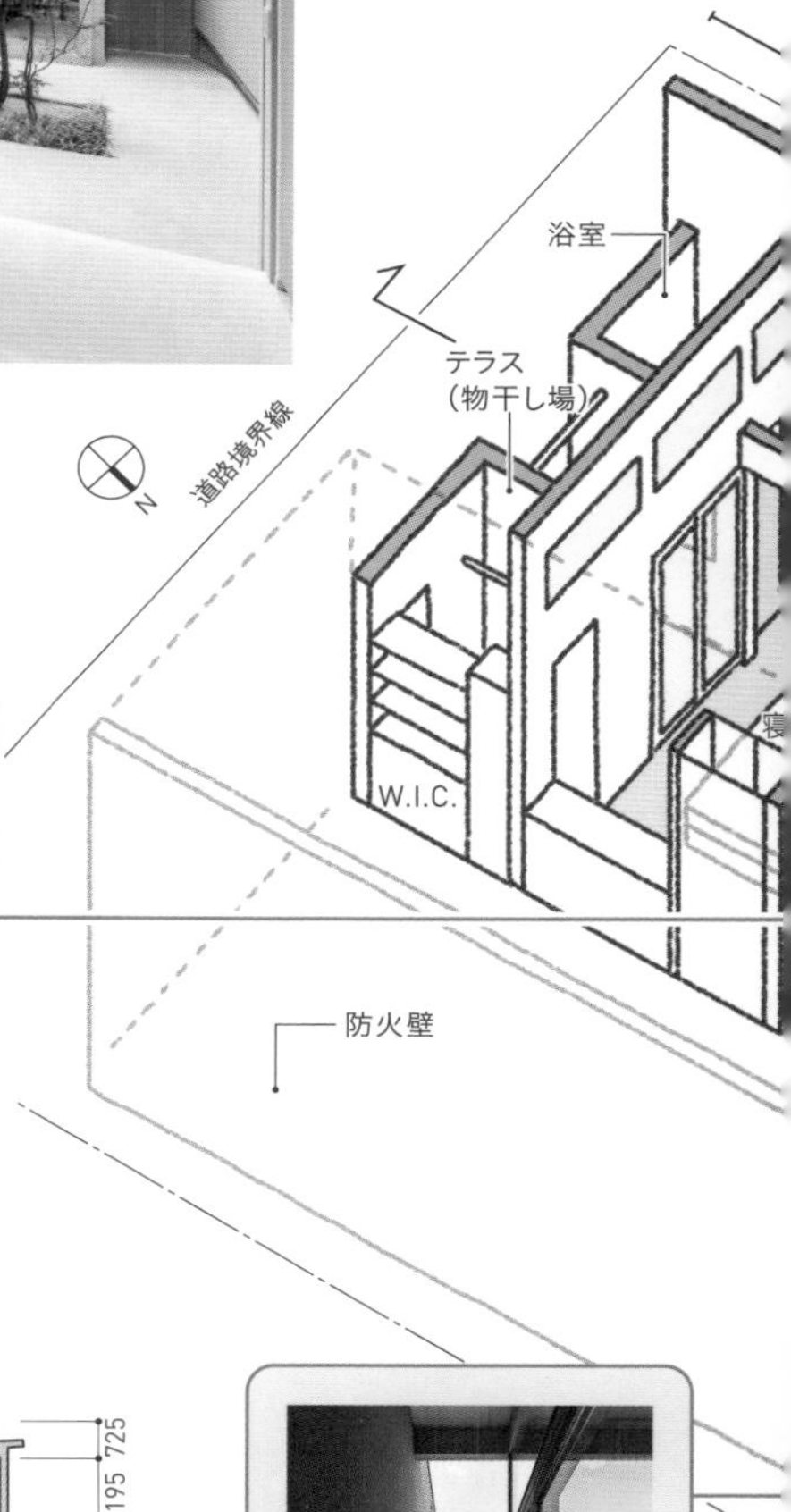
浴室
テラス
（物干し場）
道路境界線
N
W.I.C.
防火壁

東側は商店街に面しているため、プライバシーの確保は必須。準防火地域なので、敷地両サイドに防火壁を立て、その壁に採光・通風用のスリットを設けた

4つの箱をずらしたような配置にして、家全体に光と風を導いている。キッチン棟の高さを抑えることで、中庭に光が入りやすくした

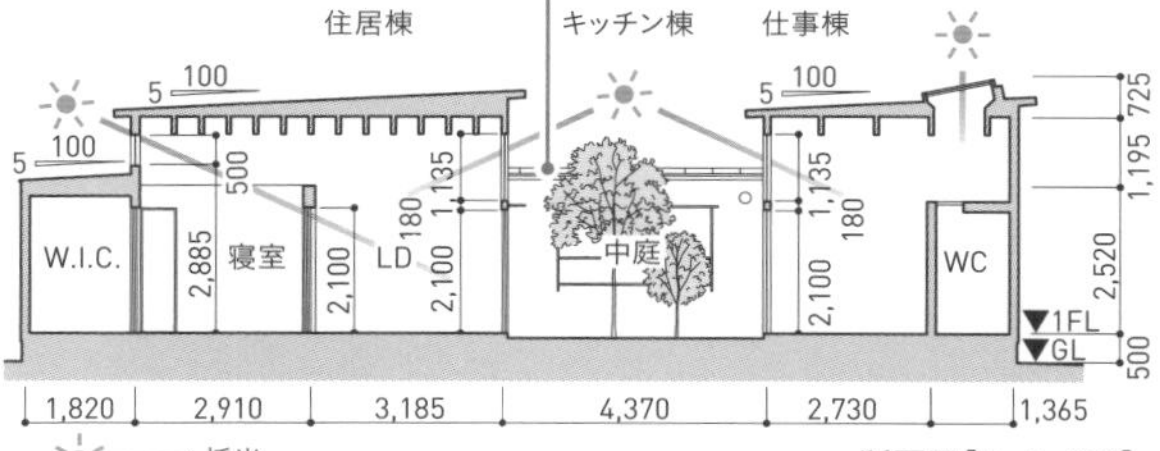
住居棟
キッチン棟
仕事棟
5
100
5
100
5
100
500
W.I.C.
2,885
寝室
2,100
LD
180
1,135
2,100
中庭
1,135
180
2,100
WC
725
1,195
2,520
1FL
GL
500
1,820
2,910
3,185
4,370
2,730
1,365
：採光

断面図［S=1：250］

アプローチから中庭を見る。モルタル仕上げの通り土間が住居棟と仕事棟をつなぐ。通り土間からは直接仕事棟に入れる

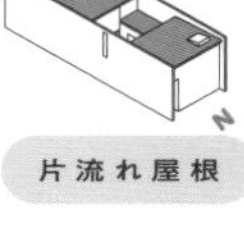
N

片流れ屋根

「霞町のアトリエ」所在地：広島県
敷地面積：132.12㎡
延床面積：67.46㎡　天井高：2,100～3,715㎜
設計：くらし設計室
写真：笹倉洋平（笹の倉舎）

道に面した長い縁側でコミュニケーションを

〝向こう3軒両隣〟という言葉があるように、かつての日本の家はご近所との結び付きが強かったものですが、核家族化や少子高齢化によって、そのような意識は薄れつつあります。ともすれば内に籠りがちになる高齢者の1人暮らしの場合、地域の人々とつながり続けることはとても大切です。

平屋は重心が低く、周囲に心理的圧迫感を与えないので、街に溶け込みやすい建物。道路に向けて開口部を設け、気軽に出入りできる縁側や土間を玄関手前の軒先に配置すれば、道行く人たちとのコミュニケーションに役立ちます。折にふれて交わす挨拶やちょっとした会話は、日々の安心感につながります。ここでは、軒先の高さを約1千600㎜と低めにし、屋根一面を草で覆うことで近隣に緑と安らぎを提供しています。

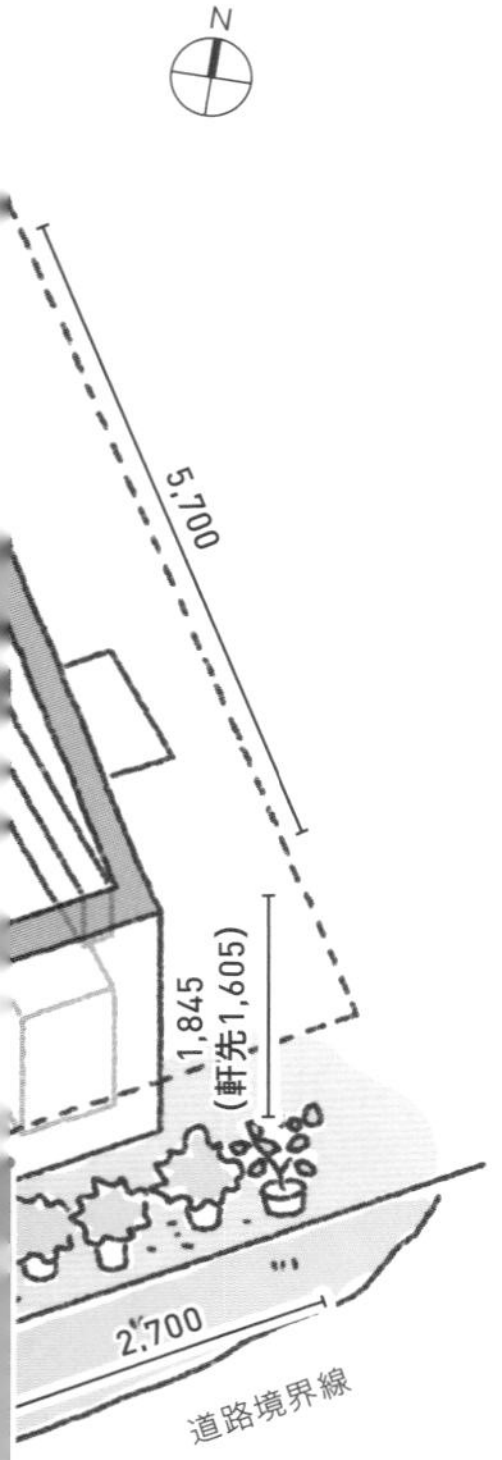
N
5,700
1,845
(軒先1,605)
2,700
道路境界線

高さ約1,600㎜と低く抑えた軒先により、室内のプライバシーは適度に確保される。住まい手の身長は145㎝なので生活上で不便さは感じない

：天窓

：動線

アイソメ図

南側の外観。草屋根には緑化のための散水設備があり、井戸水と蒸散（気化熱）による涼しい効果も得られます。存在感のある草屋根が道行く人の興味を引き、住宅自体がコミュニケーションのきっかけになります

N

片流れ屋根

「母の家」所在地：愛知県　敷地面積：151.93㎡
延床面積：61.28㎡　天井高1,590～3,070㎜
設計：ワーク・キューブ
写真：河野政人（ナカサアンドパートナーズ）

外部の自然を感じられるよう、北側はテラスに。面戸板はガラスとし、屋根の勾配に沿って北側からの安定した光を室内に導いている

家の中心に位置するリビングには空を見るための天窓を設置

北側に水廻りをまとめて配置。すべての空間を同じレベルでつなげ、バリアフリーに

寝室・リビング・ダイニング・キッチンが東西に並び1本の廊下でつながるシンプルな間取り

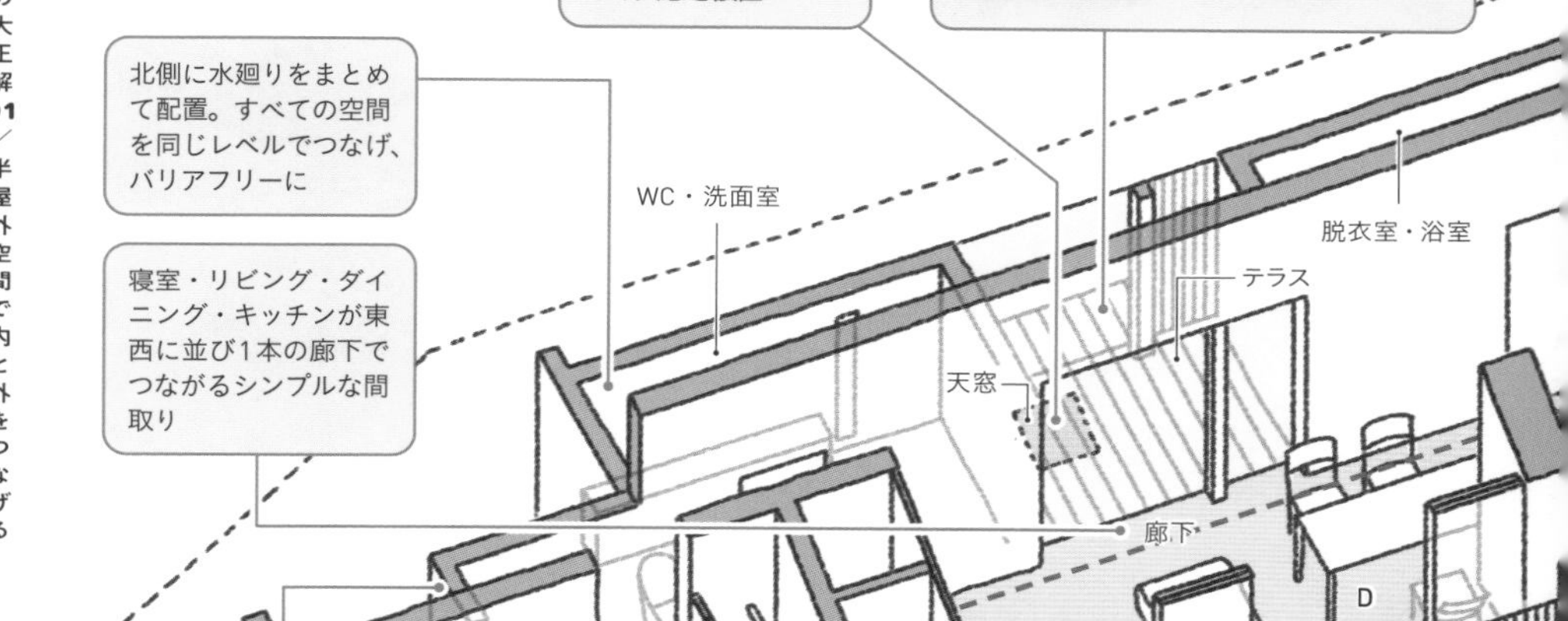
WC・洗面室
脱衣室・浴室
テラス
天窓
廊下
D
L
土間
寝室
1,000
1,350
6,200
3,600
1,800

キッチンからダイニング・リビング・廊下を見る。廊下の突き当りはガラス窓にして視線の抜けと採光を確保した

冬場は直射日光によって土間が蓄熱し、輻射熱による穏やかな暖気を得られる

寝室から縁側（土間）を見た様子。土間が街と内部を緩やかにつなぎ、土間奥のリビングには天窓から明るい光が入ります

大正解

02

『暮らしを支える深く低い軒』

平屋の外観を美しく見せるのに欠かせないのが、深く低い軒。外壁を雨から守り、日射をコントロールする役割も担う強い味方です。軒下空間は玄関ポーチや縁側になるほか、衣類・食材・濡れ物などさまざまなモノを乾かすための空間としても機能します。

意匠上、軒先に余計な線が増えるのを嫌い、なるべくなら樋を付けたくないと考える設計者は多いもの。でも、軒の出が深く低い平屋なら、屋根から直接雨を落としても外壁への雨掛かりは少なく安心して暮らせます。

敷地に余裕のある平屋なら、大胆に軒を出して、美しい外観と暮らしの潤いを演出してみるのもおすすめです。

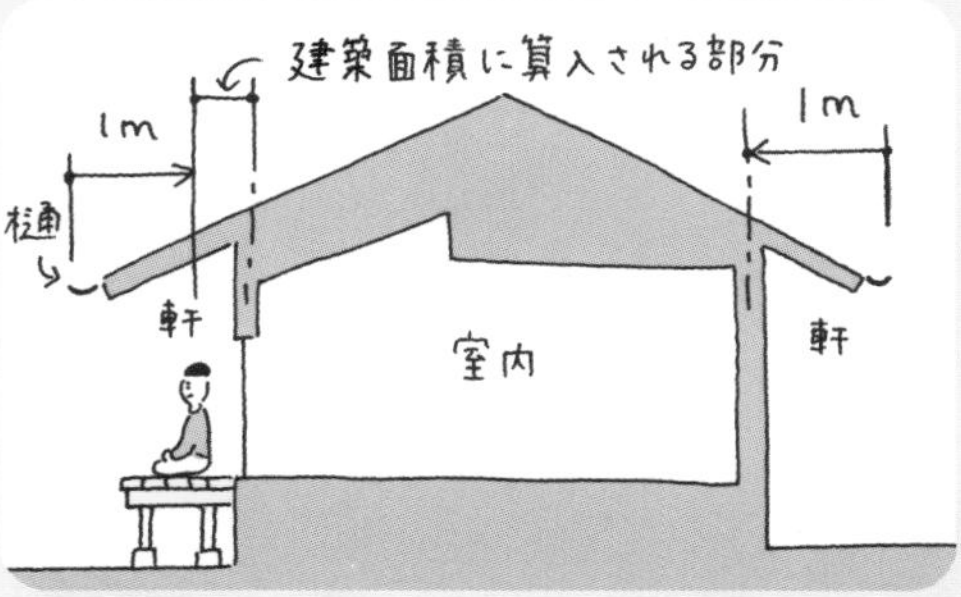

POINT

軒の出は1m以上が理想

軒の出が1mまでは建築面積に算入されませんが、1m以上の場合は、その先端から1m後退した線で囲まれた部分は算入されるので注意しましょう

POINT

軒先高さは2,500㎜以下

一般的な平屋の最高高さは、4,000～5,000㎜程度。この高さの半分より低い位置に軒先がくると、外観のプロポーションが安定します

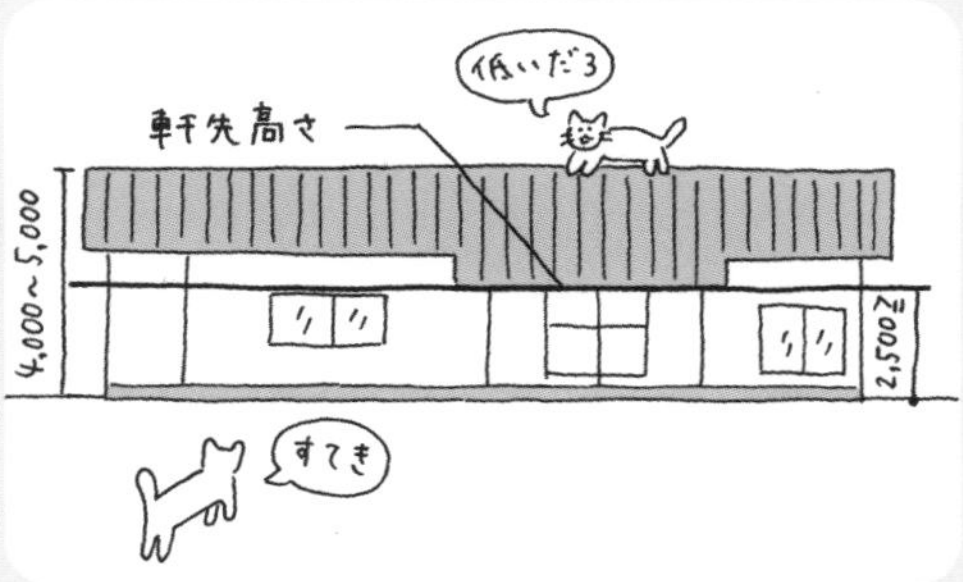

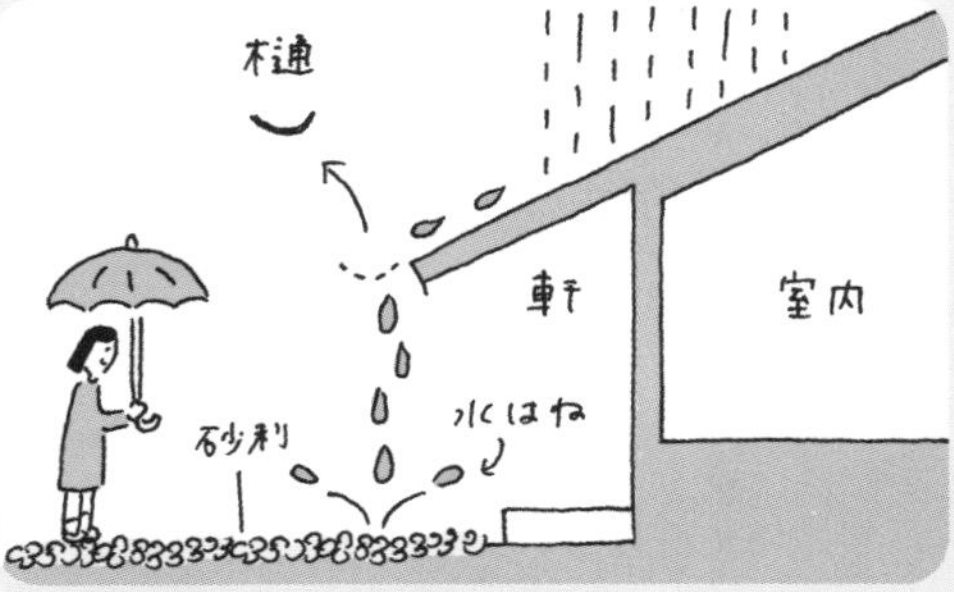

POINT

平屋に樋はつけない

深い軒ならば樋を付けずに済むことも多いもの（人が通る玄関廻りには取り付けたほうが安心）。軒先の直下には、水はね・水はけ対策を忘れずに！

POINT

深い軒は構造に注意

軒の出を深くするほど、風の吹上げや屋根の荷重に影響を受けやすくなります。構造の強化は安全に欠かせないポイントです

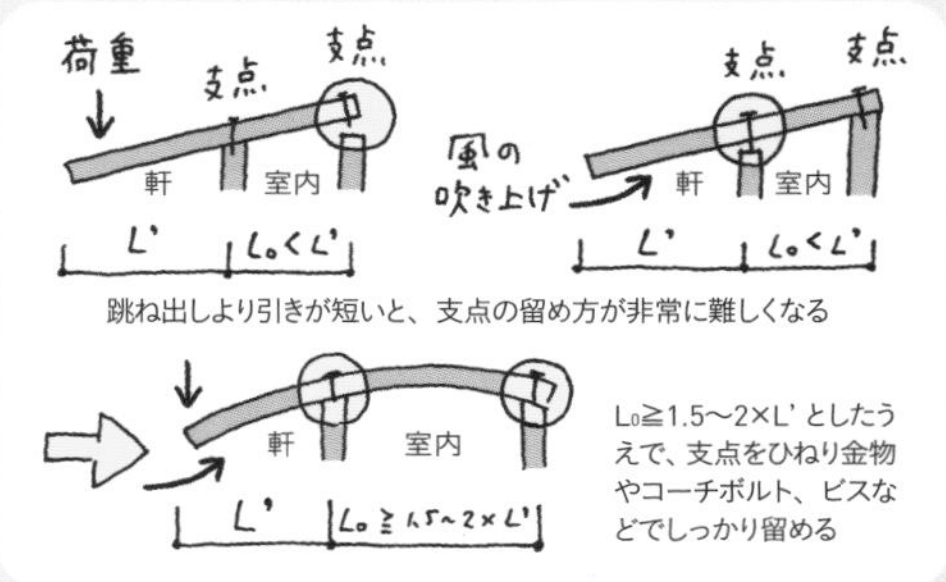

跳ね出しより引きが短いと、支点の留め方が非常に難しくなる

$L_0 \geqq 1.5\sim 2\times L'$ としたうえで、支点をひねり金物やコーチボルト、ビスなどでしっかり留める

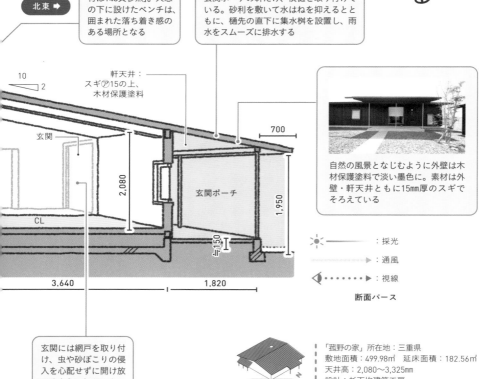

低い軒で建物を自然の力から守る

郊外の開けた敷地に建つ平屋は、眺望や豊かな光などの自然の恩恵を受けられる反面、室内への直射日光、外壁に当たる颪《おろし》(山から吹き下ろす風)や雨など、自然の脅威も受け止める必要があります。特に平屋は、屋根面・外壁面が2階建てより大きくなることが多いため、耐久性をしっかり考慮したいものです。

この家では軒高を低く抑えて(2千575㎜)、外壁の面積を減。屋根を単純な切妻にし、深い軒を出して(900㎜、玄関ポーチのみ2千520㎜)外壁の劣化を緩和しています。

外周部に必要な部屋を配置し、家の中央部の空間を広間とした[素材は143頁参照]。天窓の下に設けたベンチは、囲まれた落ち着き感のある場所となる

玄関ポーチ部分の軒は2,520㎜出し、軒先高さを1,950㎜まで低くした。深い軒は柱で支えるシンプルな構造としている。玄関ポーチの軒だけ、横樋を取り付けている。砂利を敷いて水はねを抑えるとともに、樋先の直下に集水桝を設置し、雨水をスムーズに排水する

北東 ➡

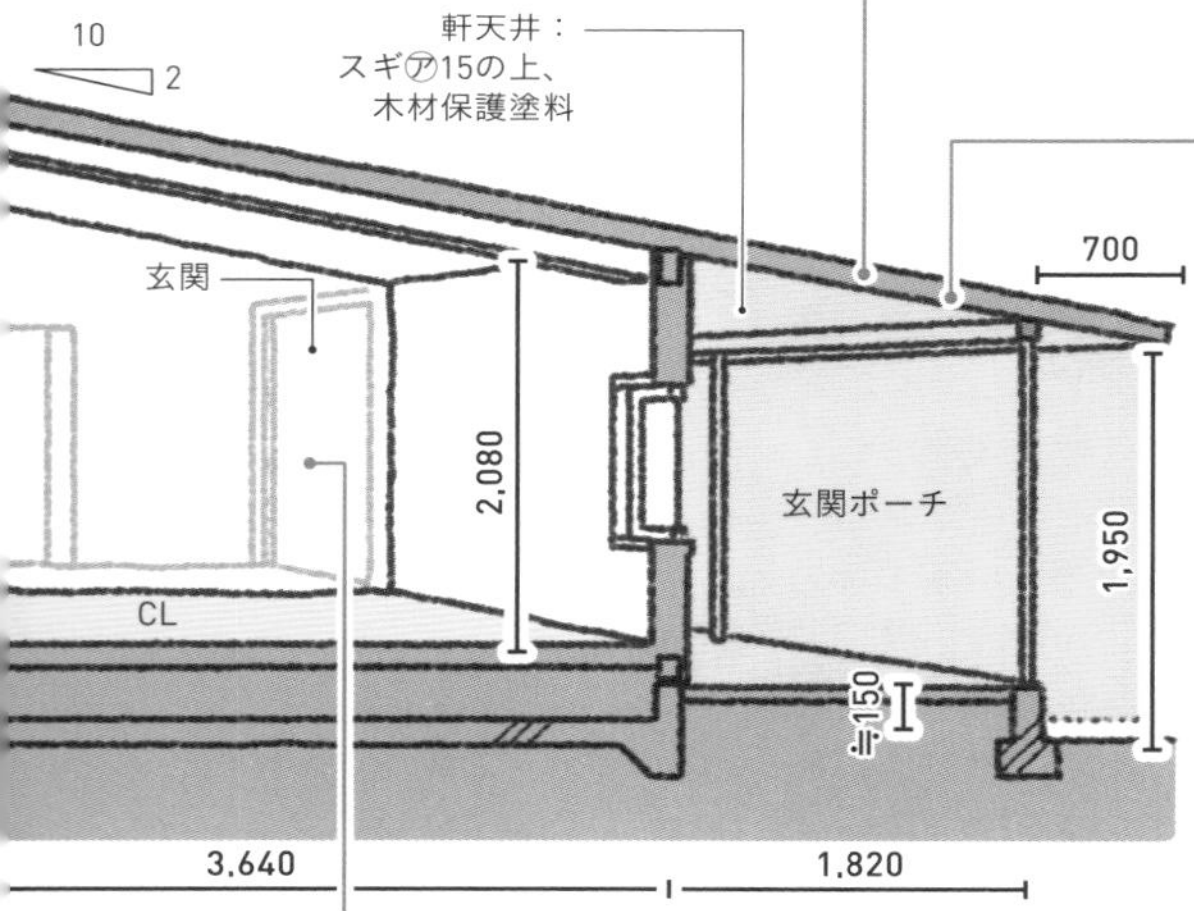
10
2
軒天井：
スギ㋐15の上、
木材保護塗料
700
玄関
2,080
玄関ポーチ
1,950
CL
≒150
3,640
1,820

自然の風景となじむように外壁は木材保護塗料で淡い墨色に。素材は外壁・軒天井ともに15㎜厚のスギでそろえている

：採光
：通風
：視線

断面パース

玄関には網戸を取り付け、虫や砂ぼこりの侵入を心配せずに開け放てるようにしている

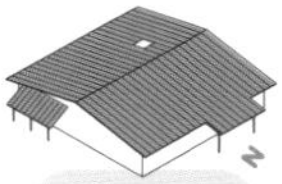

切妻屋根

「菰野の家」所在地：三重県
敷地面積：499.98㎡　延床面積：182.56㎡
天井高：2,080〜3,325㎜
設計：杉下均建築工房
写真：杉下均建築工房

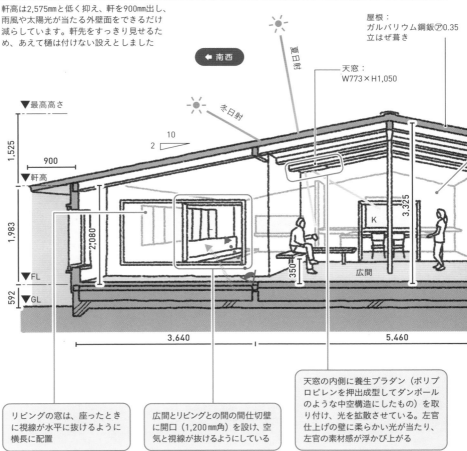

軒高は2,575㎜と低く抑え、軒を900㎜出し、雨風や太陽光が当たる外壁面をできるだけ減らしています。軒先をすっきり見せるため、あえて樋は付けない設えとしました

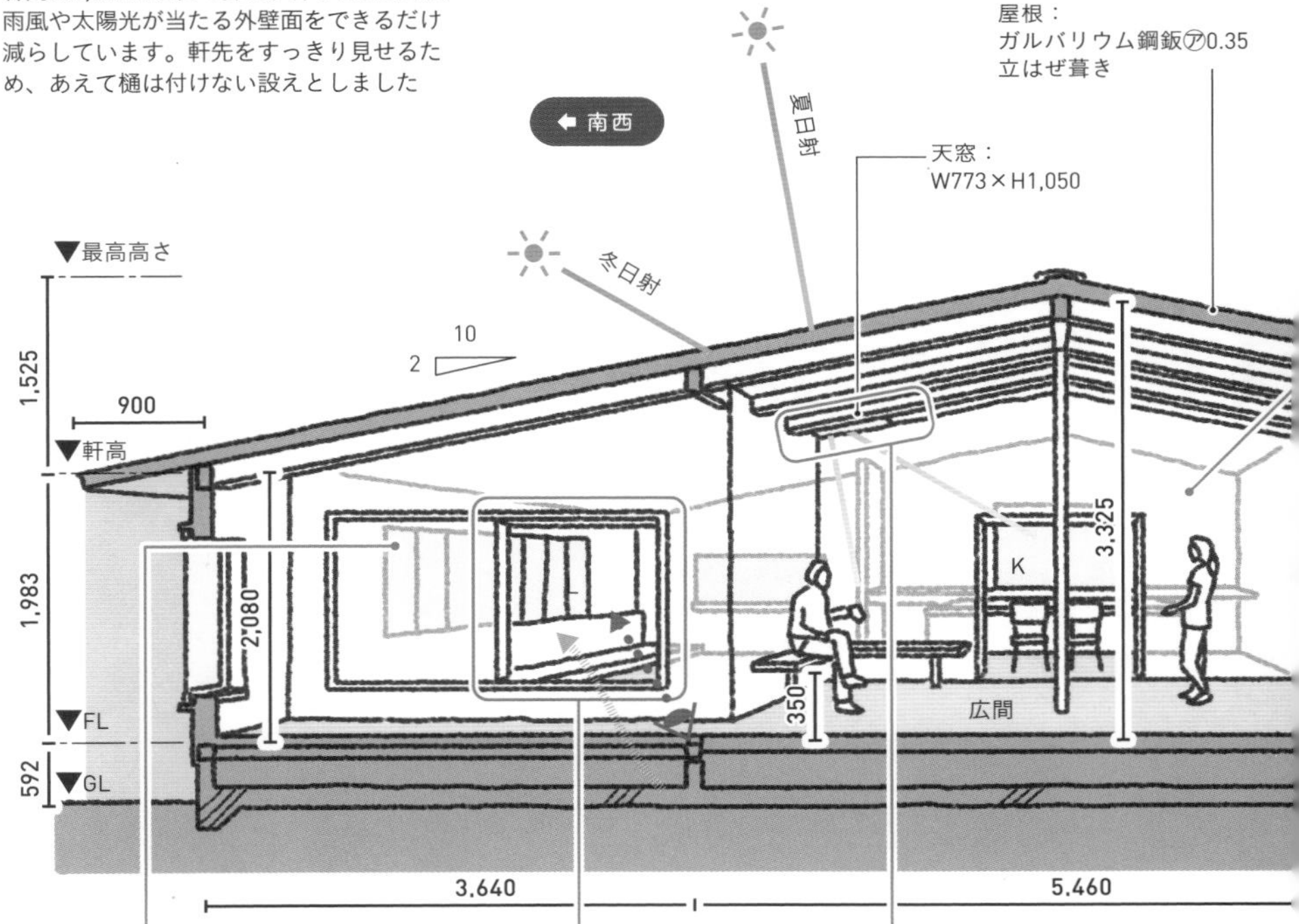
屋根：
ガルバリウム鋼鈑㋐0.35
立はぜ葺き
南西
夏日射
天窓：
W773×H1,050
冬日射
▼最高高さ
1,525
10
2
900
▼軒高
1,983
2,080
K
3,325
350
広間
▼FL
592
▼GL
3,640
5,460

天窓の内側に養生プラダン（ポリプロピレンを押出成型してダンボールのような中空構造にしたもの）を取り付け、光を拡散させている。左官仕上げの壁に柔らかい光が当たり、左官の素材感が浮かび上がる

リビングの窓は、座ったときに視線が水平に抜けるように横長に配置

広間とリビングとの間の間仕切壁に開口（1,200㎜角）を設け、空気と視線が抜けるようにしている

10メートルの長い軒下空間を縁側に

沖縄の雨端《あまはじ》からヒントを得た、長い軒下空間。深く低い軒によって、外観も重心の低いプロポーションになります。さらに、夏の日射を遮るだけでなく、軒下に設けた縁側によって建物の安定感が増して見えます。

内と外をつなげる方法としては、テラスと縁側が一般的です。広いテラスを存分に活用するにはテーブルや椅子がほしくなるもの。それを出したり片付けたり、ウッドデッキを手入れしたりするのが苦手な人には、屋根があって気軽に使える縁側をおすすめします。

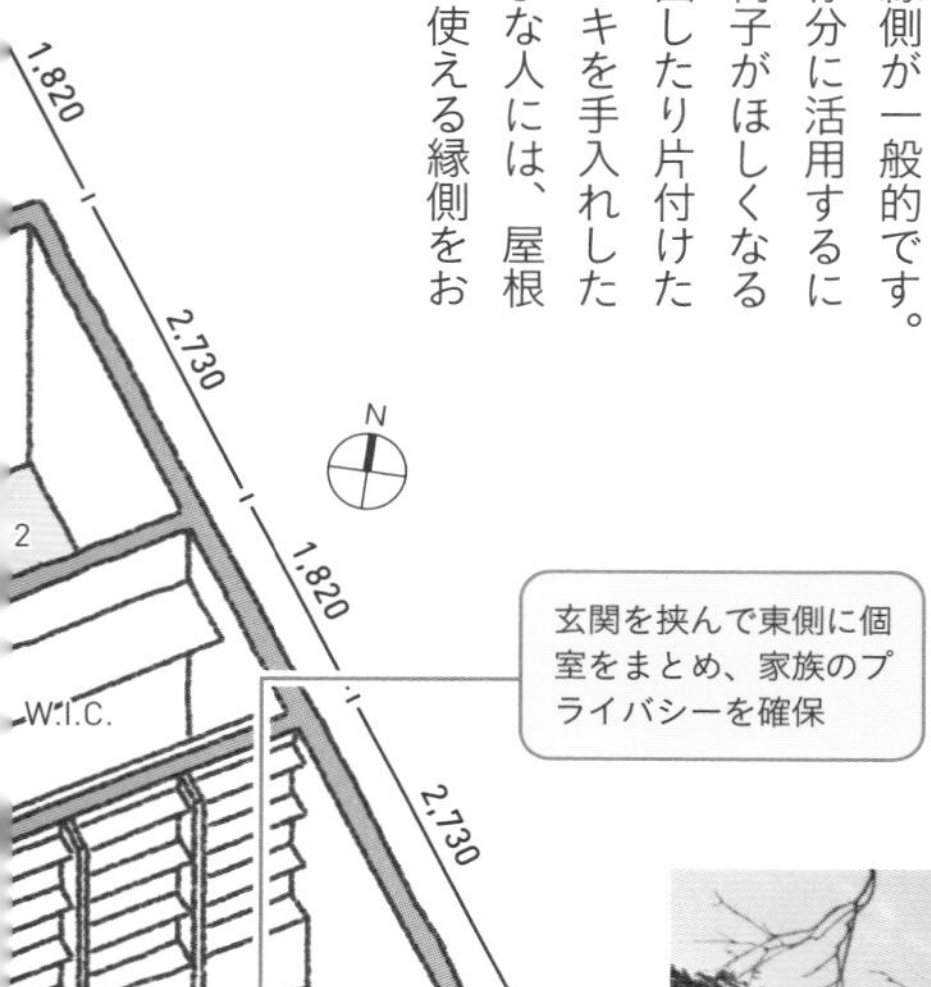
寝室1
910
縁側という開放的な環境がある分、室内では籠り感を味わえるよう開口部は小さめに

：採光
：通風
アイソメ図

前庭から建物を見た様子。軒を1,490mm出し、縁側をしっかり覆っています

切妻屋根

「現代版ハイジの家」所在地：栃木県
敷地面積：772.51㎡　延床面積：81.98㎡
天井高：2,070〜2,910mm
設計：飯田亮建築設計室×COMODO建築工房
写真：飯田亮建築設計室×COMODO建築工房

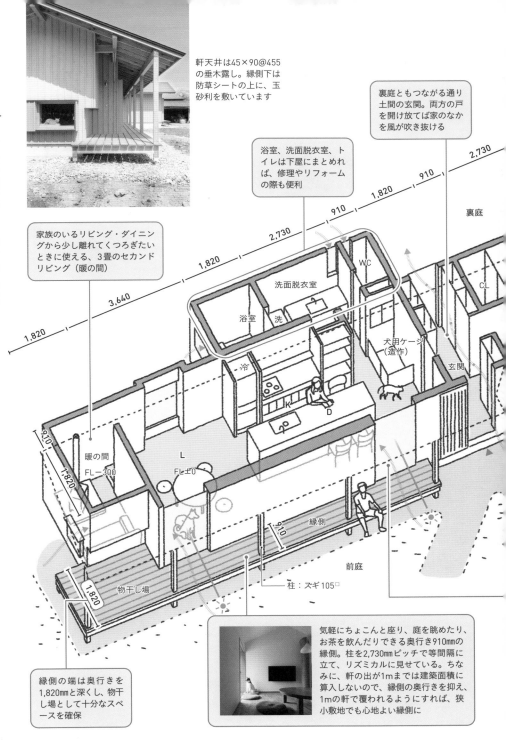

軒天井は45×90@455の垂木露し。縁側下は防草シートの上に、玉砂利を敷いています

裏庭ともつながる通り土間の玄関。両方の戸を開け放てば家のなかを風が吹き抜ける

浴室、洗面脱衣室、トイレは下屋にまとめれば、修理やリフォームの際も便利

家族のいるリビング・ダイニングから少し離れてくつろぎたいときに使える、3畳のセカンドリビング（暖の間）

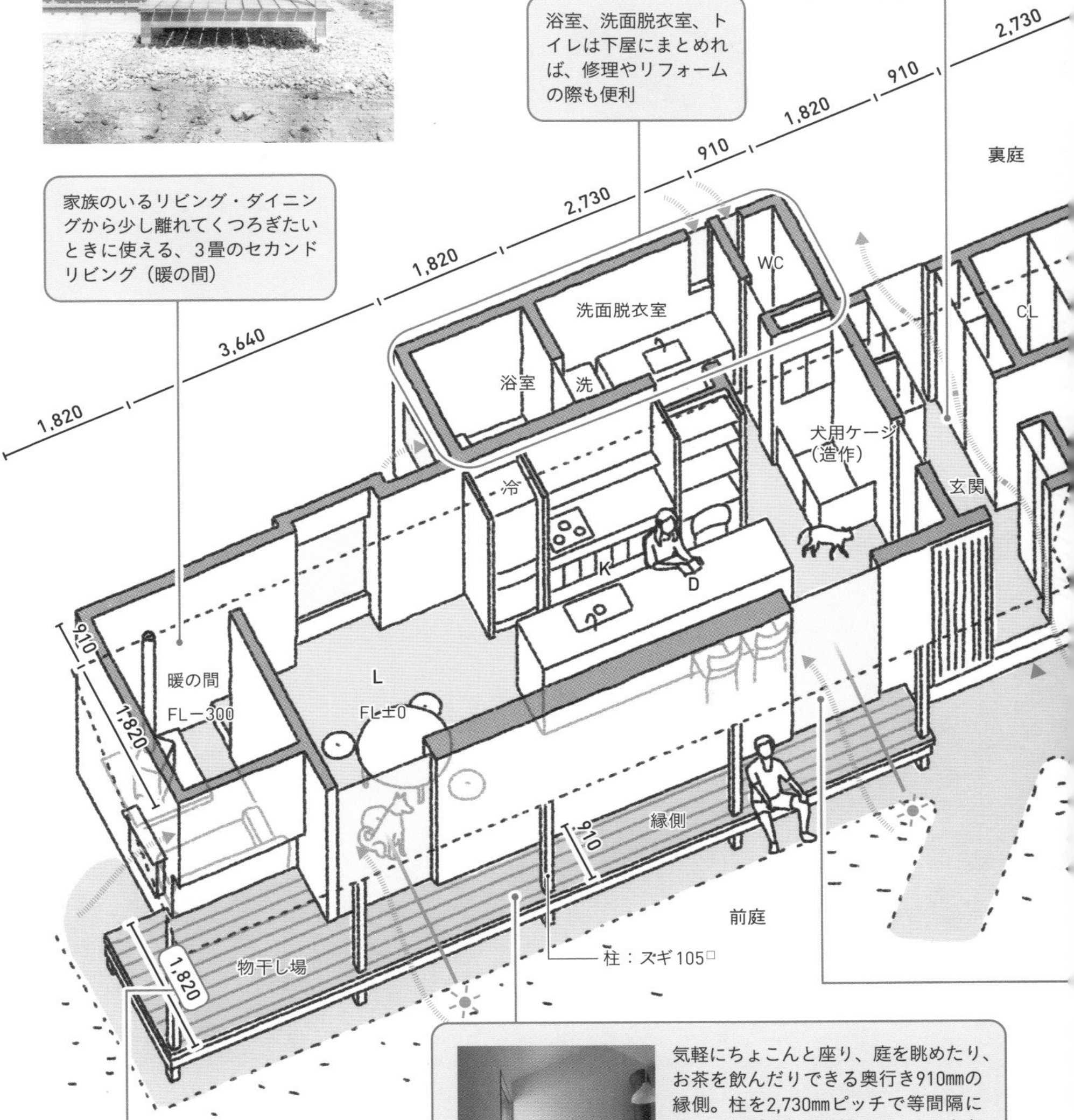
1,820
3,640
1,820
2,730
910
1,820
910
2,730
裏庭
WC
洗面脱衣室
浴室
洗
CL
犬用ケージ
（造作）
玄関
冷
K
D
L
FL±0
暖の間
FL−300
910
1,820
縁側
910
前庭
物干し場
1,820
柱：スギ105□

気軽にちょこんと座り、庭を眺めたり、お茶を飲んだりできる奥行き910㎜の縁側。柱を2,730㎜ピッチで等間隔に立て、リズミカルに見せている。ちなみに、軒の出が1mまでは建築面積に算入しないので、縁側の奥行きを抑え、1mの軒で覆われるようにすれば、狭小敷地でも心地よい縁側に

縁側の端は奥行きを1,820㎜と深くし、物干し場として十分なスペースを確保

前庭から建物を見た様子。軒を1,300㎜出し、縁側をしっかり覆っています

深い軒は目隠しにもなる

地面との距離が近くなる平屋は、敷地に十分な余白がないと、家の前を通る人との距離も近くなってしまいます。建物を塀で囲む方法もありますが、ここでは外観と街並みの親和性を高めたいと考えました［105頁参照］。

そこで、方形屋根で建物の四周に軒を出し、囲うことで安心感のある造りとしました。また、床レベルを１ｍ上げて片持ちスラブとし、軒先を下げて外壁の開口部を低い位置に。よくある格子や簾戸、樹木などによる目隠しではなく、軒と床の高さを操作することでプライバシーを確保し、カーテンの要らない生活を実現した平屋です。

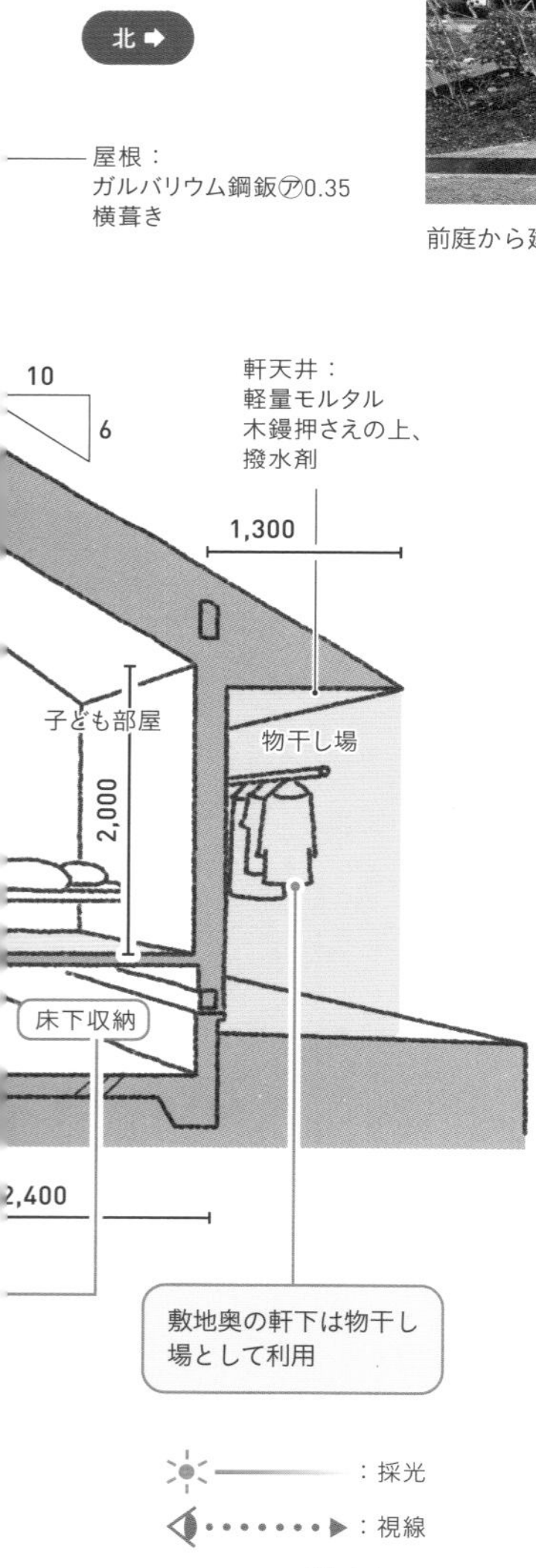
北
屋根：
ガルバリウム鋼鈑㋐0.35
横葺き
10
6
軒天井：
軽量モルタル
木鏝押さえの上、
撥水剤
1,300
子ども部屋
物干し場
2,000
床下収納
2,400
敷地奥の軒下は物干し場として利用
：採光
：視線
断面パース

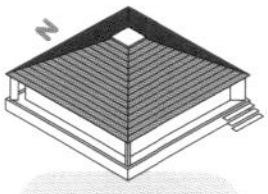
N
方形屋根

「河原の舎」所在地：愛知県
敷地面積：228.13㎡　延床面積：90.25㎡
天井高：2,000～5,281㎜
設計：服部信康建築設計事務所
写真：服部信康建築設計事務所

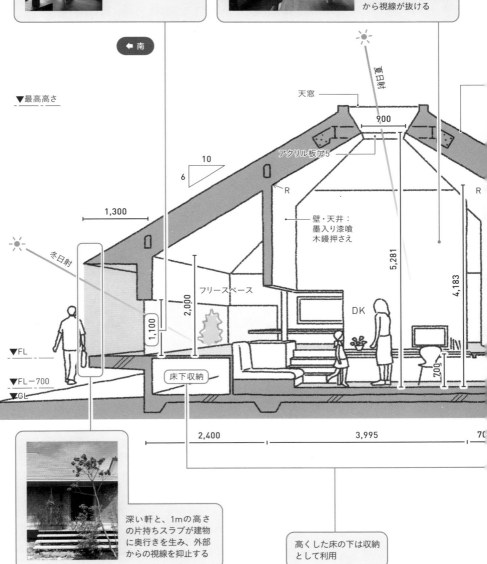

高さ1,100mmの地窓により、外からも見ても内から見ても重心の低いプロポーションとなっている。フリースペースの床に直に座れば、ちょうど視線が抜ける

家の中心にダイニング・キッチンを置き、入れ子状に壁面で囲んだ。床レベルを700mm下げることで、穴ぐらに沈み込むような落ち着き感が生まれる。ここでも、ちょうど地窓から視線が抜ける

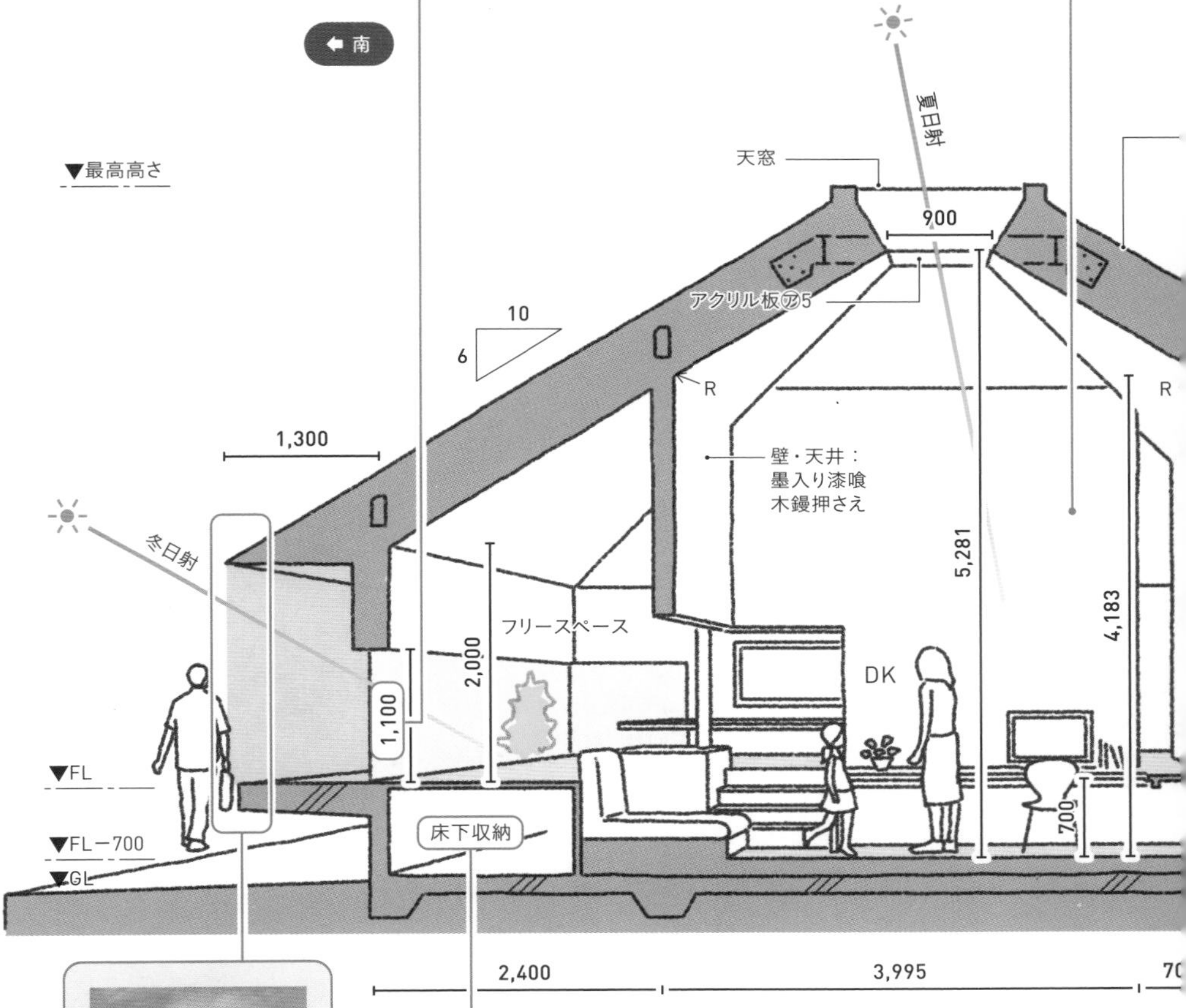
南
夏日射
天窓
900
アクリル板㋐5
▼最高高さ
10
6
R
R
1,300
壁・天井：
墨入り漆喰
木鏝押さえ
冬日射
5,281
4,183
フリースペース
2,000
1,100
DK
▼FL
▼FL−700
▼GL
床下収納
700
2,400
3,995
70

深い軒と、1mの高さの片持ちスラブが建物に奥行きを生み、外部からの視線を抑止する

高くした床の下は収納として利用

大正解

03

『中サイズの窓から光と風を得る』

2階建てに比べると平面が広くなりがちな平屋は、建物の中心部への採光・通風の確保が課題。近年増えているのは、大開口の掃出し窓から部屋の奥までさんさんと照らすよりも、腰窓や高窓など中程度サイズの窓から光を採り入れ、壁面に柔らかく反射させるプランです。平屋とはいえ、差し掛け屋根にすれば、1階の高窓をより高い位置に設置でき、採光の効率を高められます。天窓ならさらに採光効果を高められますが、強すぎる直射日光と防水の対策には十分配慮しましょう。

窓のサイズを絞ると通風が不利になるおそれはありますが、重力換気などの方法で風の流れを生み出せます。

POINT

開けた土地では閉じたい

日常生活が自然とともにある場合、家には開放感よりも抱かれるような安心感を求められることが多いもの。開口の大きさと位置には配慮しましょう

POINT

高窓は間口いっぱいに

地面に近い窓を絞る分、間口いっぱいの高窓を設ければ、採光と視線の抜けが得られます。壁は、光が陰影を伴って反射する左官などの仕上げに

POINT

高窓を利用して重力換気

小屋裏空間を利用して高窓を設けると、重力換気が促されます。換気に用いる高窓には、チェーンオペレーターなど使いやすい開閉方法を採用しましょう

POINT

天窓は強すぎる日射に注意

天窓は南面に設けると光が強すぎることも。居心地が悪くなったり冷房負荷が高まったりするおそれもあるので注意が必要です［148頁参照］

方形屋根の中心にルーフバルコニーを

プライバシーを守るために外壁の外部開口は最小限にとどめる一方、屋根をへこませたルーフバルコニーを囲むように高窓を設けた平屋。住宅の中央部の四方に高窓を設けることで、住宅のどこにいても空を望むことができ、採光・通風にも役立ちます。ルーフバルコニーは、ベンチを置いてその上に立つと、大人が顔を出せる高さです。

敷地に隣接して学校が建っているため、家の周りに四季折々に楽しめる樹木を植えて公園のような開放的な雰囲気をつくると同時に、建物は適度に閉じて住まい手のプライバシーを確保しています。

南側は和室を910mmセットバックさせて軒を設け、日射をコントロール。軒下空間は和室の延長のインナーテラスとして使う

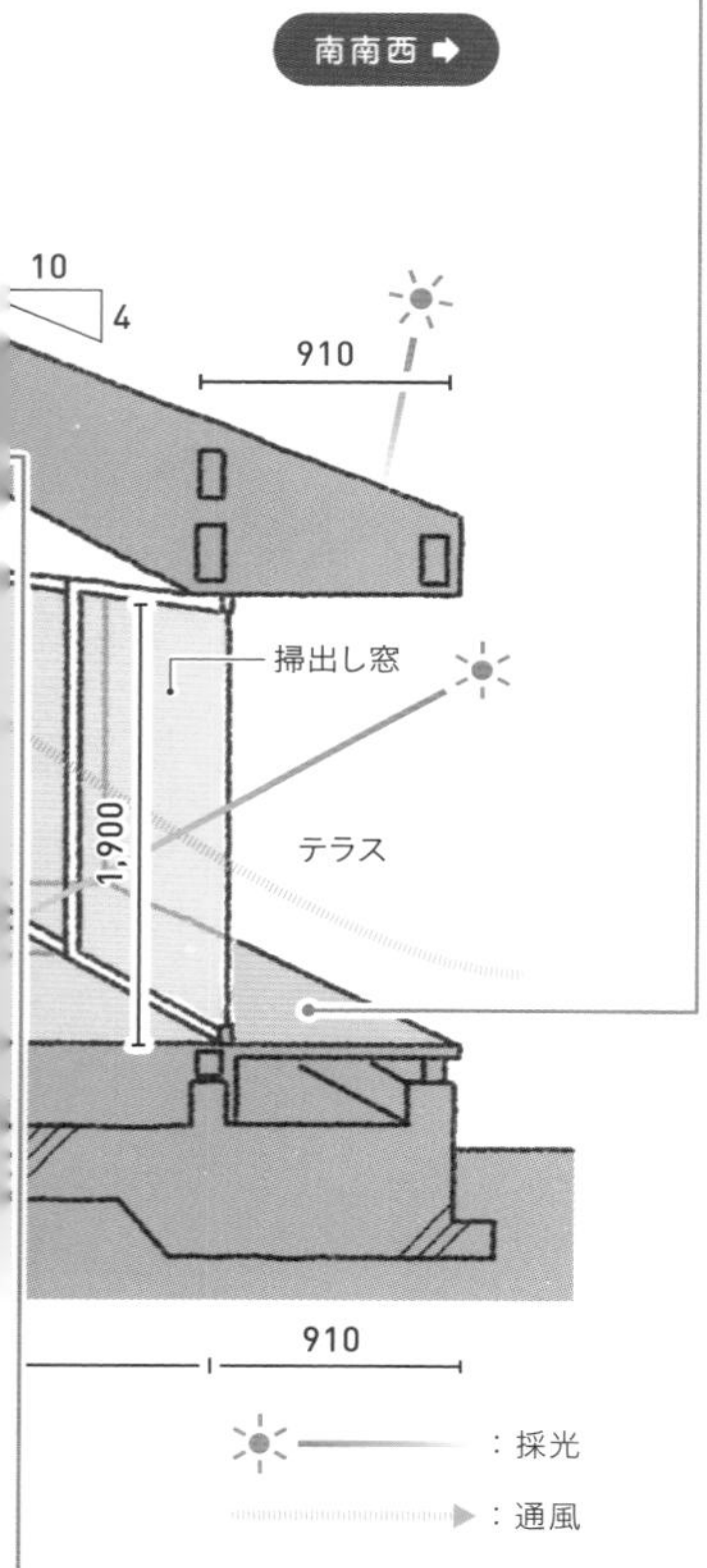
南南西
10
4
910
掃出し窓
1,900
テラス
910
：採光
：通風

断面パース

高窓から入る豊かな光が、家全体を満たします。

建物中央部の天井高を低くすれば高窓の下端高さも低くなり、空がより近くに見える

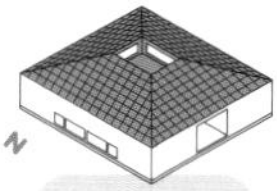
N

方形屋根

「沖野の家」所在地：宮城県
敷地面積：658.13㎡　延床面積：109.31㎡
天井高：1,900～3,330mm
設計：菊池佳晴建築設計事務所
写真：小関克郎

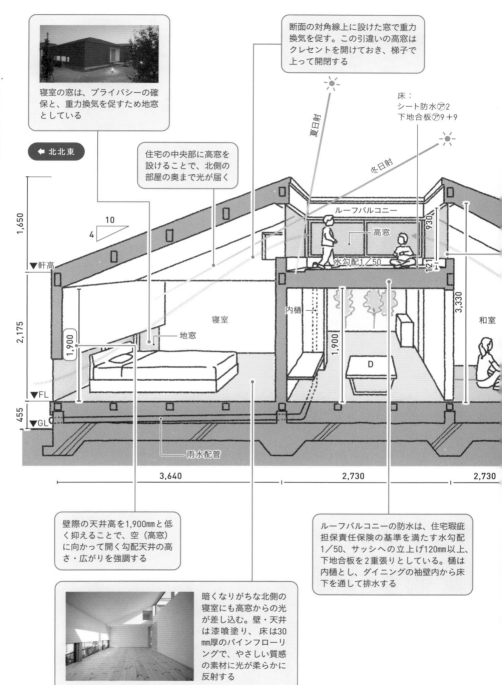

寝室の窓は、プライバシーの確保と、重力換気を促すため地窓としている

断面の対角線上に設けた窓で重力換気を促す。この引違いの高窓はクレセントを開けておき、梯子で上って開閉する

住宅の中央部に高窓を設けることで、北側の部屋の奥まで光が届く

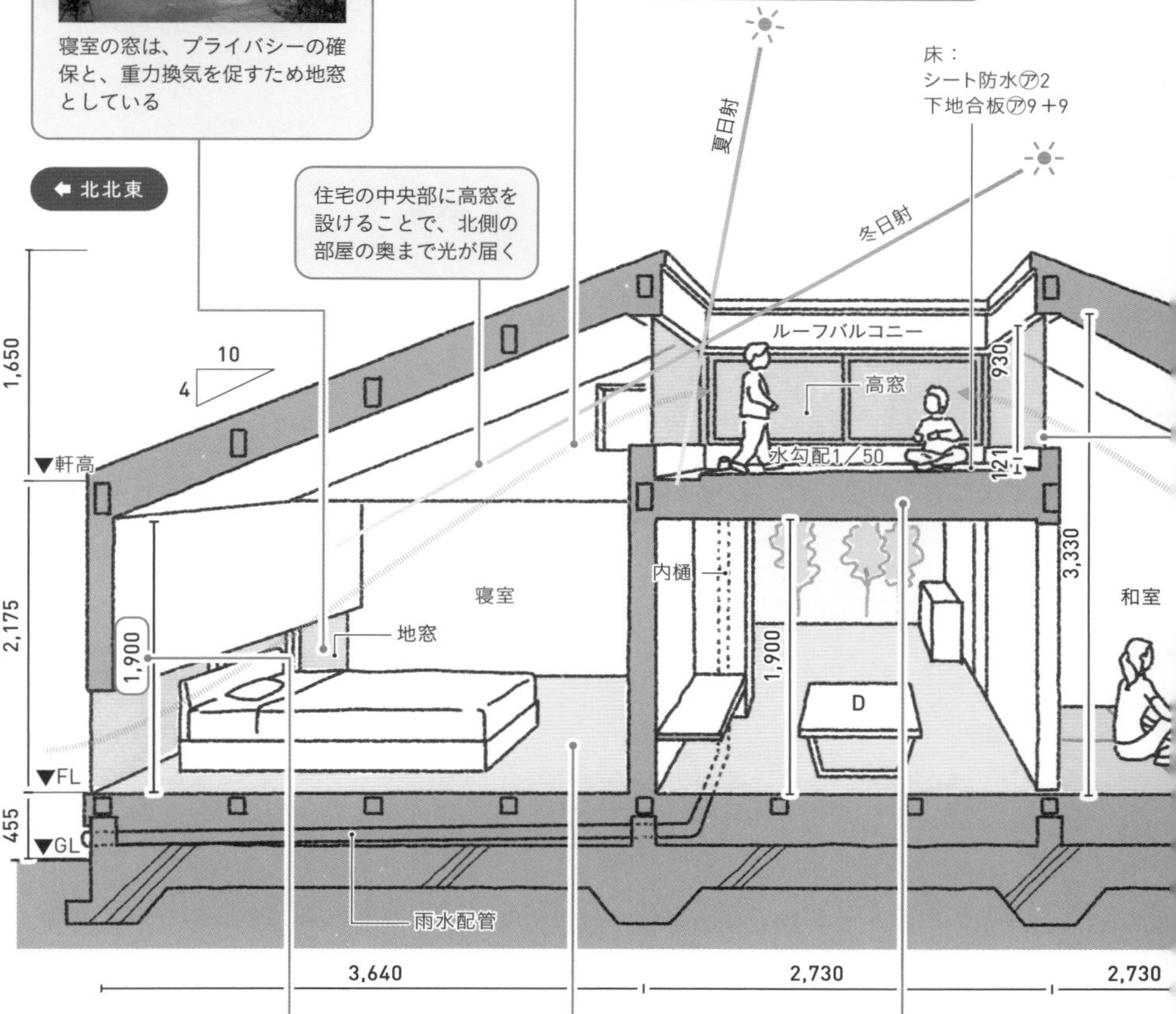
北北東
夏日射
冬日射
床：
シート防水㋐2
下地合板㋐9＋9
10
4
1,650
▼軒高
ルーフバルコニー
高窓
930
水勾配1／50
121
3,330
2,175
寝室
地窓
内樋
和室
1,900
1,900
D
▼FL
455
▼GL
雨水配管
3,640
2,730
2,730

壁際の天井高を1,900㎜と低く抑えることで、空（高窓）に向かって開く勾配天井の高さ・広がりを強調する

ルーフバルコニーの防水は、住宅瑕疵担保責任保険の基準を満たす水勾配1／50、サッシへの立上げ120㎜以上、下地合板を2重張りとしている。樋は内樋とし、ダイニングの袖壁内から床下を通して排水する

暗くなりがちな北側の寝室にも高窓からの光が差し込む。壁・天井は漆喰塗り、床は30㎜厚のパインフローリングで、やさしい質感の素材に光が柔らかに反射する

敷地は小高い山に囲まれた集落のなかにある。室内からの眺望よりも生活のプライバシーを重視し、各部屋に外壁で囲われた中庭を設けた。軒先よりも外壁を張り出すことで、光と風が通るようになっている

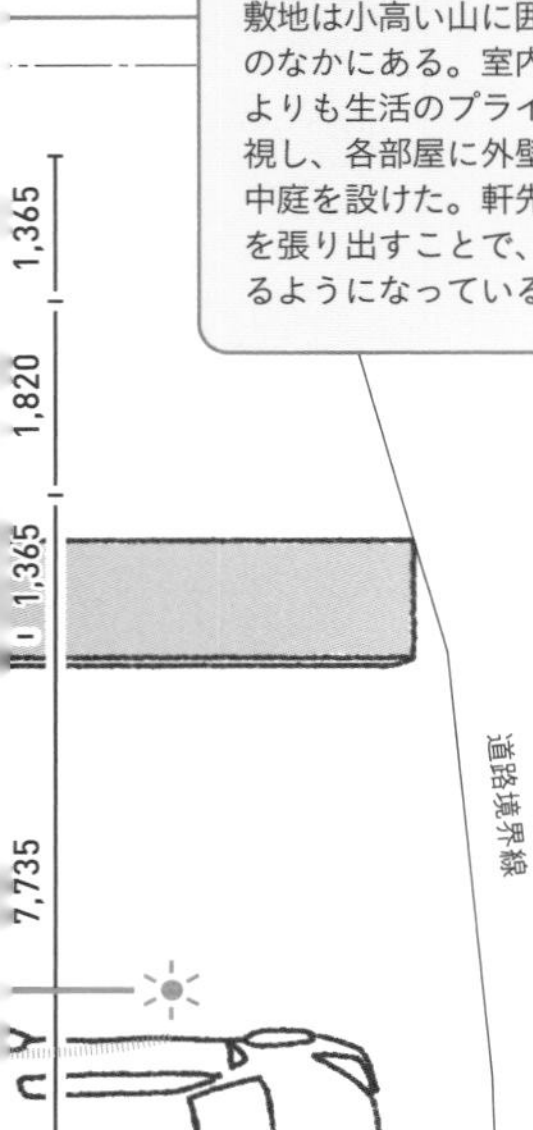
1,365
1,820
1,365
7,735
1,820
道路境界線
駐車場
隣地境界線

LDKから中庭を見た様子。中庭とつながる掃出し窓はすべて、垂壁・袖壁をなくし、内・外壁がつながって見えるようにしています。外壁の高さは室内の天井高と同じ2,300㎜に

張り出した外壁と屋根の間から採光

LDK、水廻り、寝室、子ども部屋の4つのグループに分けられた、四角い「囲み」で構成された平屋。囲みは外壁として機能する守られた空間で、内部を外からうかがうことはできません。

それぞれの囲みの内側には、各部屋と一体化した中庭があり、その中庭を介して住宅の中に光と風を取り込む仕掛けです。囲みと囲みの隙間には、「間」として機能する空間が生まれます。この空間は、内部から外部へとつながる中間的な場所です。

用途に合わせて閉じた空間と開いた空間を配置し、特徴のある空間が生まれました。

LDKに付属する中庭はほかより広い。外壁に囲まれてプライバシーが守られながらも、明るい空間となる

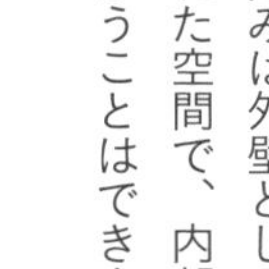
N

方形屋根

「八千代の家」所在地：兵庫県
敷地面積：449.98㎡
延床面積：108.59㎡　天井高：2,300㎜
設計：川添純一郎建築設計事務所
写真：スターリン エルメンドルフ

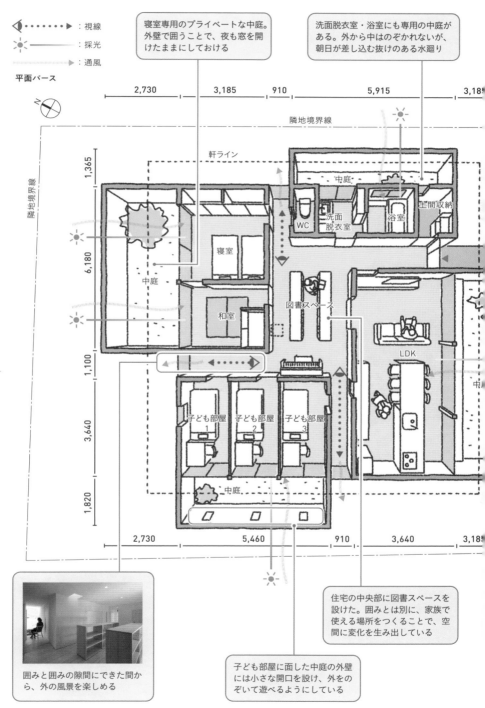

：視線
：採光
：通風

平面パース

寝室専用のプライベートな中庭。外壁で囲うことで、夜も窓を開けたままにしておける

洗面脱衣室・浴室にも専用の中庭がある。外から中はのぞかれないが、朝日が差し込む抜けのある水廻り

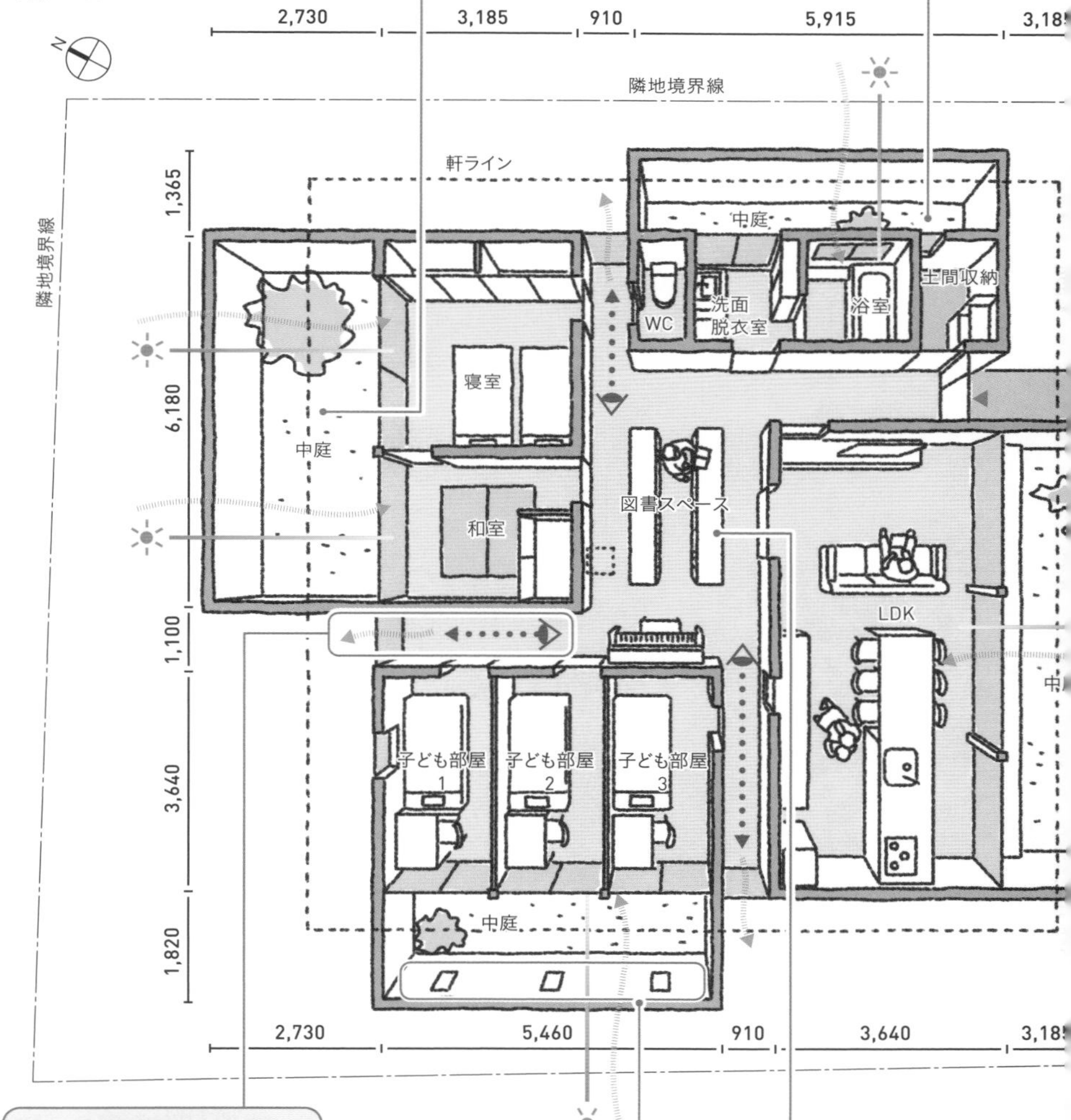
2,730
3,185
910
5,915
隣地境界線
軒ライン
中庭
土間収納
WC
洗面
脱衣室
浴室
寝室
中庭
和室
図書スペース
LDK
子ども部屋1
子ども部屋2
子ども部屋3
中庭
1,365
6,180
1,100
3,640
1,820
2,730
5,460
910
3,640

囲みと囲みの隙間にできた間から、外の風景を楽しめる

住宅の中央部に図書スペースを設けた。囲みとは別に、家族で使える場所をつくることで、空間に変化を生み出している

子ども部屋に面した中庭の外壁には小さな開口を設け、外をのぞいて遊べるようにしている

高窓からの光をR天井に拡散させる

市街地に計画する平屋では、採光とプライバシーの両立が重要な課題。周辺を高層マンションに囲まれたこの平屋では、屋根形状が比較的自由になる平屋のメリットを生かして差し掛け屋根とし、その高窓から採光を得ています。さらに、天井と壁をRの曲線でつなげ、光が柔らかく広がるように工夫を凝らしています。

また、植栽と塀で目隠しをした中庭を設け、前面道路や近くに立つ高層マンションからの視線もカット。小さいながらも、中庭と一体となって、外とのつながりを感じられる明るい住まいになりました。

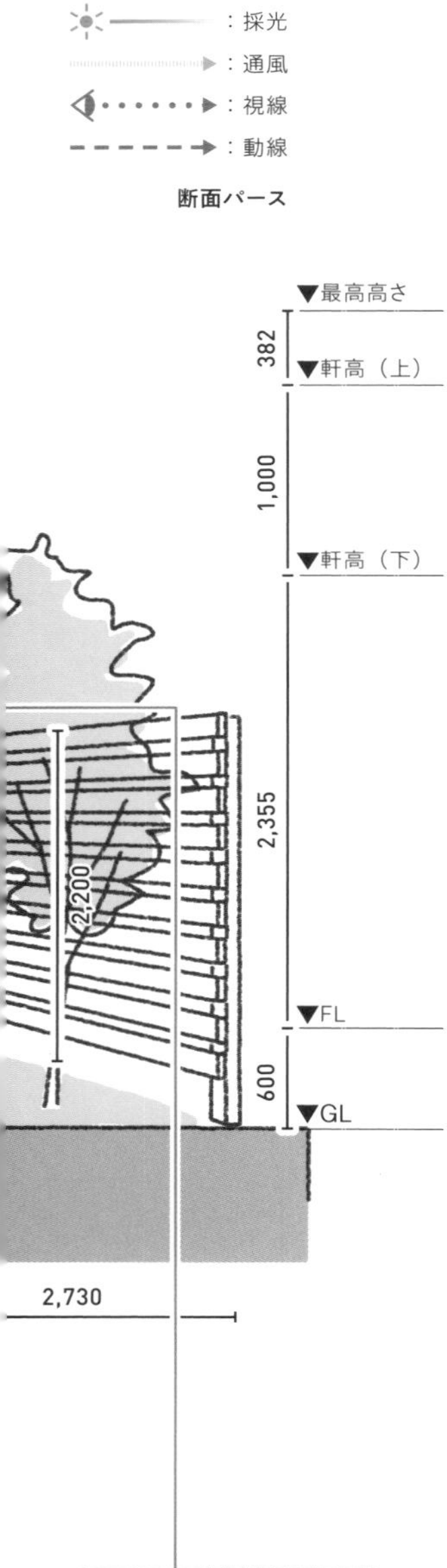
下側の屋根の軒下に設けた天井いっぱいの掃出し窓が、中庭とのつながりを生む。木々や草花の風情を存分に楽しむことができる

差し掛け屋根の壁を利用して、天井高3,115㎜のリビングに間口いっぱいの高窓を設けました（南面）。高層マンションからの視線を遮ると同時に、暗くなりがちな室内奥にまで光を届けことができます

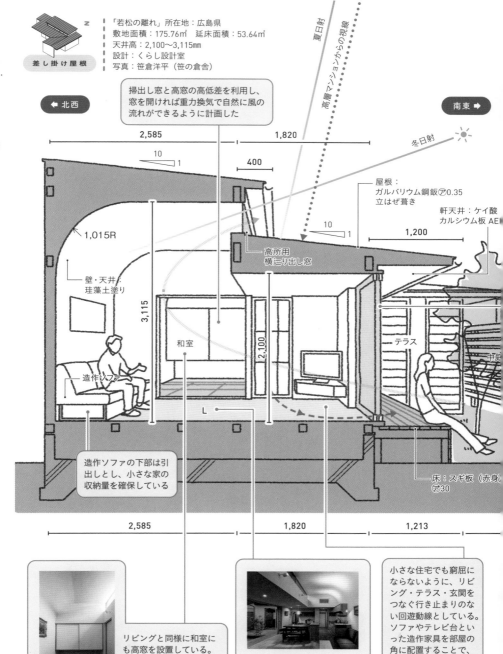

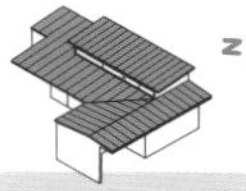
N
差し掛け屋根

「若松の離れ」所在地：広島県
敷地面積：175.76㎡　延床面積：53.64㎡
天井高：2,100〜3,115㎜
設計：くらし設計室
写真：笹倉洋平（笹の倉舎）

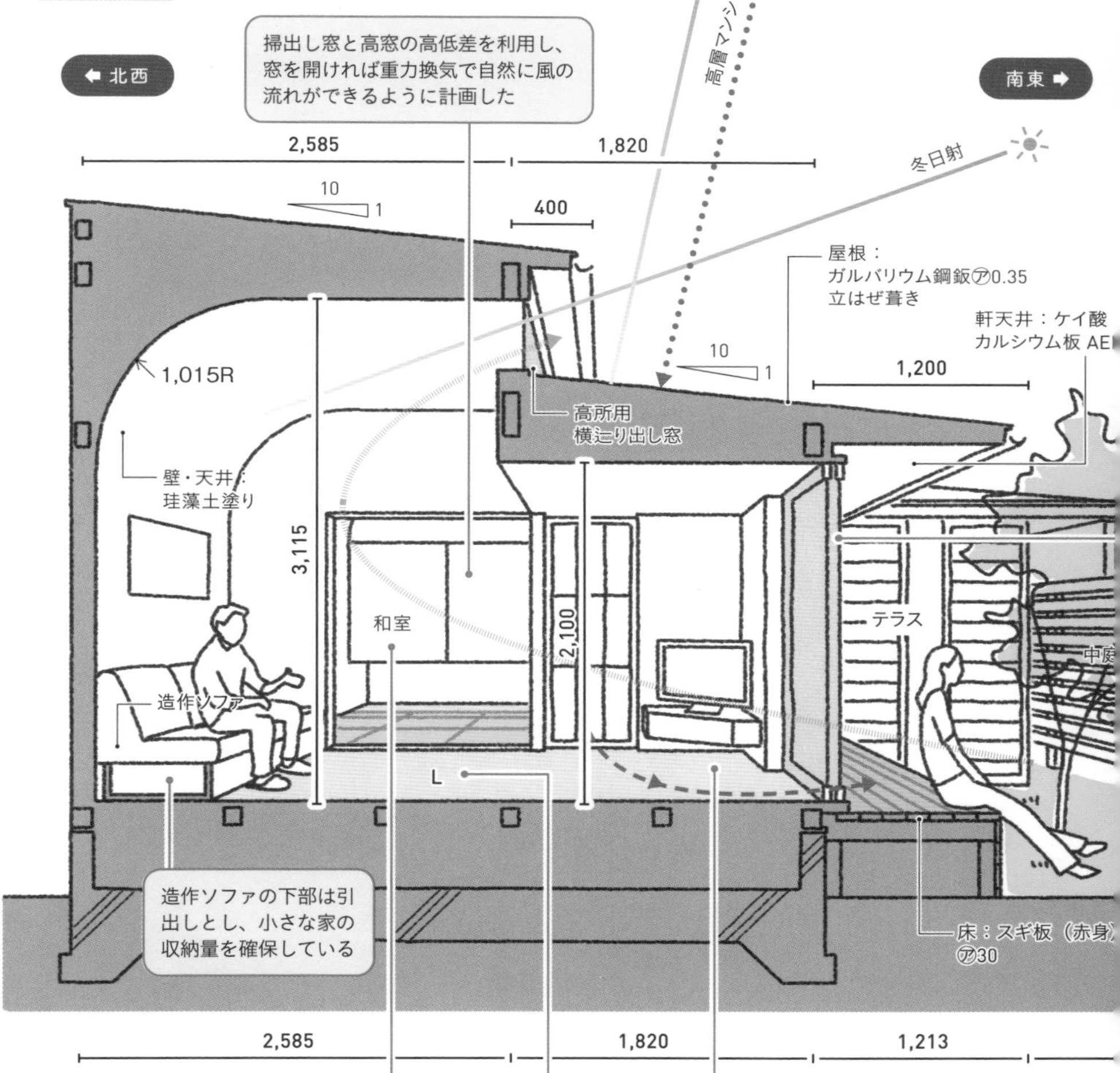
夏日射
高層マンションからの視線
冬日射
北西
南東
2,585
1,820
10
1
400
屋根：
ガルバリウム鋼鈑㋐0.35
立はぜ葺き
軒天井：ケイ酸
カルシウム板 AE
10
1
1,200
1,015R
高所用
横辷り出し窓
壁・天井：
珪藻土塗り
3,115
2,100
和室
テラス
中庭
造作ソファ
L
床：スギ板（赤身）
㋐30
2,585
1,820
1,213

掃出し窓と高窓の高低差を利用し、窓を開ければ重力換気で自然に風の流れができるように計画した

造作ソファの下部は引出しとし、小さな家の収納量を確保している

リビングと同様に和室にも高窓を設置している。光はRでつなげた天井と壁を伝って室内に柔らかく拡散する

夜はスポットライトでR天井を照らし、光に包まれる空間を演出する

小さな住宅でも窮屈にならないように、リビング・テラス・玄関をつなぐ行き止まりのない回遊動線としている。ソファやテレビ台といった造作家具を部屋の角に配置することで、部屋の中央の空間を動線として利用し、廊下をなくした

大正解

04

『平屋の困りごとは廊下で解決！』

省スペースなプランでは、一般的に廊下を設けないのが鉄則。しかし平屋では、廊下を設けることで解決する問題が意外と多いのです。

まず、段差のない平屋では、公私の空間を断面で分けられないので、廊下を緩衝帯にして公私を分けるのがおすすめ。その場合、廊下を家の中心に配置しましょう。さらに910㎜以上の幅をとった広めの廊下に、書斎やウォークインクロゼットを兼ねさせれば、移動空間＋αの役割をもたせられます。平屋の廊下は、各室に光を届ける明り取りの役割も果たすので、廊下に高窓を設け、廊下に面した各室の欄間を介して光を届ければ住宅全体が明るくなります。

POINT

廊下で緩く空間を区切る

リビングと寝室の間に廊下を挟めば、騒音を気にせず過ごせます。トイレなどの水廻りも、リビングから廊下を隔てて配置しましょう

POINT

廊下の高窓から採光する

大屋根の平屋は、中央部が暗くなりがち。中央に設けた廊下の高窓から採光すれば、隣接する部屋の天井付近に柔らかい光が廻ります

POINT

廊下を部屋の延長にする

部屋と廊下は引戸で仕切るのがおすすめ。引戸を開ければ、部屋と廊下をつなげて広く使えます。さらに廊下に収納を設ければ、家事動線も短くなります

POINT

広めの廊下を多目的に使う

やや幅広の廊下なら空間を多目的に使え、空間が無駄になりません。1,200㎜以上の幅がある廊下なら、突き当りに洗面台を納められます

LDKの様子。3方向の中庭から光や風がたっぷり入ります

寝室と収納を廊下でつないで簡潔に

コートハウスは、都市部に建てる平屋のなかでも人気プランの1つ。ただし、隣家の上階からのぞかれてしまう密集地では、全室のプライバシーを確保しづらいのが悩みどころ。そのような場合は、家族の個室を閉じた1カ所にまとめるのも手です。

この平屋では、3カ所の中庭に面する開放的なＬＤＫを家の中央に配置。一方で寝室は南側に並べて閉じた空間としました。ただし、閉鎖的に感じさせないよう、各個室と一体で使える廊下（幅770㎜）で全体をつないでいます。

また、ＬＤＫ側の壁面に廊下の収納を集約することで、廊下がＬＤＫと寝室との緩衝帯の役割を果たします。

廊下から個室を見る。廊下突き当りに窓を設け、採光を確保した

いずれ独立して出てゆく子どもの個室は、2.5〜3畳でよい[134頁参照]。引戸で廊下とつながるようにしておけば、狭く感じる心配はない

廊下に面する収納にはパイプハンガーを設置。物干し場で乾かした洗濯物は、ハンガーに掛けたまま取り込んで収納できる

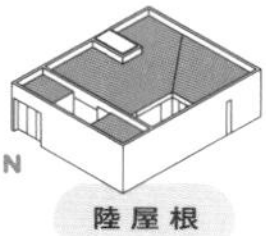

陸屋根

「明石の家」所在地：兵庫県
敷地面積：172.81㎡　延床面積：81.07㎡
天井高：2,150〜2,300㎜
設計：arbol＋はすいけ
写真：下村康典

玄関に隣接する北側の「家庭菜園の庭」では、果物を育てている。キッチンも近いので、果物を収穫して調理するにも便利だ

南側にはプライベートな寝室、水廻りをまとめて配置。脱衣室に隣接して、「生活の庭」（物干し場）を設ける。洗濯物を洗う→干す→しまうが南側で完結できる家事ラク間取りだ

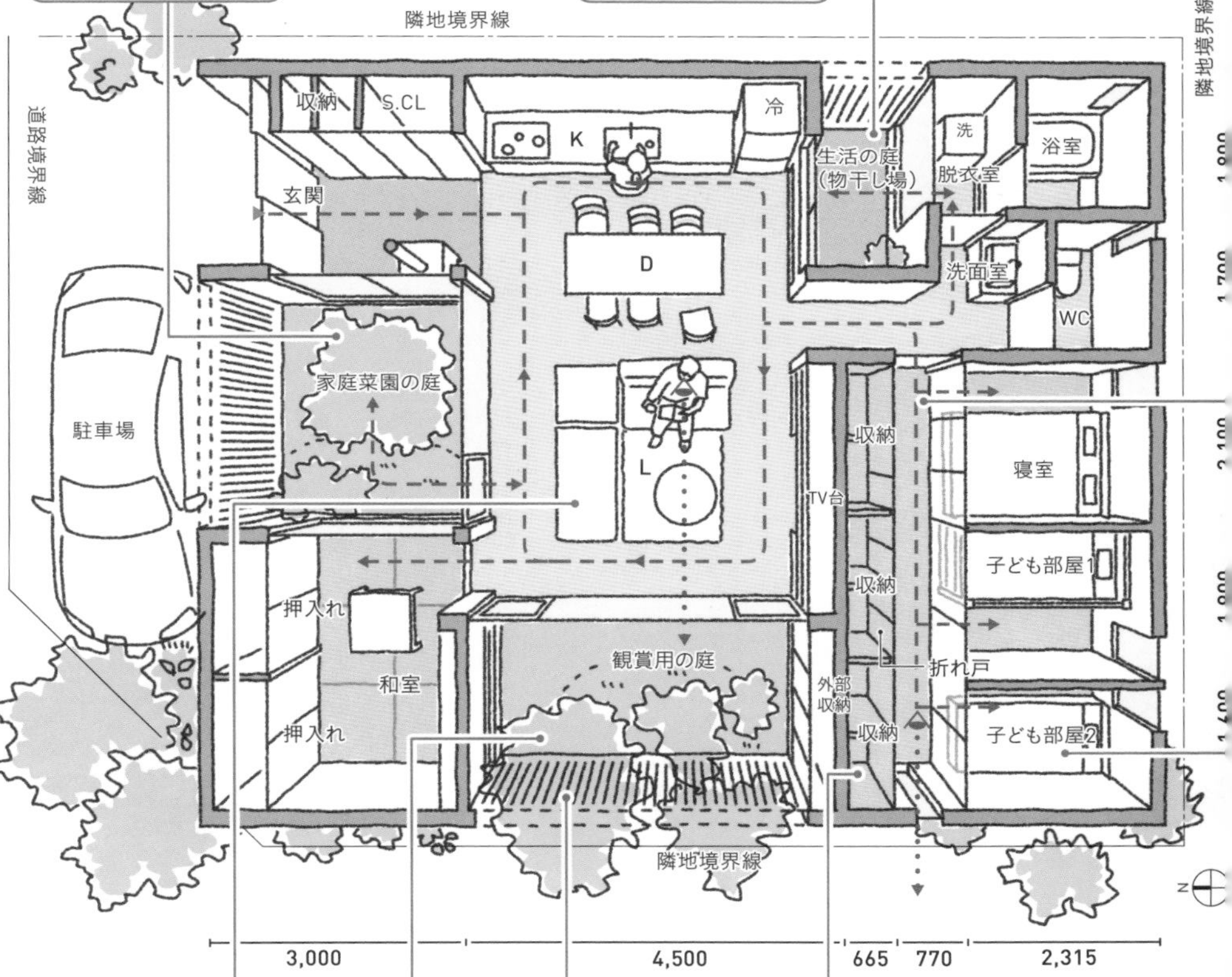
隣地境界線
隣地境界線
道路境界線
収納
S.CL
K
冷
生活の庭
（物干し場）
洗
浴室
脱衣室
玄関
D
洗面室
WC
家庭菜園の庭
駐車場
収納
寝室
L
TV台
子ども部屋1
収納
押入れ
観賞用の庭
折れ戸
和室
外部収納
収納
子ども部屋2
押入れ
隣地境界線
3,000
4,500
665
770
2,315

3カ所の中庭に面したLDKは、実際の面積以上に広々と感じる

中庭の隣家側には、さまざまな大きさのルーバーを、ランダムに間隔を空けて縦張りした塀を設ける。隣家から目隠しすると同時に、通風を確保している

リビングの西側には「観賞用の庭」を配置。リビングでくつろぎながら、四季でうつろう小さな自然を楽しめる

- - - -▶：動線
◁・・・・・▶：視線

平面パース

大正解

05

『小さくつくって広く住む』

平屋と聞くと、恵まれた条件の広い敷地を存分に生かして建てられるイメージがあるかもしれません。しかし最近では、家事のしやすさや家族間のコミュニケーションのとりやすさなどの利点から、敷地面積をあえて使い切らずに小さな平屋を建てるケースも多いのです。

小さな平屋では、極力廊下をつくらずに、部屋と部屋を直接行き来できるようにすると無駄がありません。また、リビングなどに大開口の掃出し窓やテラスを設けて内部と外部を視覚的につなげる、LDKをまとめて大空間にするなど、小さな家でも開放感が得られる工夫をするとよいでしょう。

POINT

敷地いっぱいに建てない

必要な空間のみをコンパクトにまとめると、余分な空間ができないので、掃除や手入れがラク。庭を広くとって楽しむこともできます

POINT

視線の抜けをつくる

部屋の対角線上に開口部を設けたり、壁の上部を開けて隣の空間とつなげたりなど、視線が遠くに抜けるようにし、奥行きを感じる空間をつくりましょう

POINT

床から天井付近までの大開口

庭や眺望のよい方向に向かって天井付近まである大開口を設けると、内と外の境界が曖昧になり、視覚的な広がりを感じることができます

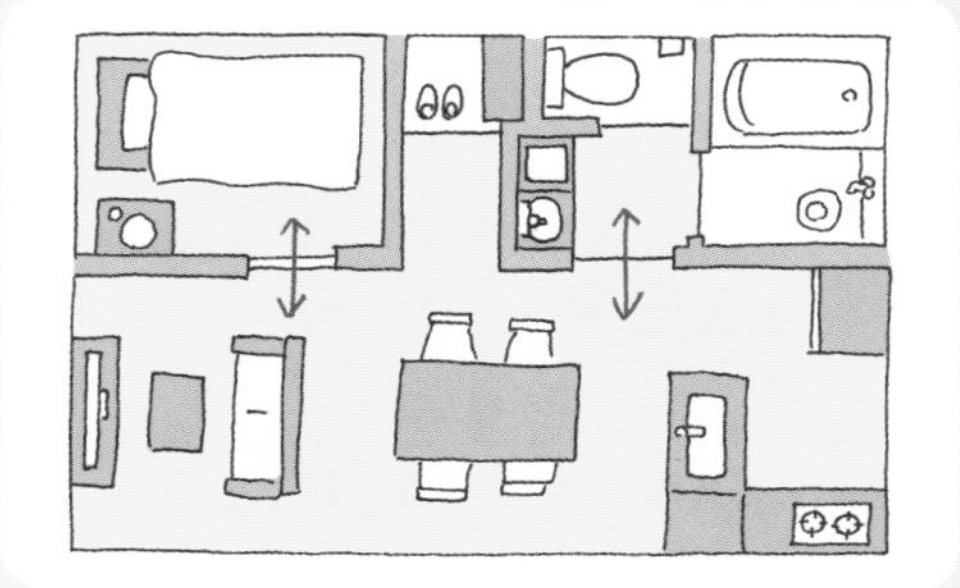

POINT

廊下をつくらない

廊下をつくらず、リビング・ダイニング・キッチンから各個室やトイレ、洗面脱衣所などへ直接移動できるプランにすると動線が短くなり、家事も楽になります

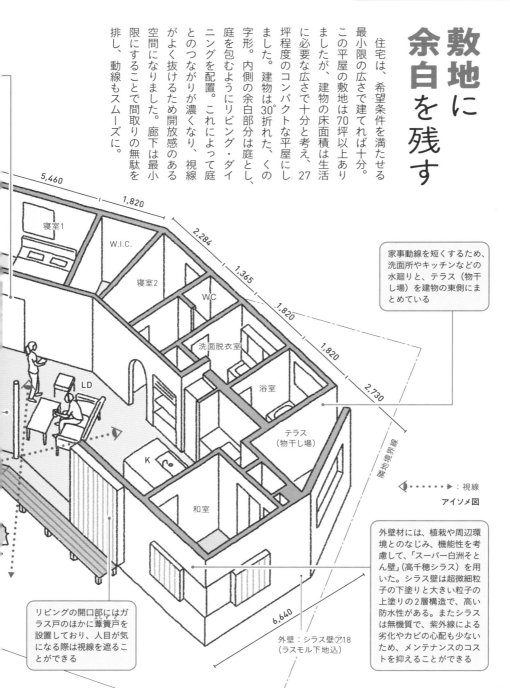

敷地に余白を残す

住宅は、希望条件を満たせる最小限の広さで建てれば十分。この平屋の敷地は70坪以上ありましたが、建物の床面積は生活に必要な広さで十分と考え、27坪程度のコンパクトな平屋にしました。建物は30°折れた、くの字形。内側の余白部分は庭とし、庭を包むようにリビング・ダイニングを配置。これによって庭とのつながりが濃くなり、視線がよく抜けるため開放感のある空間になりました。廊下は最小限にすることで間取りの無駄を排し、動線もスムーズに。

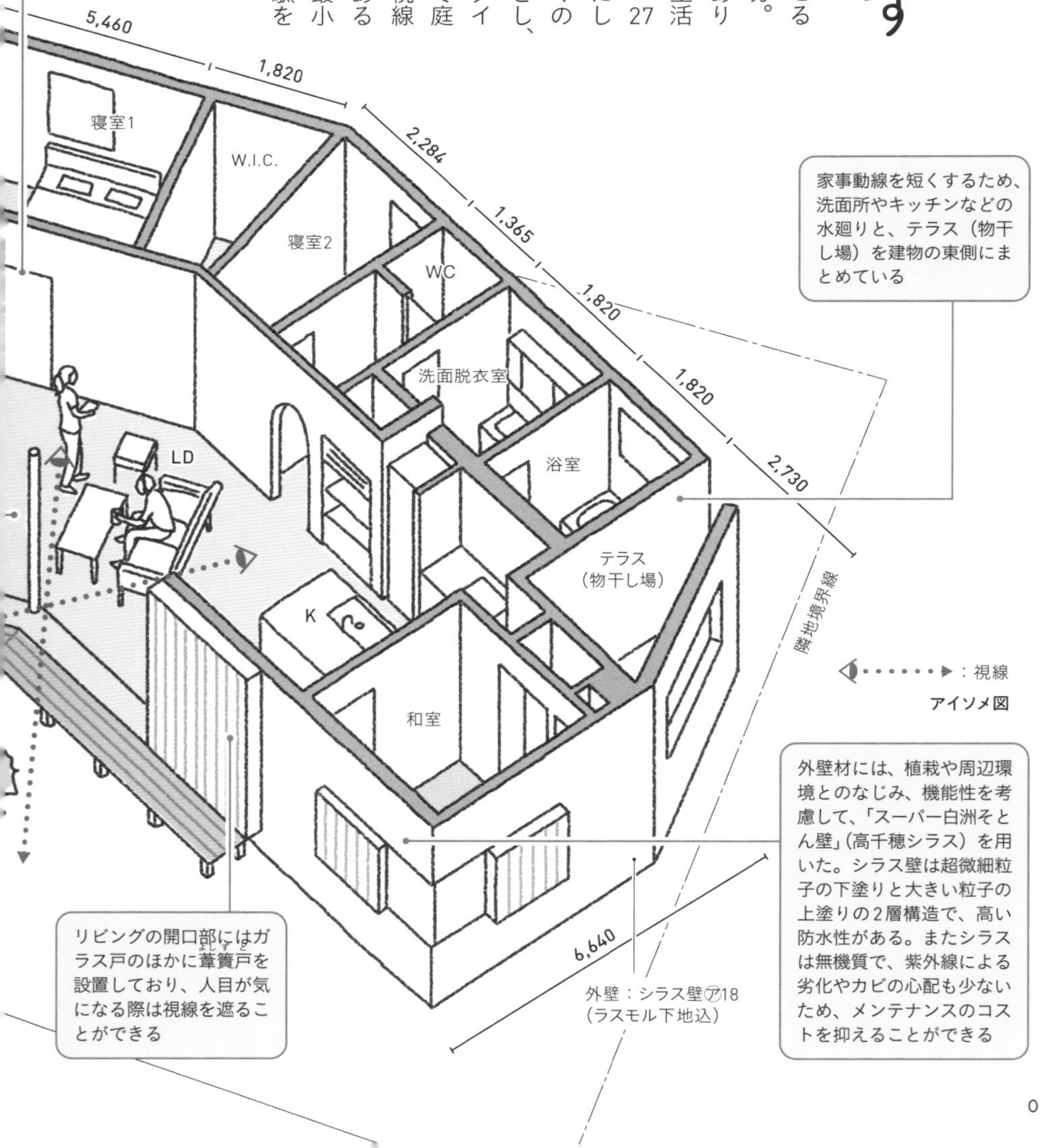
5,460
1,820
2,284
1,365
1,820
1,820
2,730
6,640
寝室1
W.I.C.
寝室2
WC
洗面脱衣室
浴室
LD
テラス
(物干し場)
K
和室
隣地境界線
家事動線を短くするため、洗面所やキッチンなどの水廻りと、テラス（物干し場）を建物の東側にまとめている
外壁材には、植栽や周辺環境とのなじみ、機能性を考慮して、「スーパー白洲そとん壁」（高千穂シラス）を用いた。シラス壁は超微細粒子の下塗りと大きい粒子の上塗りの2層構造で、高い防水性がある。またシラスは無機質で、紫外線による劣化やカビの心配も少ないため、メンテナンスのコストを抑えることができる
外壁：シラス壁㋐18
（ラスモル下地込）
リビングの開口部にはガラス戸のほかに葦《よし》簀《す》戸《と》を設置しており、人目が気になる際は視線を遮ることができる
：視線

アイソメ図

南側外観。ウメの木は葉を茂らせ、外部からの視線の目隠しとしても機能します

十分な広さを感じさせるリビングダイニング

勾配天井に化粧垂木を用いることで、視線が自然と庭へと向かう仕組み。屋根がくの字に折れている部分では、連続する垂木のリズムに変化が出て目を楽しませてくれる

家族間でもプライバシーの確保は大切。各部屋の出入口は、視線の先に配置しないよう注意する

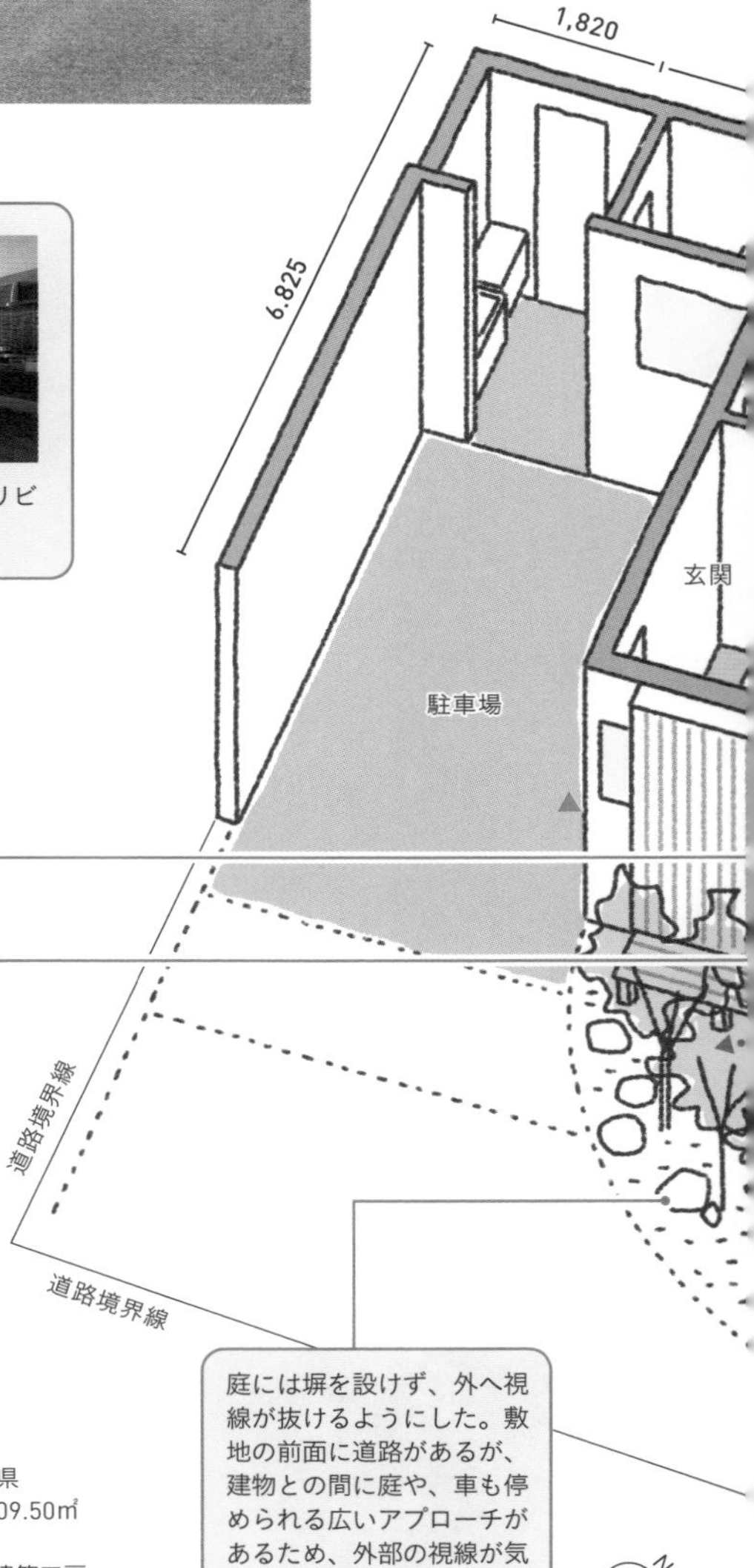
1,820
6,825
玄関
駐車場
道路境界線
道路境界線
N

庭には塀を設けず、外へ視線が抜けるようにした。敷地の前面に道路があるが、建物との間に庭や、車も停められる広いアプローチがあるため、外部の視線が気にならない

N
切妻屋根

「ロールキャベツの家」所在地：栃木県
敷地面積：241.36㎡　延床面積：109.50㎡
天井高：2,300～3,328㎜
設計：飯田亮建築設計室×COMODO建築工房
写真：飯田亮建築設計室×COMODO建築工房

2×4工法を活用する

室内空間を少しでも広く確保したいなら、軸組構法ではなく、壁厚の薄い2×4（ツーバイフォー）工法を活用する手もあります。構造用合板9㎜厚張りの場合、軸組構法での壁倍率2.5に対し、2×4工法では壁倍率3.0となり、大空間でも耐力を確保しやすいのも魅力です。

2×4工法では、整備されている構造の告示に則って設計すれば強度を確保できますが、構造計算をすれば、もっと大きな壁線区画や大開口も実現できます。大開口を設ける場合、遠くを見通せるよう配置し、室内からの見え方を意識して外構計画を練ることがポイント。この平屋では、テラス側に高さ2mの掃出し窓を設け、そのすぐ南側に植栽を施しました。木の影が室内に落ちて内外の境界が曖昧になり、外へと意識が向かいやすくなる仕掛けです。

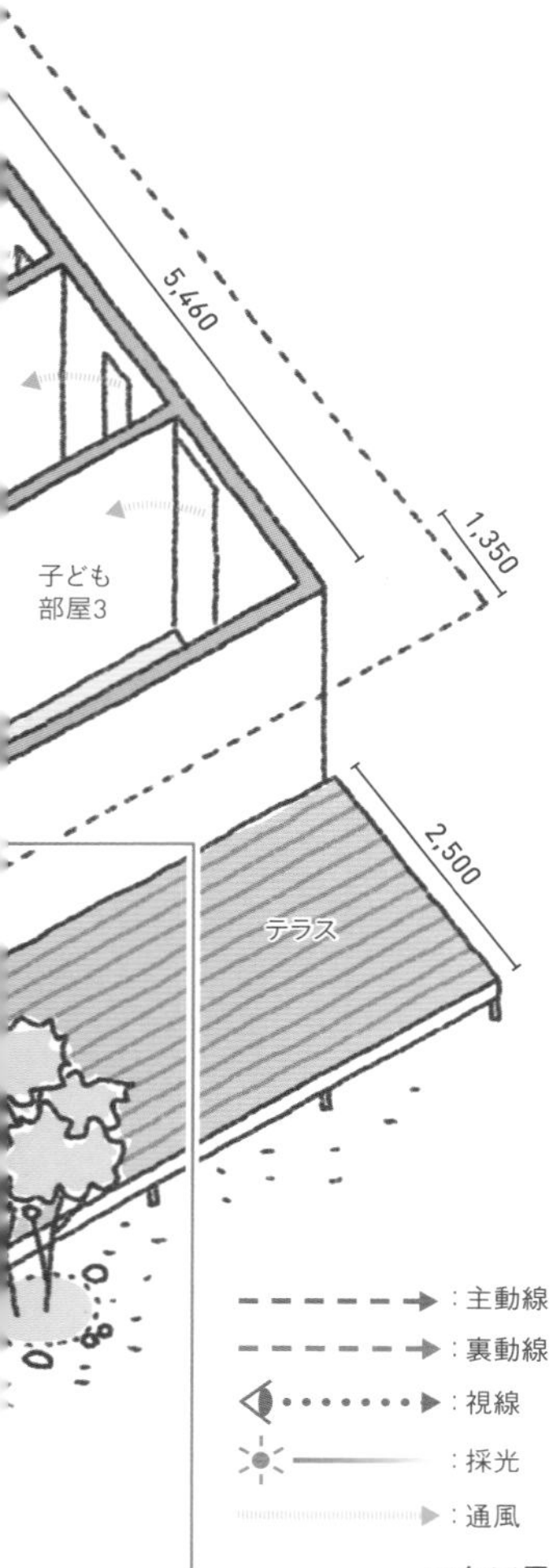
5,460
1,350
子ども
部屋3
2,500
テラス
：主動線
：裏動線
：視線
：採光
：通風

アイソメ図

リビングと玄関が上部でつながり、奥行きを感じる空間となっている

低いプロポーションが美しい外観。薪ストーブの煙突も可愛らしい

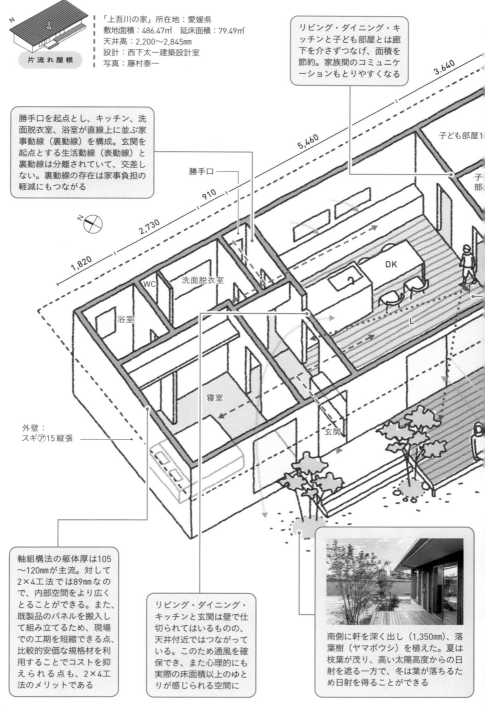

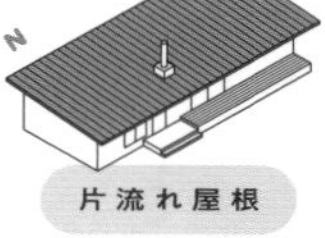
N
片流れ屋根

「上吾川の家」所在地：愛媛県
敷地面積：486.47㎡　延床面積：79.49㎡
天井高：2,200〜2,845㎜
設計：西下太一建築設計室
写真：藤村泰一

リビング・ダイニング・キッチンと子ども部屋とは廊下を介さずつなげ、面積を節約。家族間のコミュニケーションもとりやすくなる

勝手口を起点とし、キッチン、洗面脱衣室、浴室が直線上に並ぶ家事動線（裏動線）を構成。玄関を起点とする生活動線（表動線）と裏動線は分離されていて、交差しない。裏動線の存在は家事負担の軽減にもつながる

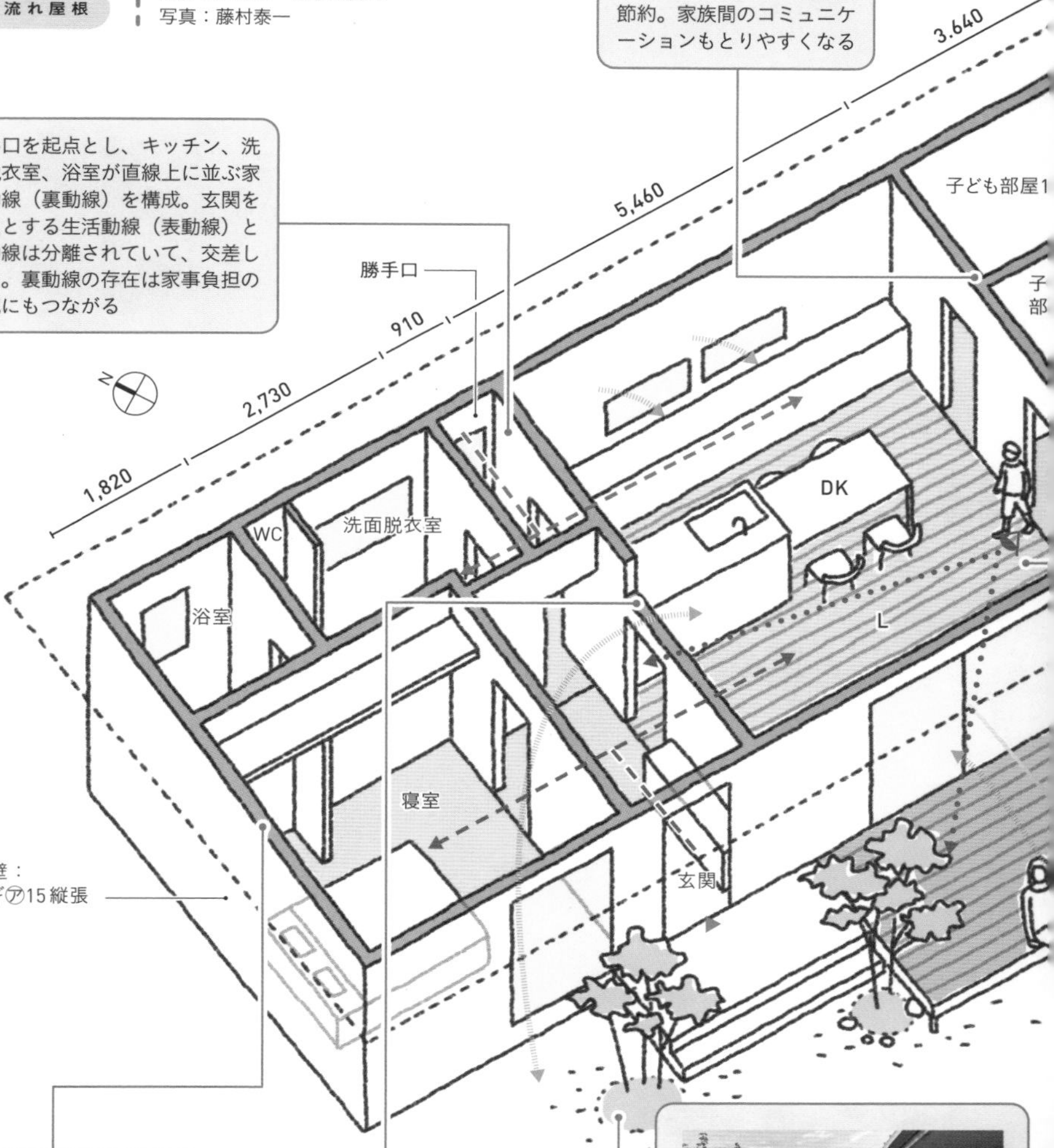
3,640
5,460
910
2,730
1,820
N
勝手口
子ども部屋1
WC
洗面脱衣室
浴室
DK
L
寝室
玄関
外壁：
スギ㋐15縦張

軸組構法の躯体厚は105〜120㎜が主流。対して2×4工法では89㎜なので、内部空間をより広くとることができる。また、既製品のパネルを搬入して組み立てるため、現場での工期を短縮できる点、比較的安価な規格材を利用することでコストを抑えられる点も、2×4工法のメリットである

リビング・ダイニング・キッチンと玄関は壁で仕切られてはいるものの、天井付近ではつながっている。このため通風を確保でき、また心理的にも実際の床面積以上のゆとりが感じられる空間に

南側に軒を深く出し（1,350㎜）、落葉樹（ヤマボウシ）を植えた。夏は枝葉が茂り、高い太陽高度からの日射を遮る一方で、冬は葉が落ちるため日射を得ることができる

ダイニングからリビング、ストーブ土間を見た様子(デッキテラス施工前)。外とのつながりが意識されるよう、無垢板の板土間や木製サッシの掃出し窓など、自然素材を多く使用しています

中廊下は暗くなりやすいため、廊下突き当たりに高窓を設けて採光を確保している。屋根勾配が2.5寸程度以下と緩やかな場合、天窓は雨漏りのリスクがあるため、避けたほうがよい

土間リビングで庭とつながる

敷地は広いものの、崖に面していたこの平屋。条例により、崖の高さの2倍の離隔を確保する必要がありましたが、それをクリアしたうえでシンプルな形状を計画し、各空間に必要な大きさを確保しています。

平屋では、床と地面との距離をいかに近くするかが重要。そこで、LDKの床高を250㎜下げて板土間とし、玄関土間からストーブ用の土間、LDKまではフラットに仕上げました。さらに室内床とレベル差140㎜の外土間とデッキテラスを設置して内外を行き来しやすくし、心理的にも物理的にも地面と近づけています。

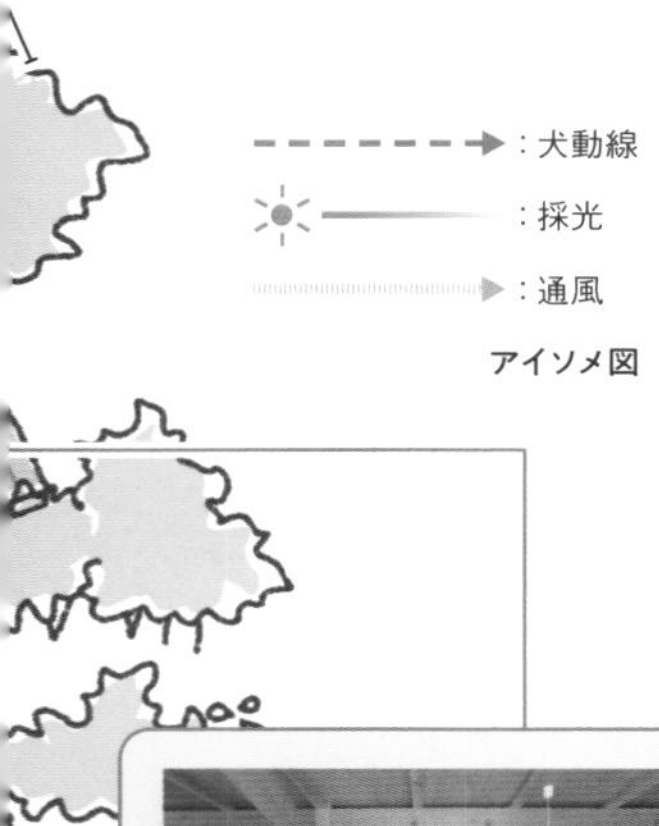

住まい手はアウトドア好きで犬も飼っているため、板土間には厚み30㎜のスギの無垢板を用い、土足でも生活できるようにした。畳スペース、廊下、寝室の床は板土間のLDKよりも250㎜高くすることで、小型犬の行動範囲を制御できる

「茅ヶ崎の家」所在地：神奈川県
敷地面積：616. 36㎡
延床面積：94.40㎡（小屋裏：4.97㎡）
天井高：2,110～3,435㎜
設計：木々設計室
写真：木々設計室

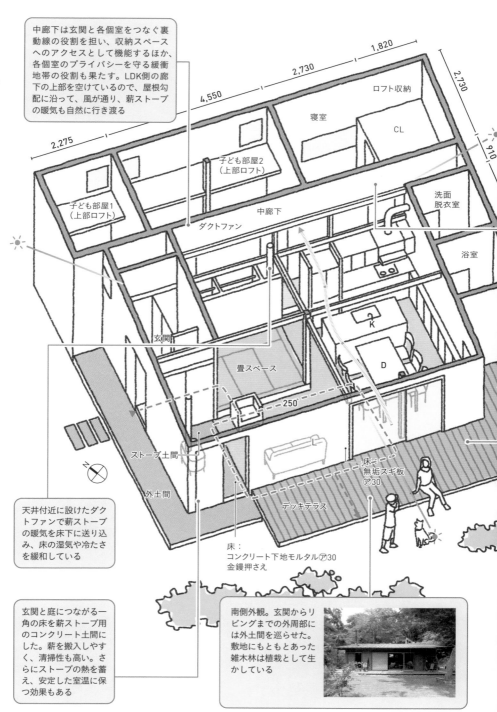

中廊下は玄関と各個室をつなぐ裏動線の役割を担い、収納スペースへのアクセスとして機能するほか、各個室のプライバシーを守る緩衝地帯の役割も果たす。LDK側の廊下の上部を空けているので、屋根勾配に沿って、風が通り、薪ストーブの暖気も自然に行き渡る

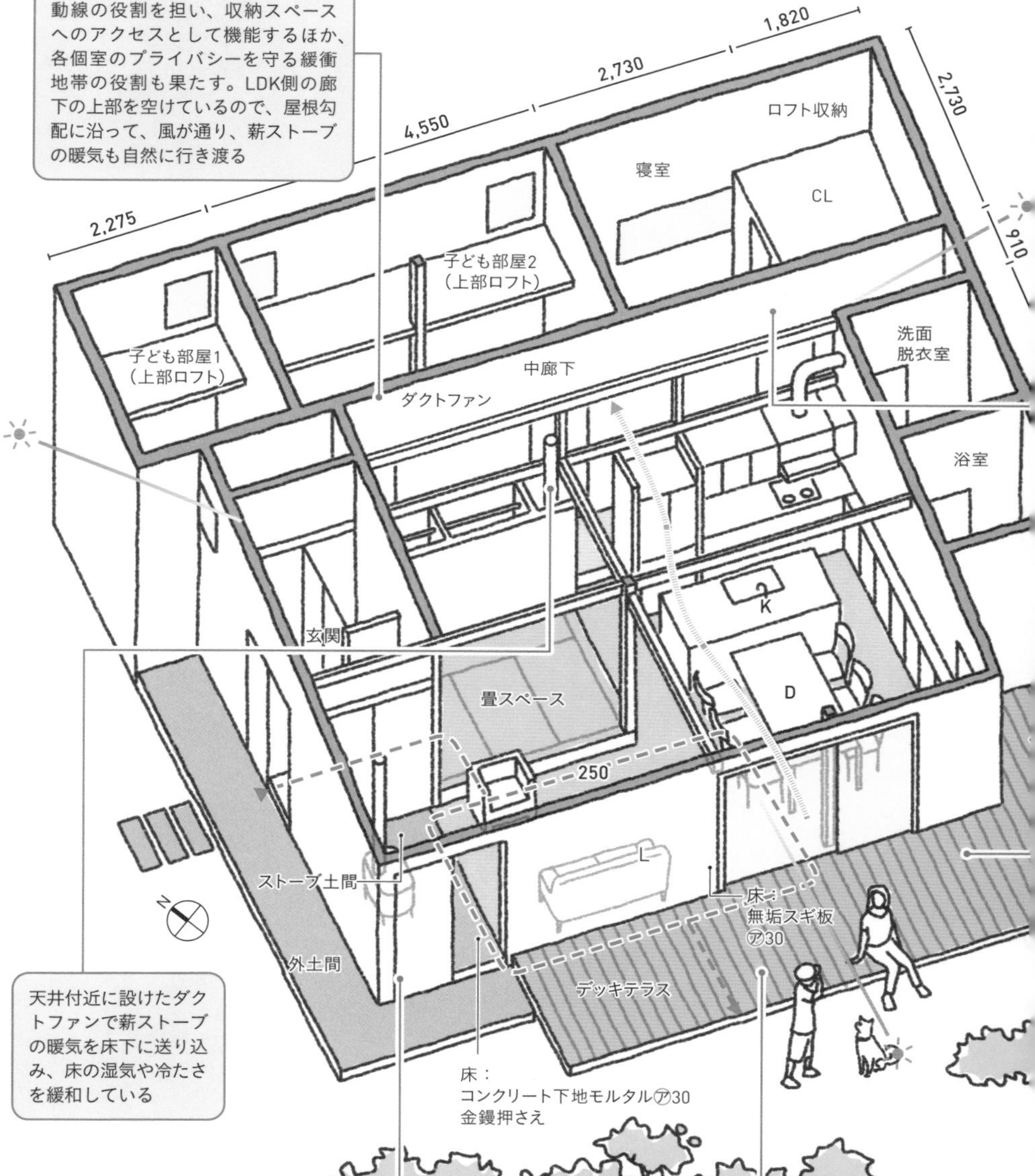
2,275
4,550
2,730
1,820
2,730
910
ロフト収納
寝室
CL
子ども部屋2
（上部ロフト）
子ども部屋1
（上部ロフト）
洗面
脱衣室
中廊下
ダクトファン
浴室
K
玄関
畳スペース
D
250
L
ストーブ土間
床：
無垢スギ板
㋐30
外土間
デッキテラス
床：
コンクリート下地モルタル㋐30
金鏝押さえ

天井付近に設けたダクトファンで薪ストーブの暖気を床下に送り込み、床の湿気や冷たさを緩和している

玄関と庭につながる一角の床を薪ストーブ用のコンクリート土間にした。薪を搬入しやすく、清掃性も高い。さらにストーブの熱を蓄え、安定した室温に保つ効果もある

南側外観。玄関からリビングまでの外周部には外土間を巡らせた。敷地にもともとあった雑木林は植栽として生かしている

大正解
06

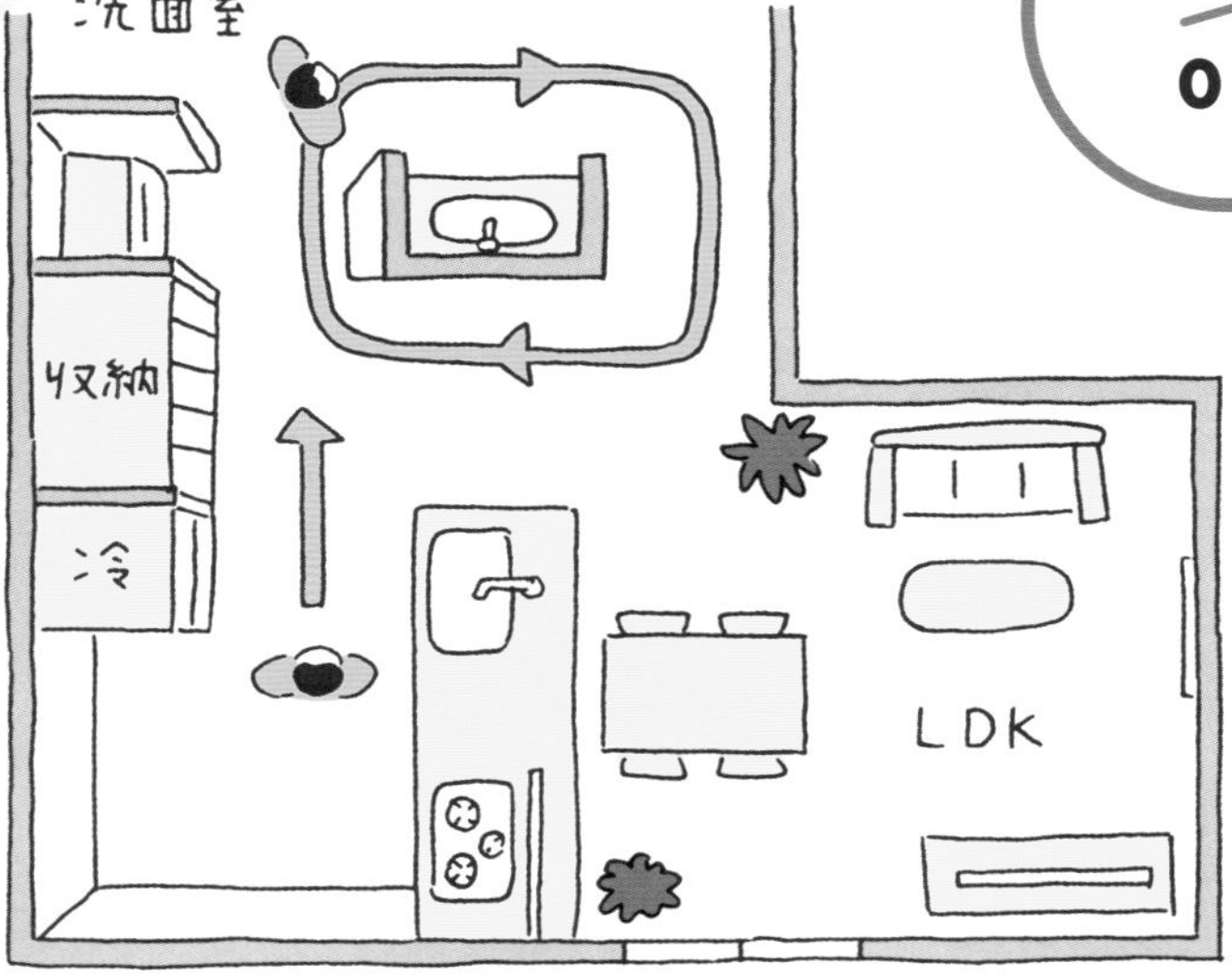

『回遊or直線どちらの動線かで計画が変わる』

平屋で検討するべき動線は、「階段がないことを生かした回遊動線」か、「平屋ならではの長い廊下を基軸にした直線動線」かの2つです。

回遊動線は、どの部屋を中心にするかが重要。家事ラクを重視するなら、キッチン中心がベスト。玄関やパントリーからキッチンにアクセスしやすく、家事動線が短くなります。また家の中心を中庭にすれば、採光の問題を解決できます。

廊下を利用した直線動線は、公私を分ける境界線にもなるため、幅を広めに確保。また、突き当りを窓として外に視線を抜けば、行き止まり感を緩和でき、広がりが生まれます。

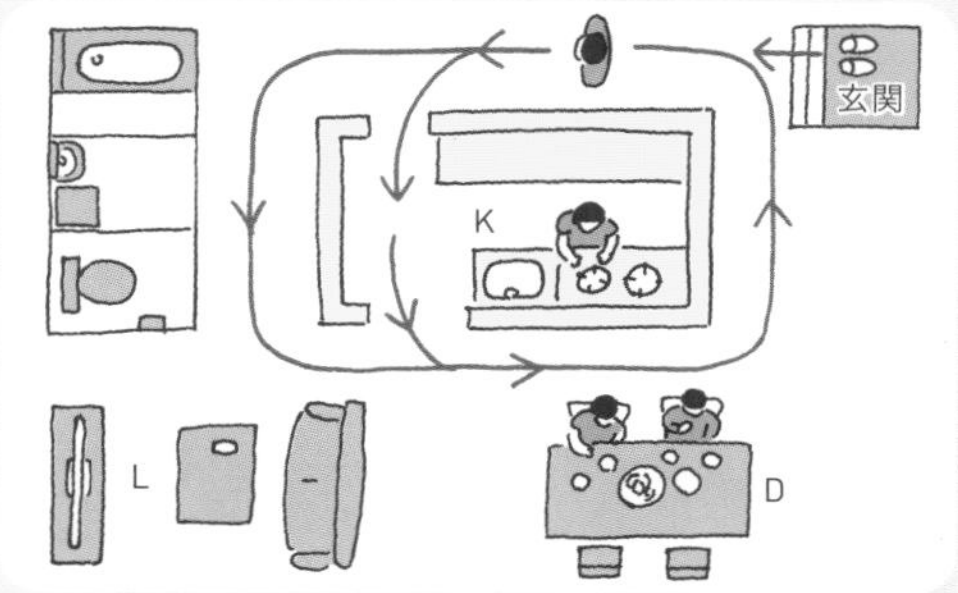

POINT

キッチン中心の回遊動線

キッチンを中心とした回遊動線。さらに玄関からキッチンに直接アクセスできるようにすれば、買い物した荷物を運び入れる裏動線も確保できます

POINT

中庭中心の回遊動線

中庭を中心とした回遊動線。中庭を物干し場とすれば、洗濯物を洗う→干す→畳む→しまうの家事が回遊動線でつながります

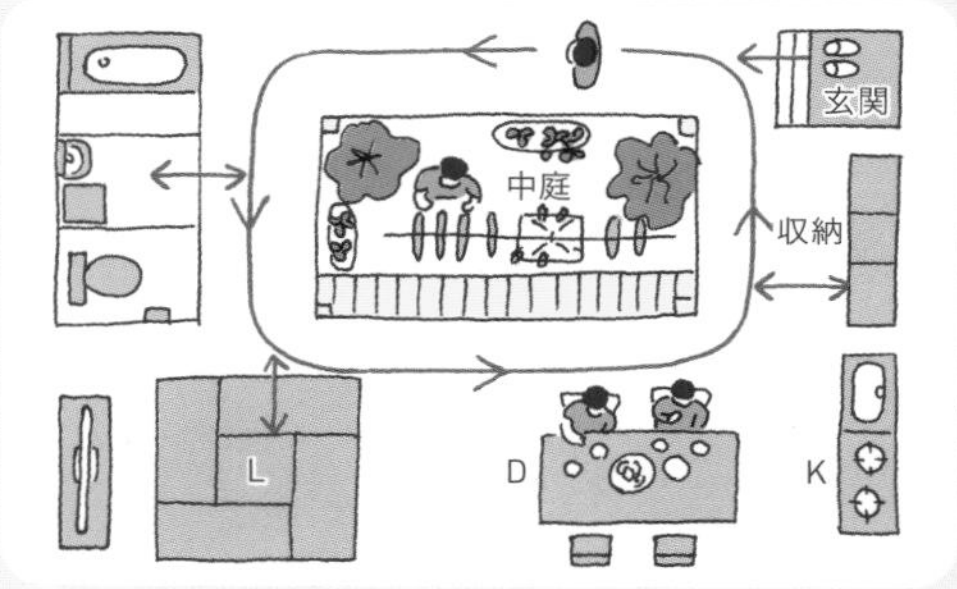

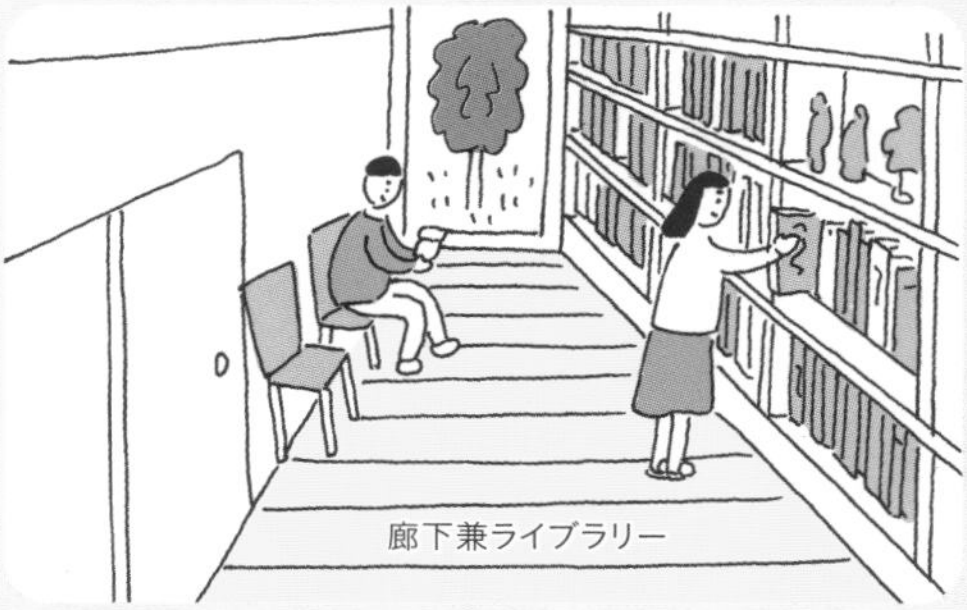
廊下兼ライブラリー

POINT

直線動線を図書コーナーに

中廊下形の平面とし、廊下を図書コーナーに。廊下の幅をやや広くし、椅子を置けるようにすれば第2のリビングのように使えます

POINT

直線動線を通り土間にする

LDKに隣接する場所まで玄関土間を伸ばせば、ベビーカーや自転車を室内に持ち込めるので、買い物がラクになり、家事動線を効率化できます

通り土間

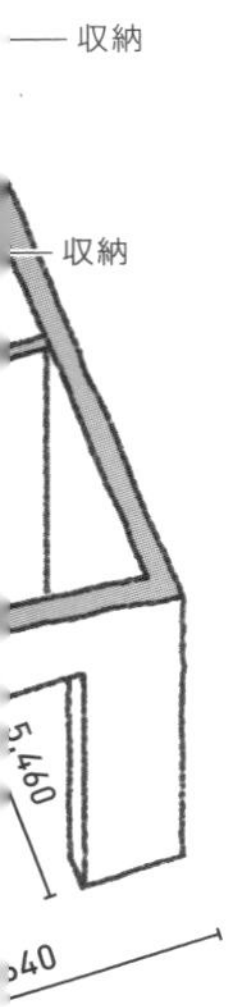

リビングからキッチンを見た様子。リビング・ダイニングの天井を切妻型にしたことで天井高（2,290〜2,900㎜）が抑えられ、コンパクトで落ち着いた空間になりました

公私を分ける回遊動線

平屋の住み心地は、公私の空間をいかにうまく切り分けるかで決まります。この平屋では、玄関からLDに直接入る主動線と、廊下2を経由して寝室へと向かう裏動線をつくることで、空間を切り分けています。

家事の効率をアップするため、キッチンを中心に回遊できる間取りにしました。キッチンは独立していますが、間仕切壁に内窓を設けてダイニングとのつながりを生み、通風も確保。さらに、駐車場側に勝手口を設けています。天候を気にすることなく、廊下1にある収納やキッチンに、買ってきたモノを最短で運べます。

来客には、ダイニングへ向かう主動線を利用して対応。主動線と裏動線が交差しないため、寝室など個室のプライバシーを確保できる

- - - - - ▶：主動線
- - - - - ▶：裏動線
▶：通風
◁・・・・・・▶：視線

アイソメ図

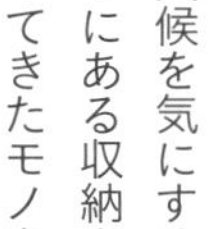

切妻屋根＋下屋

「川西台の家」所在地：兵庫県
敷地面積：263.34㎡
延床面積：98.96㎡（小屋裏：5.80㎡）
天井高：2,200〜2,900㎜
設計：川添純一郎建築設計事務所
写真：冨田英次

浴室と洗面脱衣室は天井高を低め（2,200㎜）にすることで上部をロフトとし、収納スペースを確保している

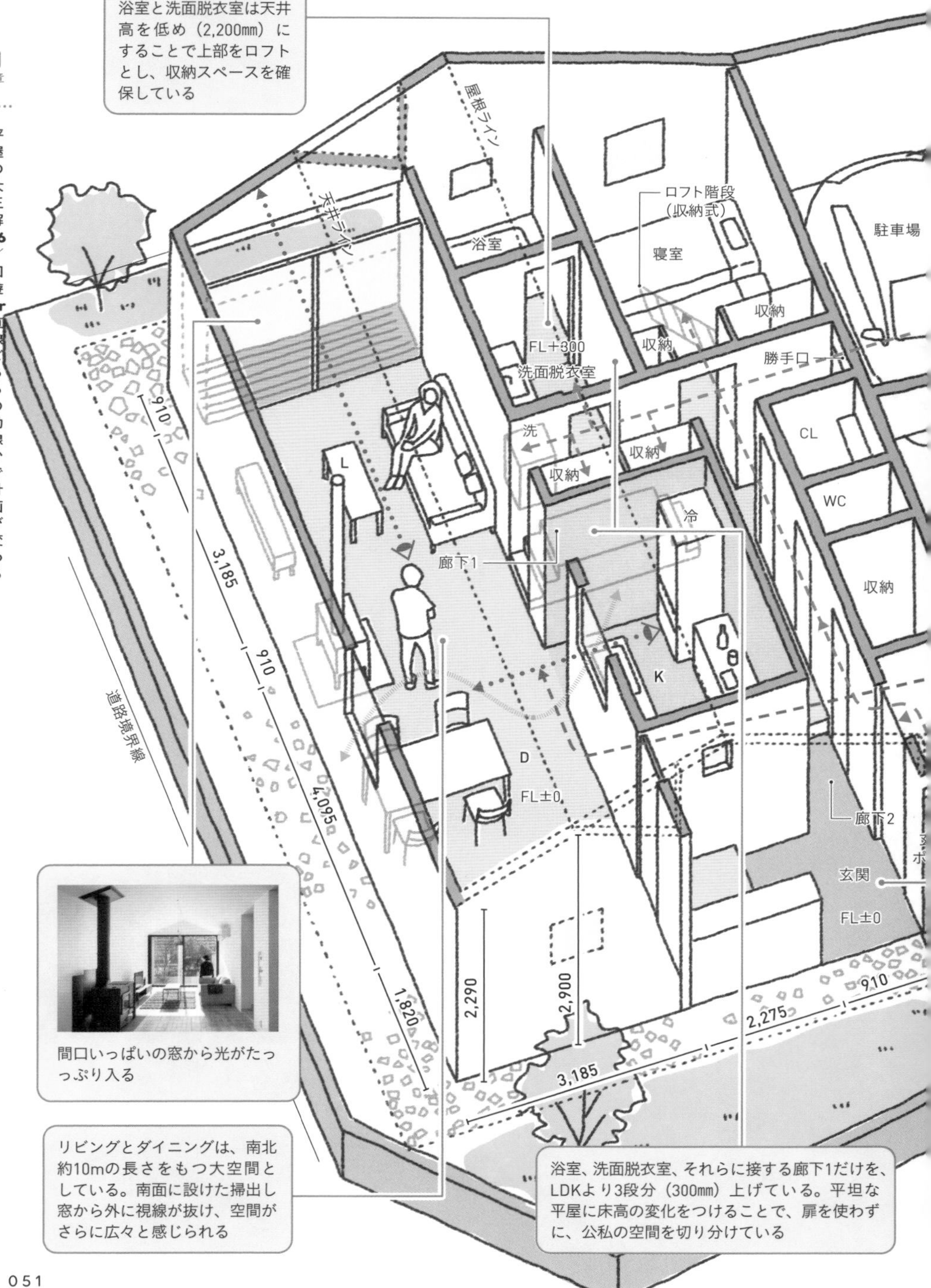
屋根ライン
天井ライン
浴室
ロフト階段（収納式）
寝室
駐車場
収納
収納
勝手口
FL＋300
洗面脱衣室
洗
収納
収納
CL
WC
収納
L
冷
廊下1
K
D
FL±0
廊下2
玄関
FL±0
道路境界線
910
3,185
910
4,095
1,820
2,290
2,900
3,185
2,275
910

間口いっぱいの窓から光がたっぷり入る

リビングとダイニングは、南北約10mの長さをもつ大空間としている。南面に設けた掃出し窓から外に視線が抜け、空間がさらに広々と感じられる

浴室、洗面脱衣室、それらに接する廊下1だけを、LDKより3段分（300㎜）上げている。平坦な平屋に床高の変化をつけることで、扉を使わずに、公私の空間を切り分けている

13メートルの壁面収納を動線上に設ける

平屋ならではの空間の広がりを生かして真っすぐで長い壁面収納を設ければ、効率的に片付く家と動線になります。

この平屋では、東西に長い家の中心に、各室からアクセスしやすい約13ｍの壁面収納を設けました。収納を壁面に集約したことで、各室に入ることなく片付けができ、家事が楽になります。壁面収納は、玄関付近ではシューズクロゼット、キッチン付近ではパントリーや食器棚として機能。さらにリビング付近の一角は造付けの机を設けてＰＣコーナーとし、パソコン作業を行えるようにしました。

玄関と趣味室は土間。多少汚れているモノでも気兼ねなく持ち込めるので、夫婦の趣味である自転車のメンテナンスの場所としても活用している

家全体に土壌蓄熱式輻射床暖房（サーマ・スラブ）を敷設。厳冬期でも土間や浴室でのヒートショックがなく、快適に過ごせる

幅約930mmの廊下にある収納棚の一角をデスクとした。LDKに近いので家事の合間にパソコン作業などができる、PCコーナーとして活用している

キッチン背面の壁は、絵画が飾れるプライベートギャラリーに（写真：hm＋architects）

ダイニング・キッチンから玄関・趣味室を見る。屋根なりの天井とし、軒も出すことで開放的だが屋根に覆われている安心感を演出した

廊下の両端部は、視線の抜けと通風のためにテラスドアを設けている。突き当りから各室にアクセスできることで、行き止まり感がない

建物外観。ダイニング突き当りの外壁は、外に向けて開くように斜めに配置し、空間に動きを出しています

切妻＋片流れ屋根

「犬山の住宅」所在地：愛知県
敷地面積：498.50㎡　延床面積：100.15㎡
天井高：2,100～3,925㎜
設計：hm＋architects
写真：小川重雄

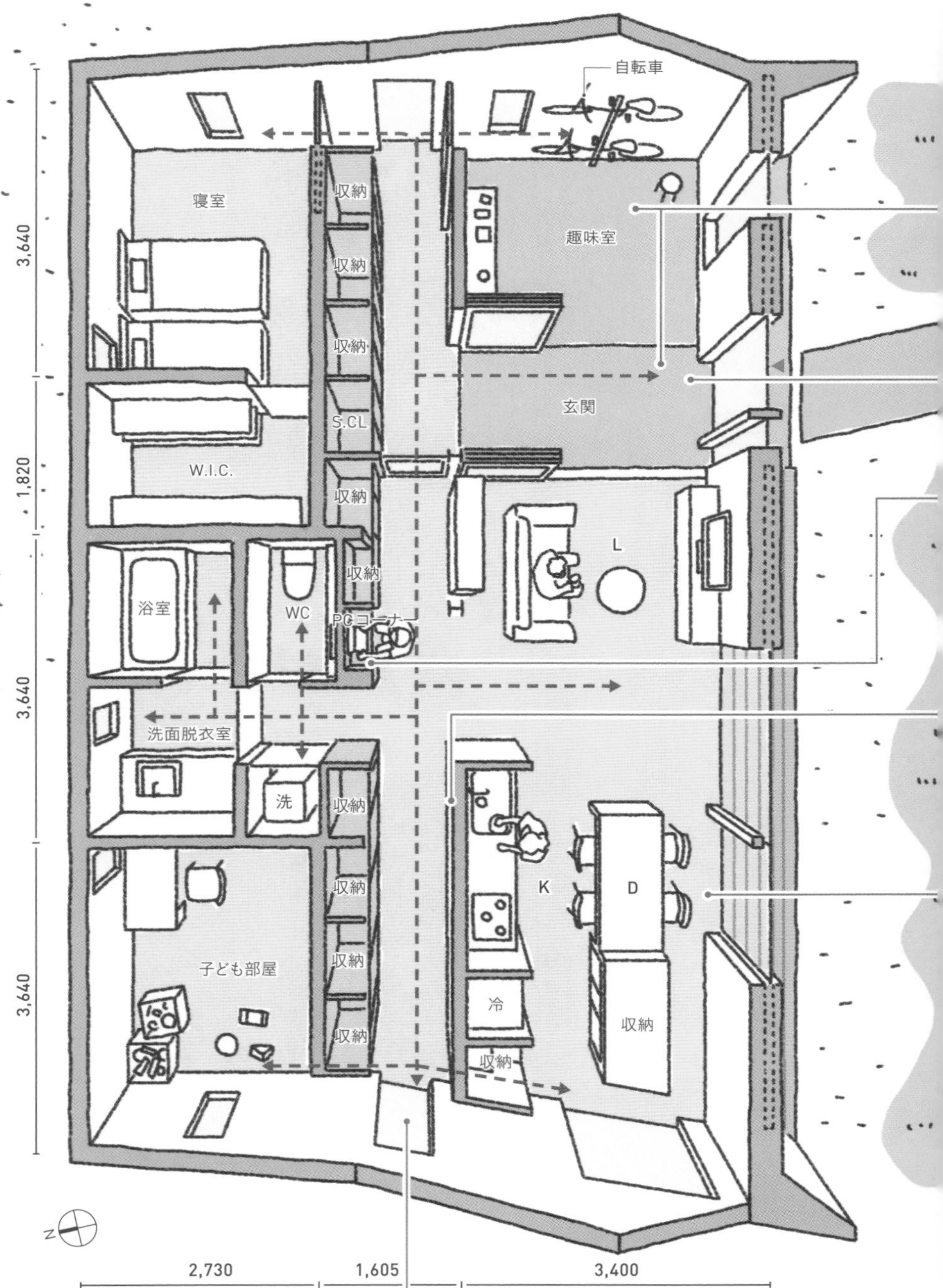
自転車
寝室
収納
収納
収納
S.CL
W.I.C.
趣味室
玄関
収納
収納
L
浴室
WC
PCコーナー
洗面脱衣室
洗
収納
K
D
収納
子ども部屋
冷
収納
収納
収納
収納
3,640
1,820
3,640
3,640
2,730
1,605
3,400

：動線　**平面パース**

中庭を中心に回遊動線をつくる

上下階への移動がない平屋は、家事動線をコンパクトにまとめやすいのも魅力の一つです。

この平屋では、建物を敷地の北側に寄せて配置しても、南側隣家の影響で日射を十分に確保できませんでした。このような場合、敷地に余裕があれば、家の中心に中庭をつくり、その周りに部屋を配置することで採光を得られます。これにより、中庭を中心とした回遊動線も成立します。

さらに、家事にかかわる水廻りは西側に集約。洗濯機から、洗濯物を干すテラス、衣類を収納するクロゼットまでの動線が短くなり、利便性の高い間取りを実現できました。

玄関近くに4.5畳の小上り（畳スペース）を設置した。寝室などのプライベート空間からは離れた場所にあり、来客の応接などに活用できる

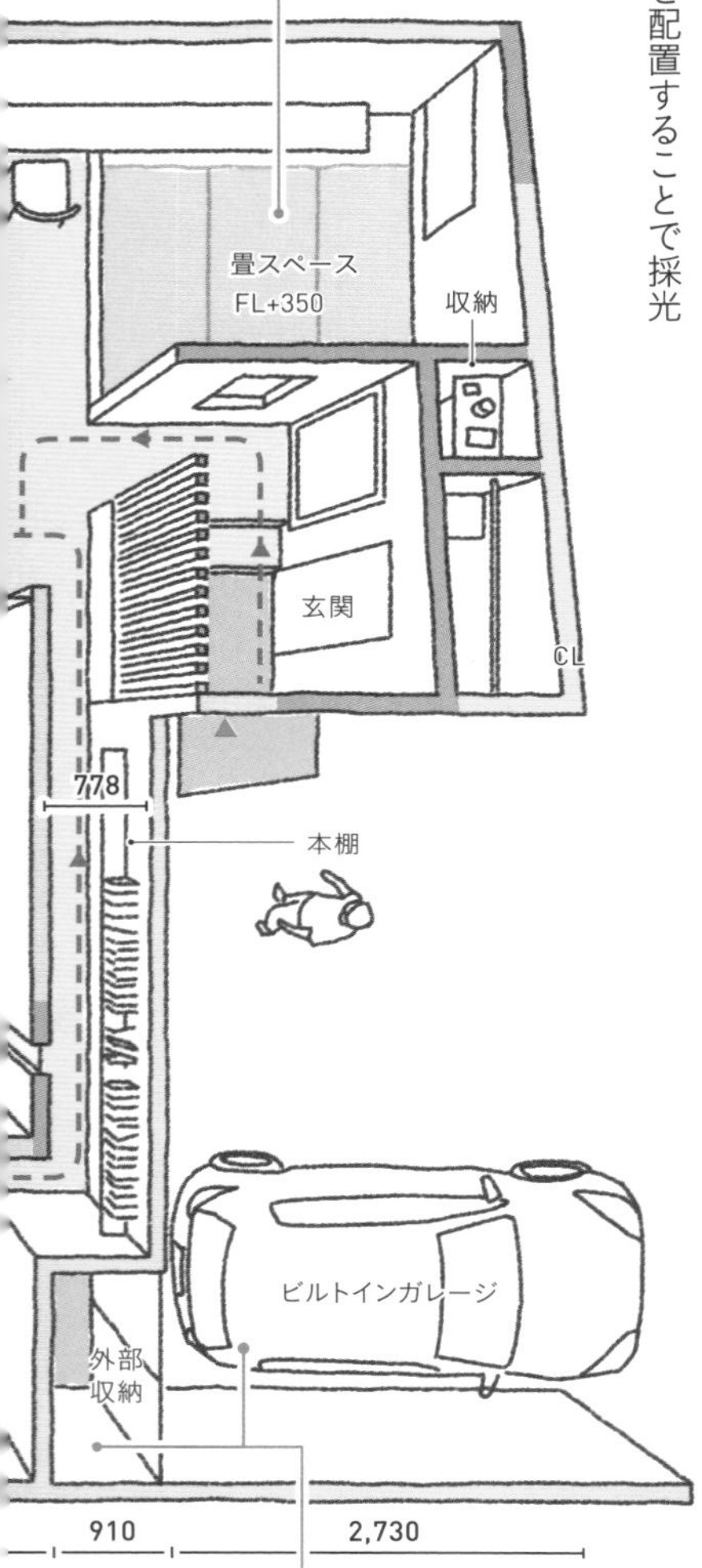

畳スペース
FL+350
収納
玄関
CL
778
本棚
ビルトインガレージ
外部収納
910
2,730

ビルトインガレージを設けて、雨天でも車から家に出入りしやすくした。また、外部収納を併設し、タイヤやスコップなどの保管庫とした

リビングから中庭を見た様子。屋根形状を生かした勾配天井で、高窓からは高度の低い冬の日射でも部屋の奥まで採り込めます

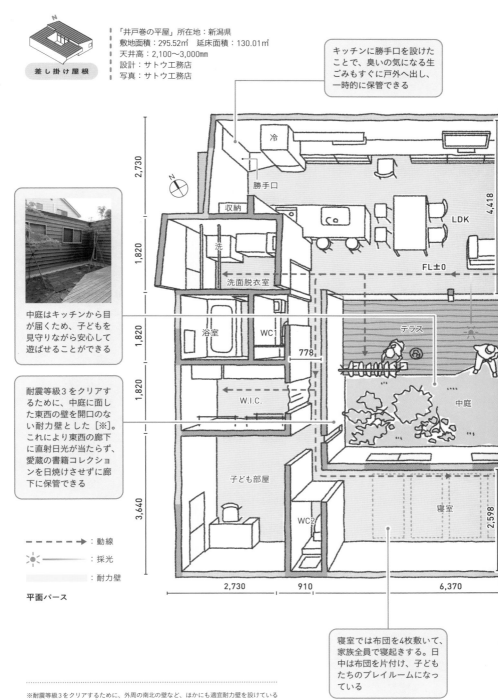

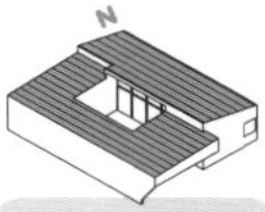
N

差し掛け屋根

「井戸巻の平屋」所在地：新潟県
敷地面積：295.52㎡　延床面積：130.01㎡
天井高：2,100〜3,000㎜
設計：サトウ工務店
写真：サトウ工務店

キッチンに勝手口を設けたことで、臭いの気になる生ごみもすぐに戸外へ出し、一時的に保管できる

中庭はキッチンから目が届くため、子どもを見守りながら安心して遊ばせることができる

耐震等級3をクリアするために、中庭に面した東西の壁を開口のない耐力壁とした[※]。これにより東西の廊下に直射日光が当たらず、愛蔵の書籍コレクションを日焼けさせずに廊下に保管できる

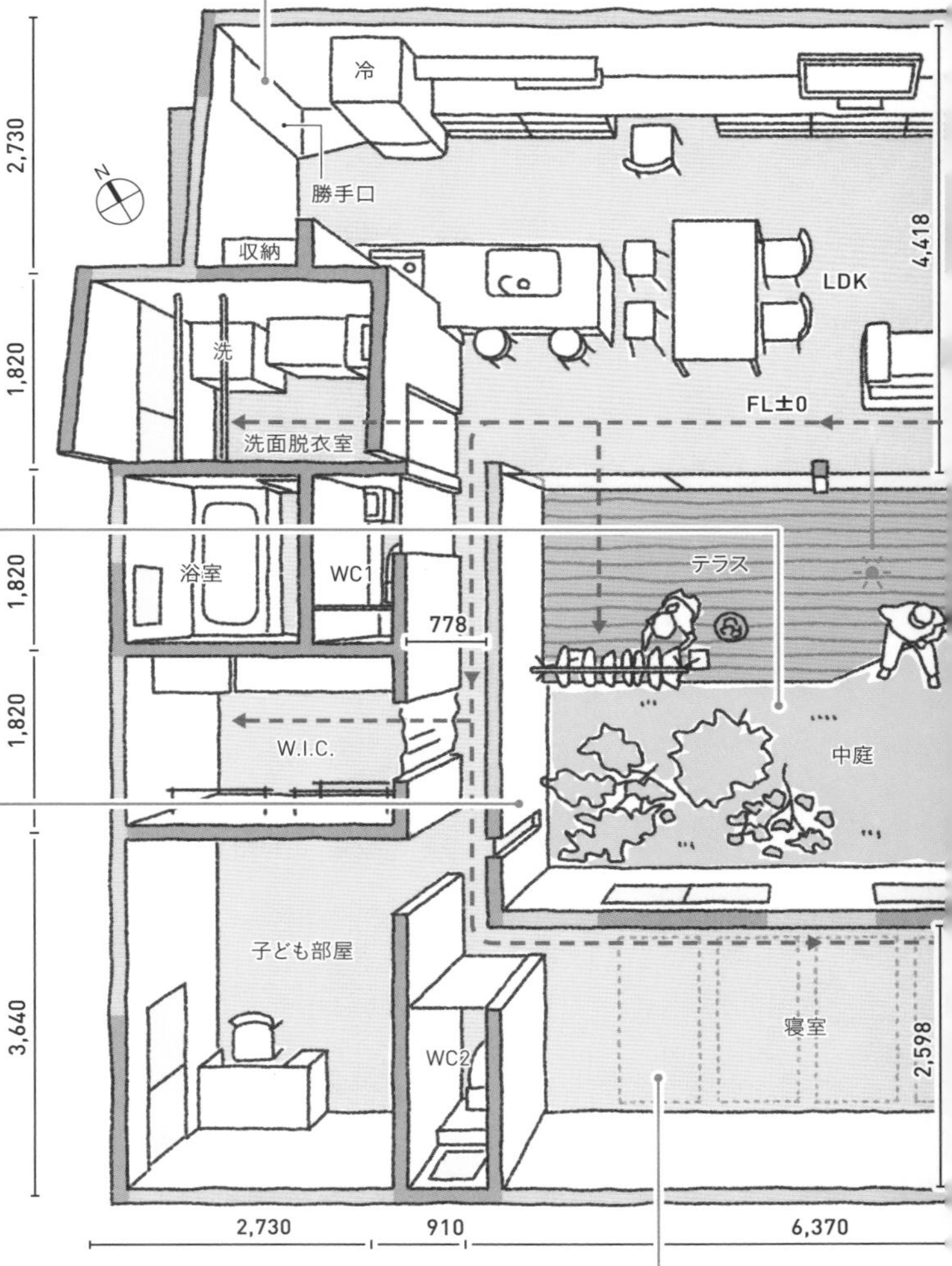
冷
勝手口
N
収納
洗
LDK
FL±0
洗面脱衣室
浴室
WC1
778
テラス
W.I.C.
中庭
子ども部屋
WC2
寝室
2,730
1,820
1,820
1,820
3,640
4,418
2,598
2,730
910
6,370

：動線
：採光
：耐力壁

平面パース

寝室では布団を4枚敷いて、家族全員で寝起きする。日中は布団を片付け、子どもたちのプレイルームになっている

※耐震等級3をクリアするために、外周の南北の壁など、ほかにも適宜耐力壁を設けている

大正解

07

『高さの変化で空間を仕切る』

天井と床に挟まれた空間の、水平方向への広がり感が平屋の魅力。ですが、天井と床が全面フラットなままでは、のっぺりと単調な印象にもなりかねません。天井や床に段差を設ければ、壁で仕切らなくても空間に変化が生まれ、単調な印象を避けられます。

具体的には、天井や床に高低差を設け、1つの空間に籠り感と開放感のある場所を併設するのがおすすめ。高低差のある敷地なら、階段状の床をつくり、印象の違う複数のスペースで構成することも可能。また、形状や使い方が異なる2つの空間のあいだに天井が低いスペースをつくると、違和感なくつながります。

POINT

床や天井に段差をつくる

天井高を2,100mm程度に抑えると落ち着き感が生まれます。加えて、床を400mmほど掘り下げて視線が地面に近づけば、安定感と開放感が得られます

POINT

床を階段状にする

敷地が傾斜している場合は、傾斜に沿って床を階段状に設けるのも手。ワンルームでも場所によって印象や過ごし方を変えられます

POINT

低い天井で2つの異なる空間をつなぐ

室内形状や使い方が違う2室は、そのままつなげると連続感が途切れてしまいがち。2室の間に2,100mm程度の天井が低くシンプルな空間を挟めば、その部分が緩衝帯となり、空間をまとめやすくなります

キッチンから庭を見る。庭のテーブルの様子をキッチンから確認でき、屋外での食事などを日常的に楽しむことができる

のこぎり屋根でゆるやかにつながる親世帯（写真左）と子世帯。庭でバーベキューなどを催して楽しんでいます（写真：鍵岡龍門）

複数の視線レベルで空間を豊かに

ＬＤＫをワンルームにすると、広くて単調な空間になりがち。ここではあえてリビング・ダイニングの床を４００㎜下げ、キッチンや廊下と印象を変えています。ソファ廻りはそこからさらに４１０㎜下げてピットとし、段差による壁で囲んで落ち着き感のある空間に。

地盤面と視線レベルが近いと、庭との連続感が強まります。ここでは庭側のリビングの床を下げることで、庭から離れたキッチンからも、庭へ視線を向けやすくなる仕掛けをつくりました。

また、差し掛け屋根の段差部分に高窓を設けて、室内の中心側に光を導いています。

正面のガラス越しの屋外空間に視線が向くように、玄関ホールは天井高をあえて2,250㎜に抑えてフラットにし、シンプルな構成としている

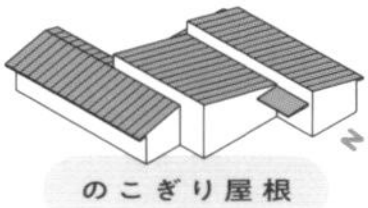

のこぎり屋根

「葉山一色の家」所在地：神奈川県
敷地面積：498.77㎡　延床面積：194.32㎡
天井高：2,250～4,087㎜
設計：八島建築設計事務所
写真：川辺明伸

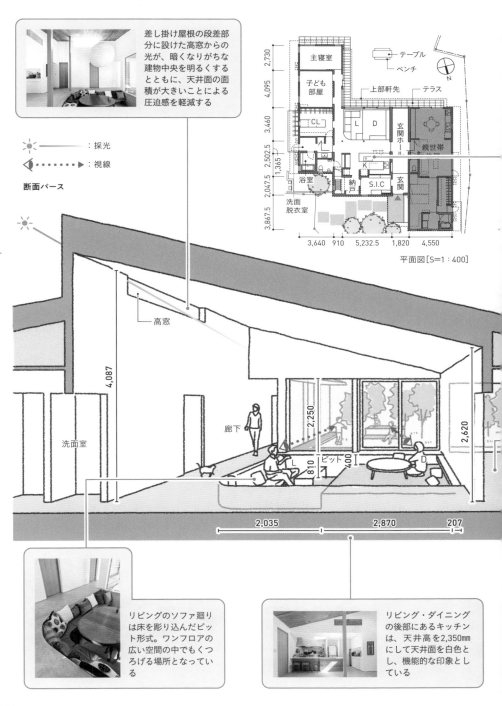

差し掛け屋根の段差部分に設けた高窓からの光が、暗くなりがちな建物中央を明るくするとともに、天井面の面積が大きいことによる圧迫感を軽減する

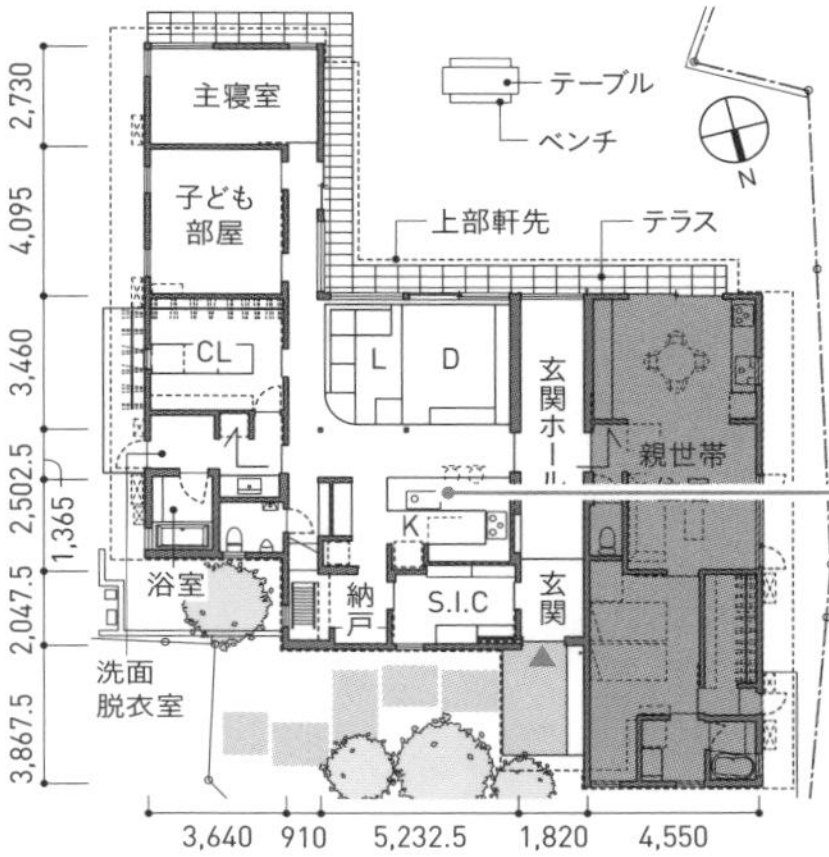

平面図[S=1：400]

：採光

：視線

断面パース

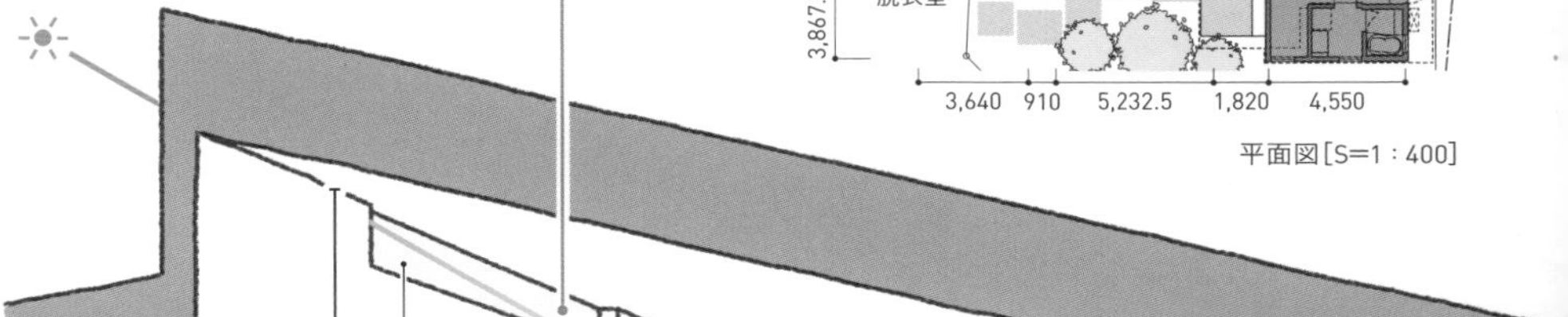

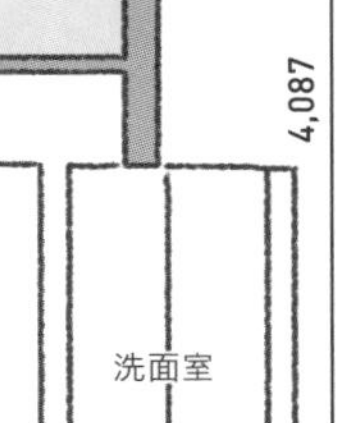

リビングのソファ廻りは床を彫り込んだピット形式。ワンフロアの広い空間の中でもくつろげる場所となっている

リビング・ダイニングの後部にあるキッチンは、天井高を2,350㎜にして天井面を白色とし、機能的な印象としている

床の段差で空間を分ける

傾斜地に平屋を建てる場合、敷地に合わせて設けた床の段差を利用して、諸室を仕切らずに配置する方法もあります。ひとつながりの空間でも高低差をうまく生かすことで、囲われ感のある落ち着いた場所と、視覚的な広がりのある場所の両方を実現できるのです。

パブリックな空間とプライベートな空間は、敷地レベルで分けるのがおすすめ。敷地レベルが低い側にはLDKなど、高い側には寝室などを配置します。建物廻りの地盤と室内床との関係が場所ごとに変われば、移動に伴い風景が変わる楽しい家になります。

プレイルームはダイニングキッチンの脇にある。ダイニングキッチンより1,350㎜高いため、キッチンから目線高さでプレイルームで遊ぶ子どもの姿を追うことができる（写真：ワーク・キューブ）

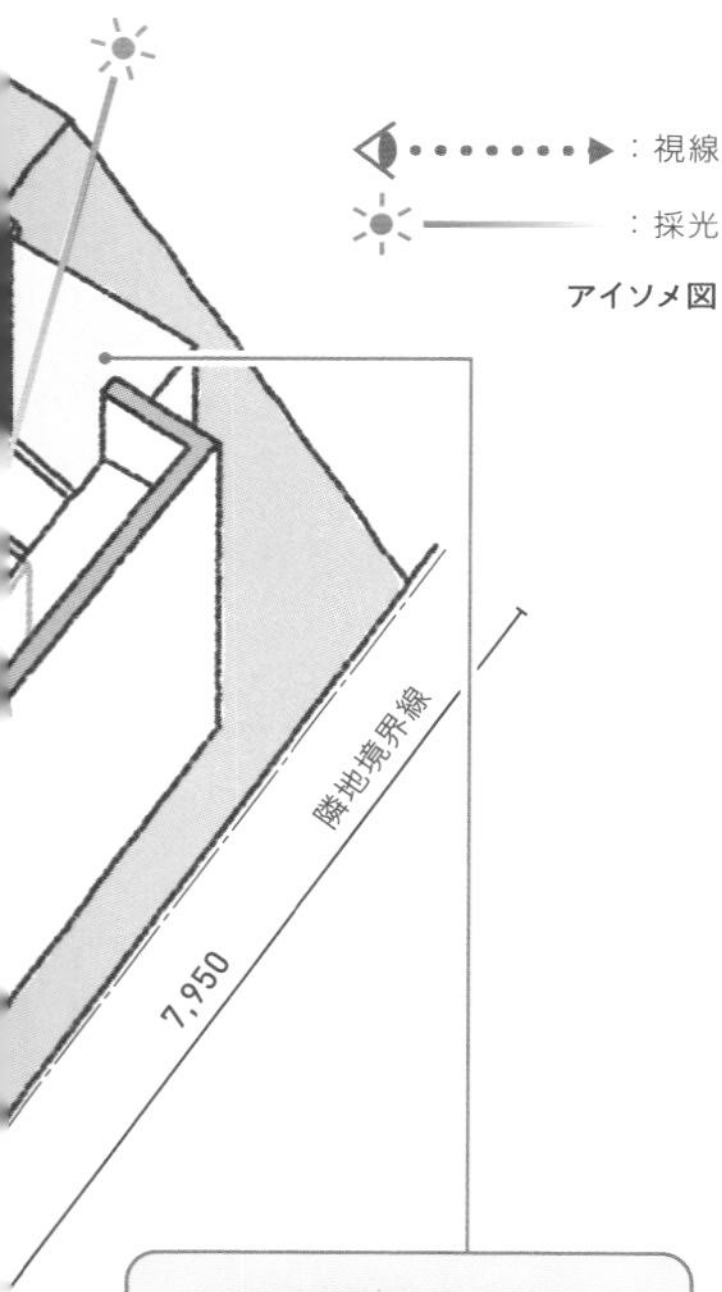

パブリックな空間であるキッチンは、玄関側に配置。室内奥への採光を可能とするため、天井高を約3,350㎜にして傾斜地からの開口部高さを約3,000㎜確保している

リビングからプレイルームを見た様子。天井を水平にすると床の高低差が強調され、場所による印象の違いがはっきりします。段差部分はコンクリート打放し仕上げで、外構の擁壁を室内に連続させたイメージ

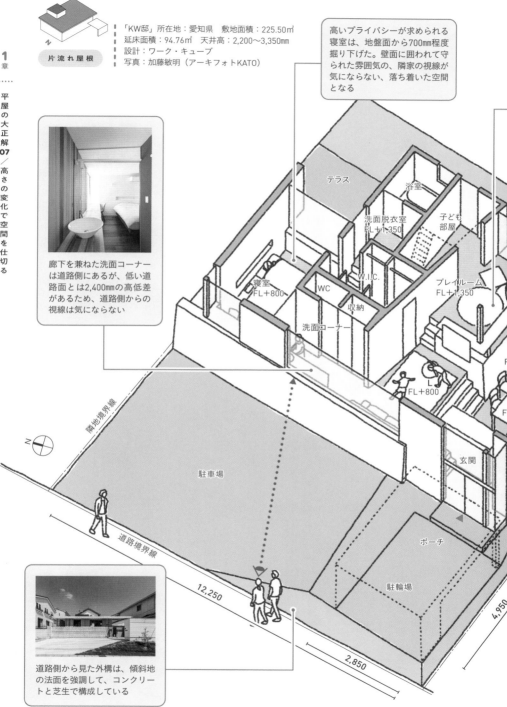

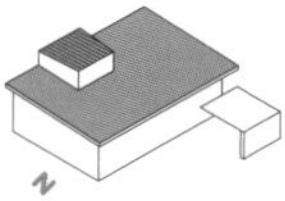
N

片流れ屋根

「KW邸」所在地：愛知県　敷地面積：225.50㎡
延床面積：94.76㎡　天井高：2,200〜3,350㎜
設計：ワーク・キューブ
写真：加藤敏明（アーキフォトKATO）

高いプライバシーが求められる寝室は、地盤面から700㎜程度掘り下げた。壁面に囲われて守られた雰囲気の、隣家の視線が気にならない、落ち着いた空間となる

廊下を兼ねた洗面コーナーは道路側にあるが、低い道路面とは2,400㎜の高低差があるため、道路側からの視線は気にならない

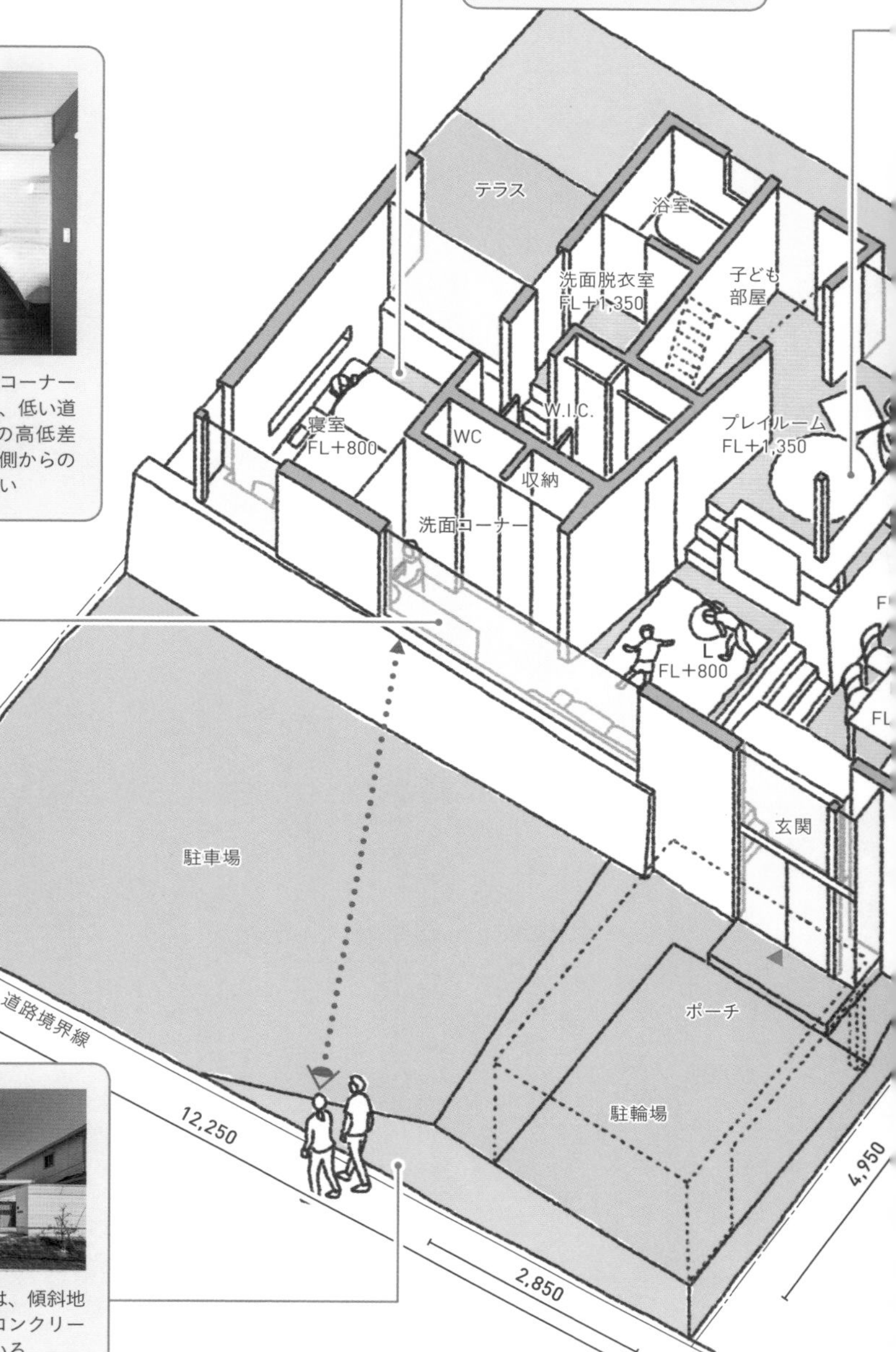
テラス
浴室
洗面脱衣室
FL＋1,350
子ども
部屋
寝室
FL＋800
WC
W.I.C.
収納
洗面コーナー
プレイルーム
FL＋1,350
L
FL＋800
玄関
隣地境界線
N
駐車場
道路境界線
ポーチ
駐輪場
12,250
2,850
4,950

道路側から見た外構は、傾斜地の法面を強調して、コンクリートと芝生で構成している

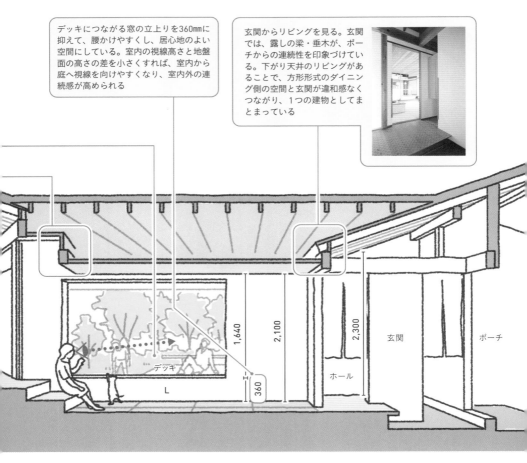

天井が低くシンプルな空間は緩衝帯

平屋のよさは、天井のかたちにも表れます。梁・垂木を露しにして異なる高さの空間をつなげばよりダイナミックになりますし、方形屋根にすれば屋根部材の構成が整って見えます。

採光・通風を考慮して方形屋根を複数架ける場合は、個性の強い2つの空間をそのままつなぐと視覚的な流れが途切れてしまうため、つなぎ方に注意が必要です。その場合は、天井が低くシンプルな構成の空間を中間にはさむのがおすすめ。その部分が緩衝帯となり、それぞれの空間を緩やかにつなぎ、建物全体が1つにまとまります。

デッキにつながる窓の立上りを360㎜に抑えて、腰かけやすくし、居心地のよい空間にしている。室内の視線高さと地盤面の高さの差を小さくすれば、室内から庭へ視線を向けやすくなり、室内外の連続感が高められる

玄関からリビングを見る。玄関では、露しの梁・垂木が、ポーチからの連続性を印象づけている。下がり天井のリビングがあることで、方形形式のダイニング側の空間と玄関が違和感なくつながり、1つの建物としてまとまっている

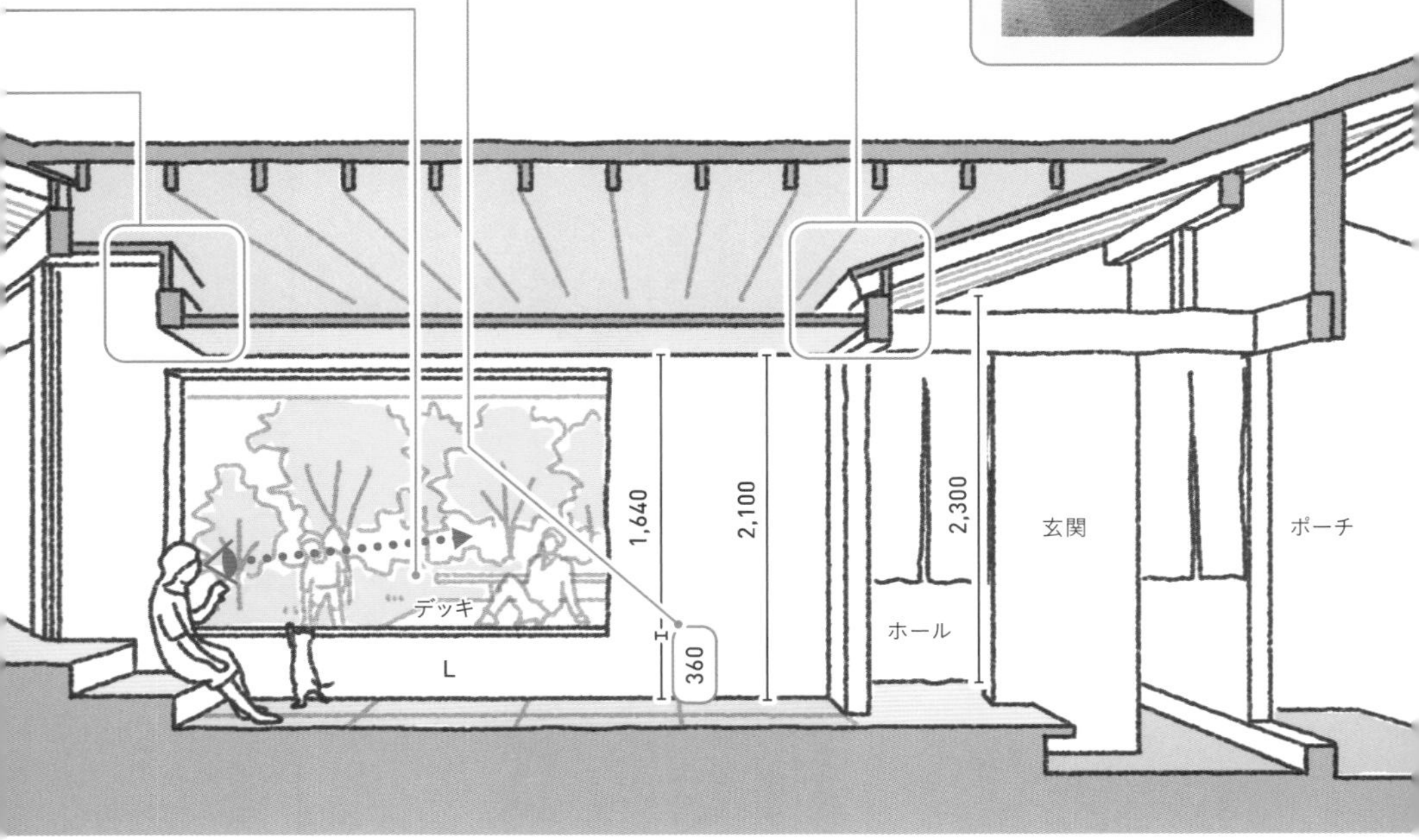
1,640
2,100
2,300
360
デッキ
L
ホール
玄関
ポーチ

天井が低い部屋は、落ち着いた空間になります。視線の高さも低く抑えれば、くつろいだ印象に。ここでは畳と座面が低いソファを用いて視点を下げています

デッキには腰かけを兼ねた手摺を配して建物に植栽帯を近づけるとよい

キッチンからリビングを見る。リビングの低く水平な天井面が、キッチンとリビングをほどよく分けている

キッチンから子ども部屋を見る。子ども部屋引戸の梁上部は壁にせず解放し、通風の確保や連続する天井面の広がりをつくっている

リビングからダイニング・キッチンを見る。梁・垂木を露しにして開放的な天井高を確保。キッチンの背面の収納壁は高さ約2,600㎜。その上部はロフトに利用している

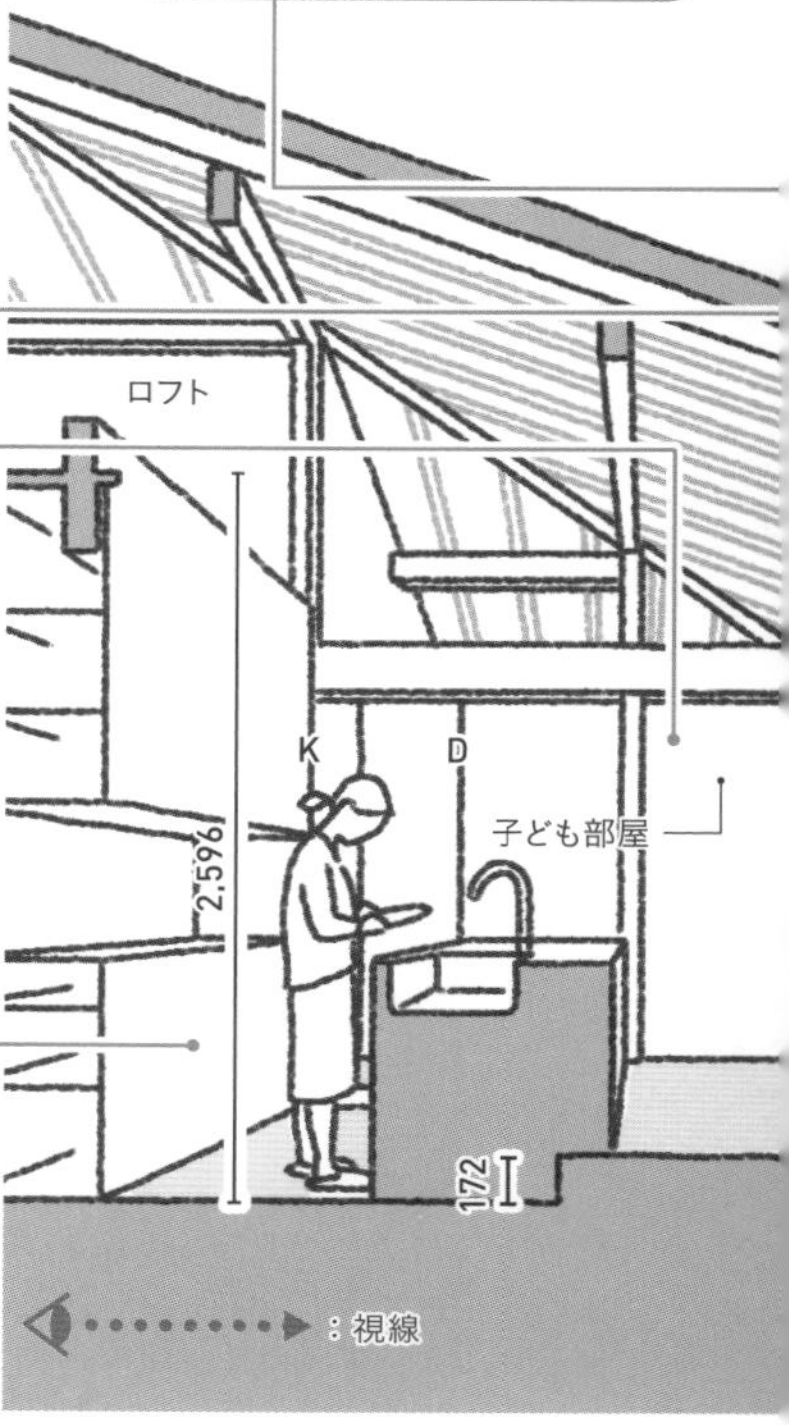

断面パース

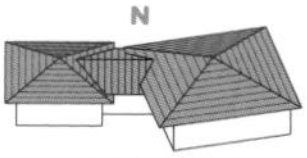

方形屋根

「小池の家」所在地：静岡県
敷地面積：433.06㎡　延床面積：131.66㎡
天井高：2,100〜3,850㎜
設計：扇建築工房
写真：アドブレイン

大正解

08

『小屋裏を活用して快適に暮らす』

平屋は複数階建てに比べて屋根面積が広くなるため、小屋裏空間の使い方が大きな鍵になります。小屋裏をうまく活用すれば、採光・通風の確保や温熱効果など機能面でのメリットが得られます。また、ロフトで各部屋をつなげれば、ワンルーム形でなくとも家族の気配をさりげなく感じるプランになります。

敷地面積の制約や家族構成といった諸条件により、部屋数やプライバシーなどを優先せざるを得ず、完全な平屋にできない場合もあります。その場合は、主要な生活スペースは1階に、子ども部屋や予備室、収納などは2階に配する「ほぼ平屋」的なプランも有効です。

POINT

小屋裏が家全体をつなげる

小屋裏で各室をつなげれば、小屋裏を介して家族の気配を感じられます。オープンな小屋裏空間とすると、開放感や一体感を得やすくおすすめです

POINT

採光・通風に活用する

小屋裏や天窓を活用すれば家の奥まで光が届き、換気にも有効[28頁参照]。空気の流れをコントロールすれば冷暖房効率も向上します

POINT

収納に活用する

小屋裏を余剰空間として、季節物の衣類など使用頻度の低いモノを収納するスペースにすると、1階部分を広々と使えます

POINT

「ちょい載せ」で機能を補填

予備室だけを2階に配置して必要な機能を1階に完備すれば、申請上は2階建てになりますが、平屋の利点を生かした生活ができます

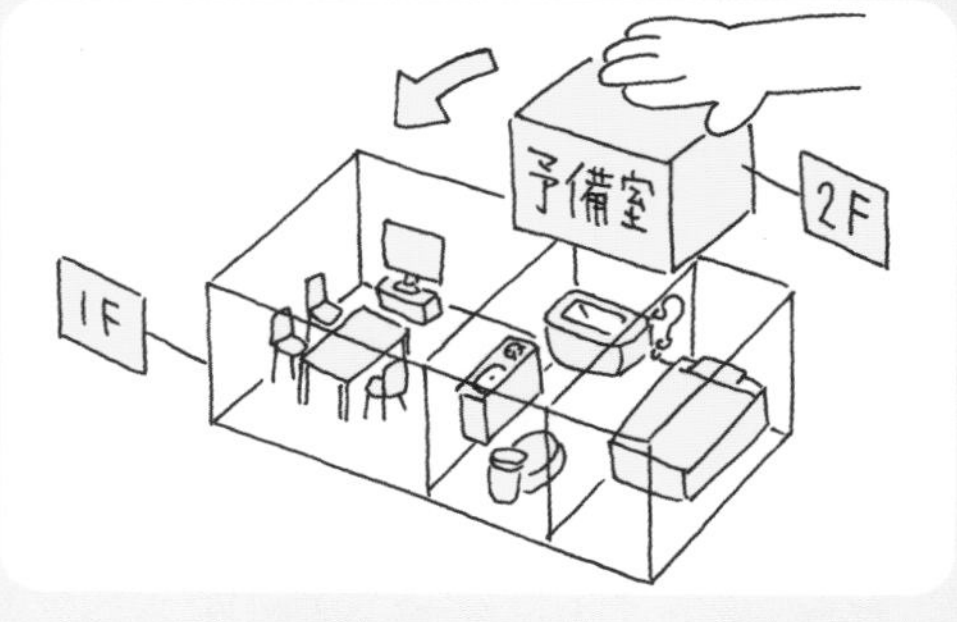

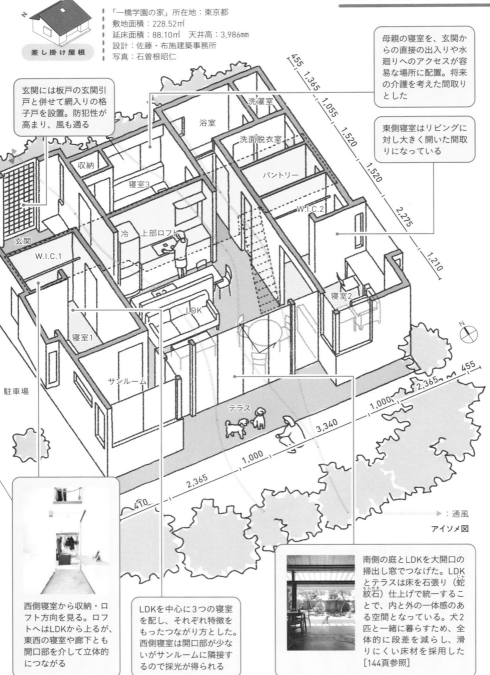

差し掛け屋根

「一橋学園の家」所在地：東京都
敷地面積：228.52㎡
延床面積：88.10㎡　天井高：3,986㎜
設計：佐藤・布施建築事務所
写真：石曽根昭仁

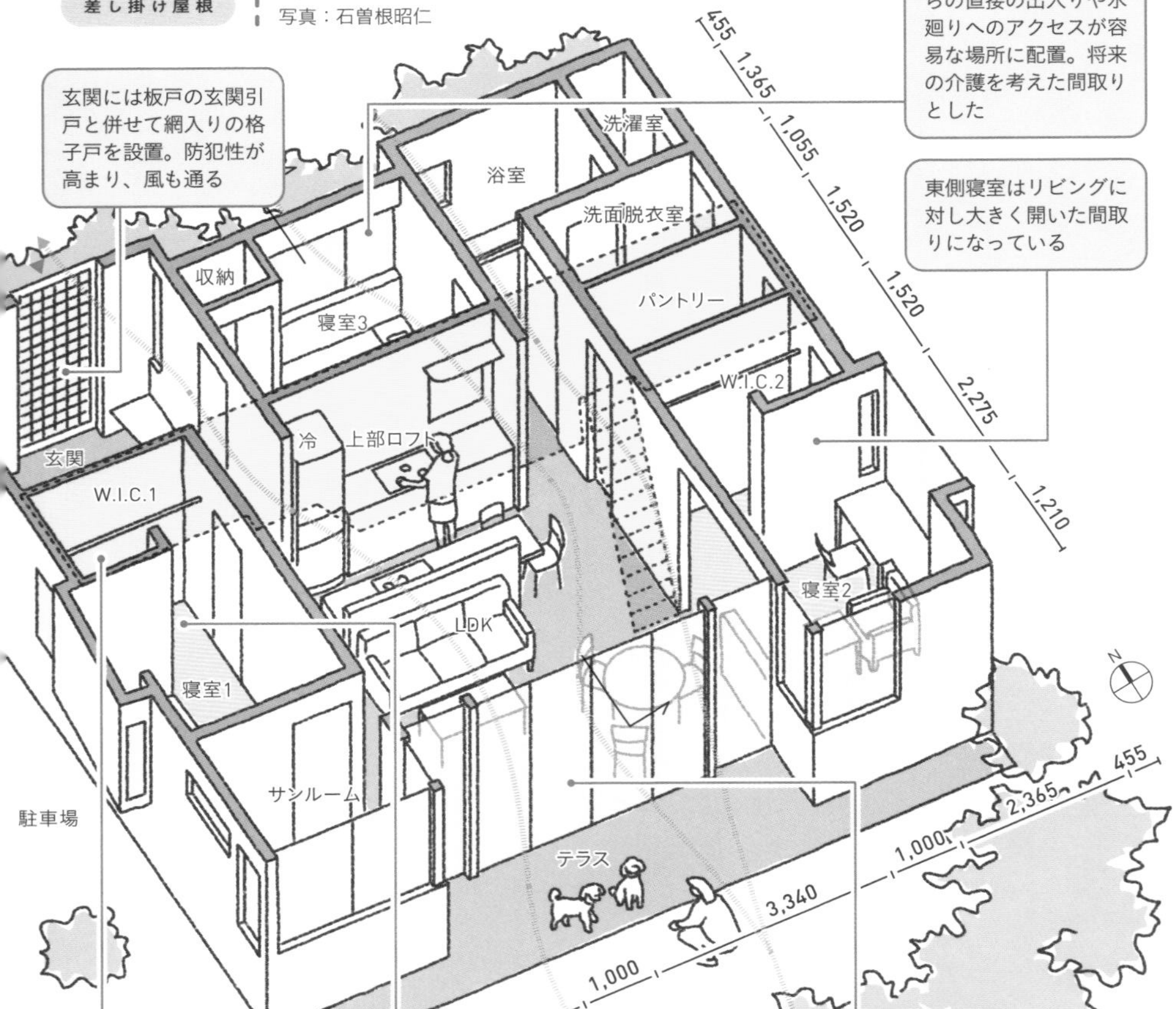

455
1,365
1,055
1,520
1,520
2,275
1,210
洗濯室
浴室
洗面脱衣室
収納
パントリー
寝室3
W.I.C.2
冷
上部ロフト
玄関
W.I.C.1
寝室2
LDK
寝室1
サンルーム
駐車場
テラス
455
2,365
1,000
3,340
1,000
2,365
410
▶：通風

アイソメ図

玄関には板戸の玄関引戸と併せて網入りの格子戸を設置。防犯性が高まり、風も通る

母親の寝室を、玄関からの直接の出入りや水廻りへのアクセスが容易な場所に配置。将来の介護を考えた間取りとした

東側寝室はリビングに対し大きく開いた間取りになっている

西側寝室から収納・ロフト方向を見る。ロフトへはLDKから上るが、東西の寝室や廊下とも開口部を介して立体的につながる

LDKを中心に3つの寝室を配し、それぞれ特徴をもったつながり方とした。西側寝室は開口部が少ないがサンルームに隣接するので採光が得られる

南側の庭とLDKを大開口の掃出し窓でつなげた。LDKとテラスは床を石張り（蛇《じゃ》紋石《もんせき》）仕上げで統一することで、内と外の一体感のある空間となっている。犬2匹と一緒に暮らすため、全体的に段差を減らし、滑りにくい床材を採用した[144頁参照]

外壁は落ち着いた印象のグレー。差し掛け屋根の段差部分に高窓を設けています。ロフトを介して、豊かな光や風がLDKを満たします

ロフトは季節の衣類や道具類を収納するスペースだが、天窓の下でリラックスできるLDKの一部としても使える

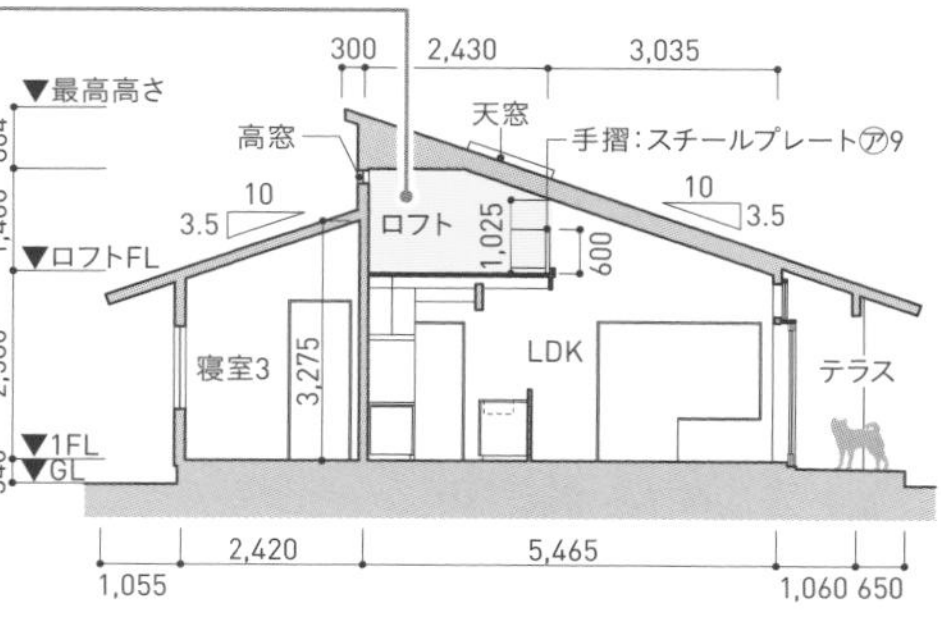

断面図［S=1：200］

ロフトで南庭から風を家中に通す

通風の確保が、平屋の重要なポイント。ロフトと庭を組み合わせれば、心地よい風を室内に取り込むのに役立ちます。

この平屋では、東西北の3方向にプライベートな寝室を配し、南庭に向けて開いたLDK空間を中央部に設けました。キッチン上部のロフトも南向きに開き、かつ東西方向にもつながっているため、庭から入ってきた風がロフトを通ると、立体的にも平面的にも家中を循環します。

ロフトは東西の寝室とも開口部でつながっており、家全体を緩やかにつなぐ役割も果たしています。

のこぎり屋根で通風・採光を得る

小屋裏空間を採光・通風に生かすなら、方角や立地条件も大切な要素。丘陵地にあるこの平屋は、南側に海を見下ろし、北側で山を見上げる場所にあります。その眺望を生かすため、南側に大開口を設け、庇で強い日差しをカバーしました。また、北側には高窓を設けて安定した採光を確保。のこぎり屋根がつくる2列の小屋裏空間を利用して、南北に長くても家中に光が行き渡るようにしたプランです。

南側から入る風が室内から高窓へと抜け、風通しのよい平屋になりました。

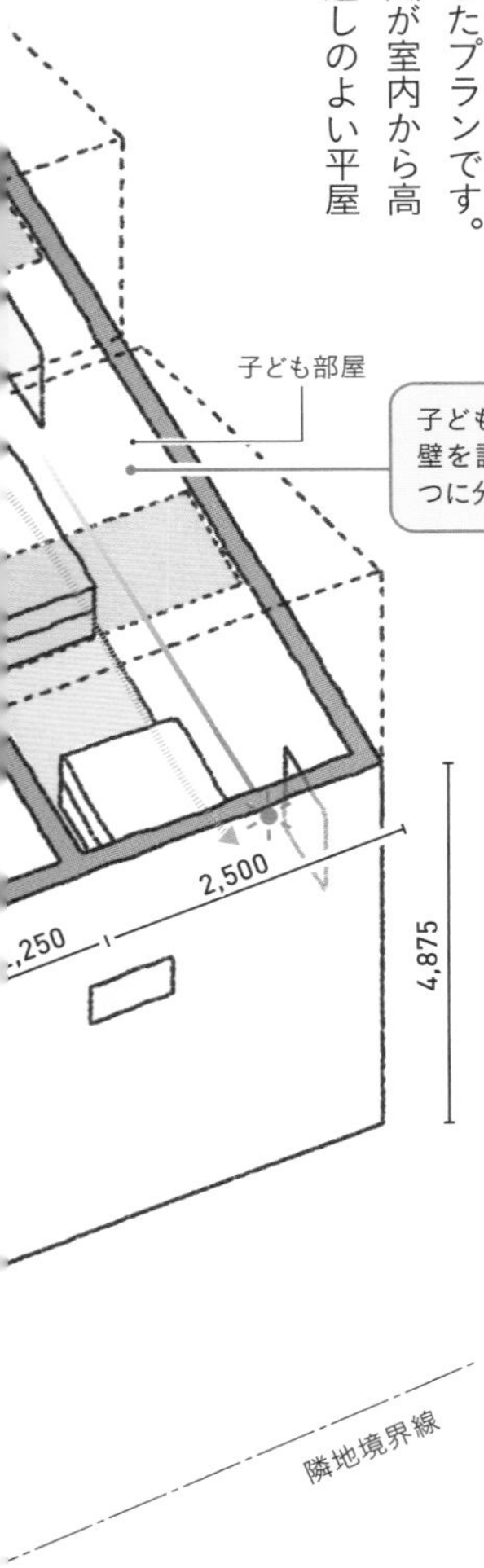
子ども部屋は、間仕切壁を設ければ南北で2つに分けることも可能

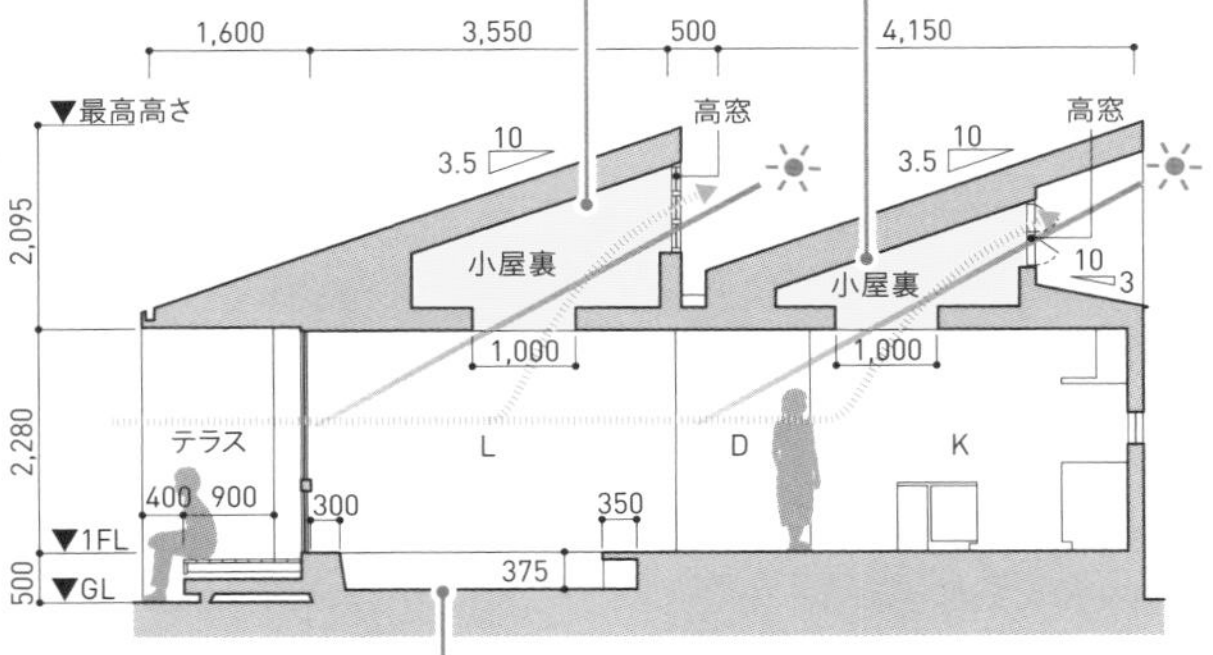
小屋裏空間を介して、通風・採光を得る仕組み。吹抜け部分以外は天井高を2,280㎜に抑え、落ち着ける空間とした
リビングは一部をFLから375㎜掘り下げ、床座で過ごせるようにした。これにより生じた南側の段差は、風で運ばれてくる砂を防ぎ、テラスとつながる縁側のような役割も果たす

断面図[S=1：150]

：天窓

：採光

：通風

アイソメ図

「AS邸」所在地：愛知県　敷地面積：682.53㎡
延床面積：100.39㎡　天井高：2,280㎜
設計：ワーク・キューブ
写真：加藤敏明（アーキフォトKATO）

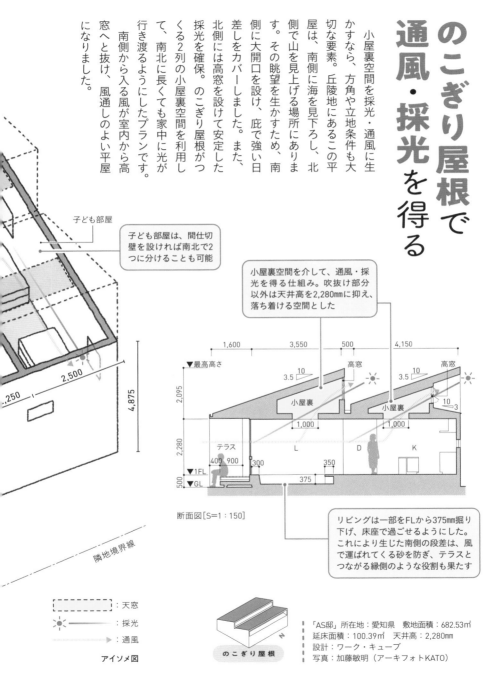

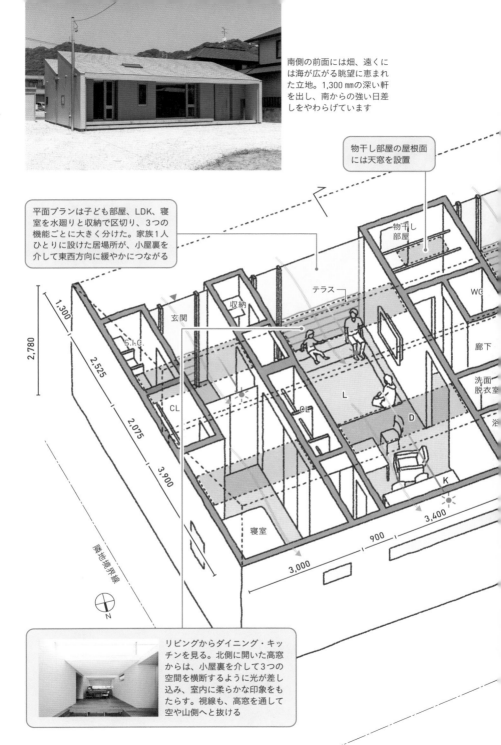

南側の前面には畑、遠くには海が広がる眺望に恵まれた立地。1,300㎜の深い軒を出し、南からの強い日差しをやわらげています

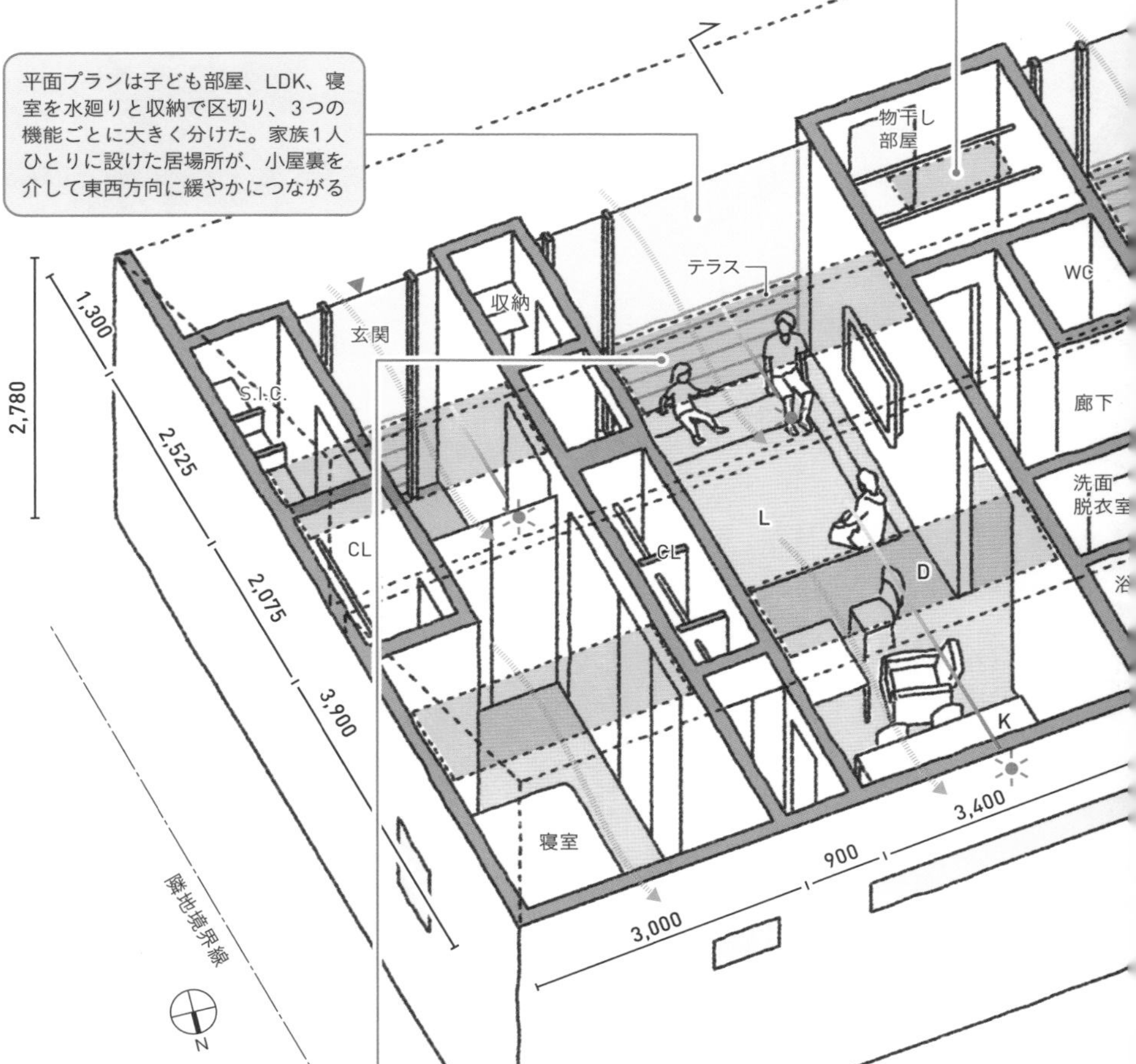
物干し
部屋
テラス
WC
収納
玄関
S.I.C.
廊下
洗面
脱衣室
L
D
K
CL
CL
寝室
1,300
2,525
2,075
3,900
2,780
3,000
900
3,400
隣地境界線
N

物干し部屋の屋根面には天窓を設置

平面プランは子ども部屋、LDK、寝室を水廻りと収納で区切り、3つの機能ごとに大きく分けた。家族1人ひとりに設けた居場所が、小屋裏を介して東西方向に緩やかにつながる

リビングからダイニング・キッチンを見る。北側に開いた高窓からは、小屋裏を介して3つの空間を横断するように光が差し込み、室内に柔らかな印象をもたらす。視線も、高窓を通して空や山側へと抜ける

大屋根＋予備室で開放感ある広間に

完全な平屋ではなくても、生活が1階のみで完結する間取りはとても便利。将来的な生活スタイルの変化にも対応しやすい居住空間になります。この家では、来客対応などパブリックな用途の空間である開放的な広間と、プライベートな空間であるダイニング・キッチン・和室を1階に設けました。長手方向を妻面とした大きな切妻屋根は棟にかけて高くなるので、小屋裏空間を子ども部屋と吹抜けに利用。小屋裏空間を活用して必要な部屋数を確保しつつ、全体的にコンパクトなつくりとすることで、開放感と籠り感を併せもつ家になりました。

和室は広間よりも床レベルを1mほど上げ、天井高を抑えた。その下は広い床下収納とし、壁一面の本棚に納まりきらなかった、建築主の趣味関連のモノがたっぷり入る空間を確保

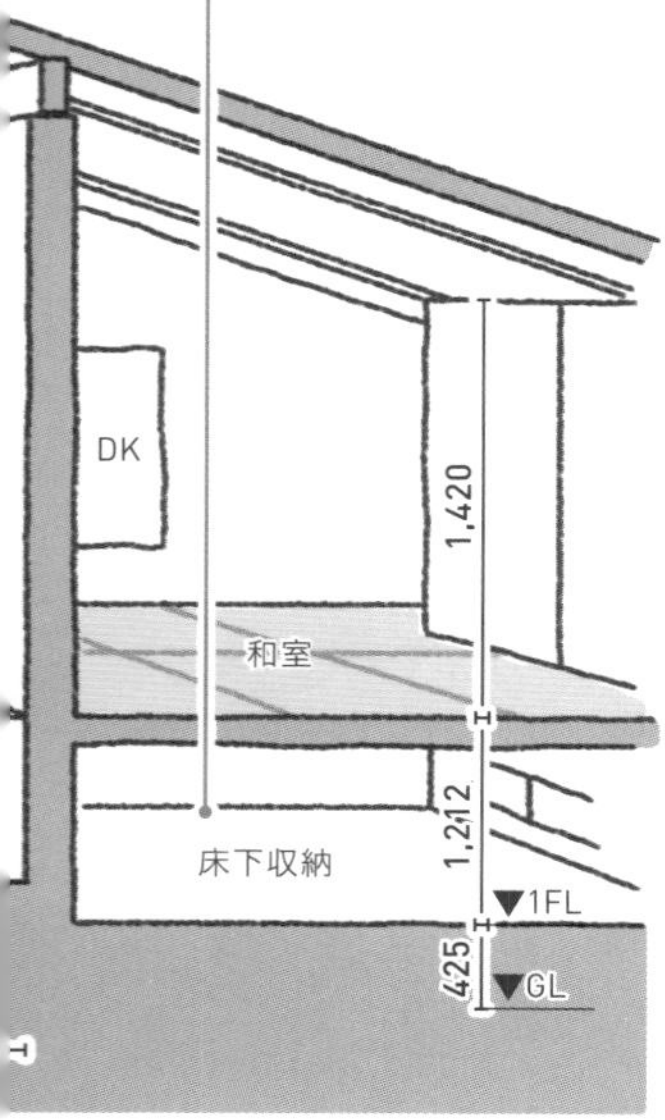

DK
1,420
和室
1,212
床下収納
▼1FL
425
▼GL

断面パース

外観は軒を低く（軒高 2,100〜2,200㎜）抑えることで、外部を緩やかに遮断しつつ、外観への威圧感をやわらげています

N
切妻屋根

「八ツ屋の家」所在地：愛知県
敷地面積：288.22㎡　延床面積：141.81㎡
天井高：4,230㎜
設計：杉下均建築工房
写真：杉下均建築工房

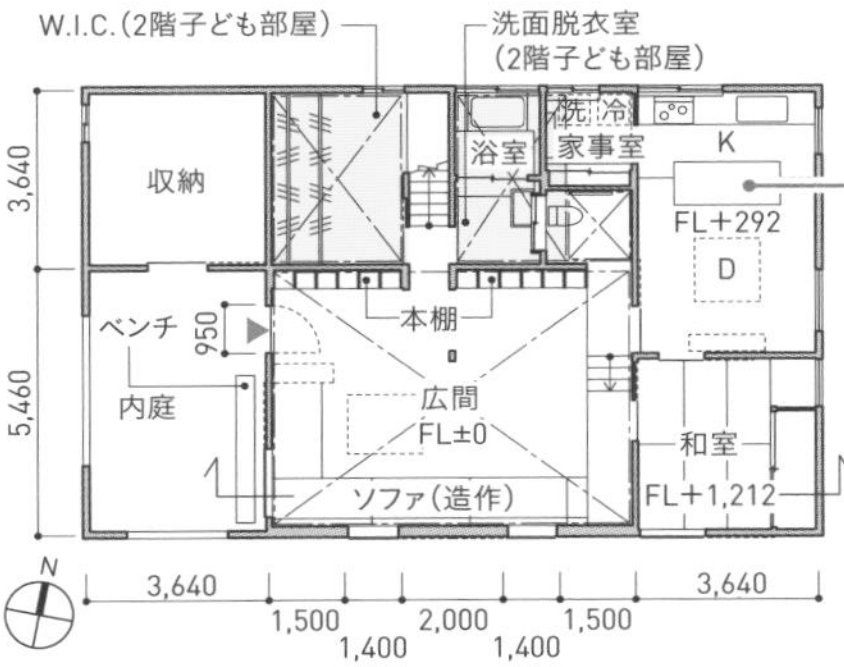
W.I.C.（2階子ども部屋）
洗面脱衣室
（2階子ども部屋）
浴室
洗
冷
家事室
K
収納
FL＋292
D
ベンチ
950
本棚
内庭
広間
FL±0
和室
ソファ（造作）
FL＋1,212
3,640
5,460
3,640
3,640
1,500
2,000
1,500
1,400
1,400
N

平面図［S＝1：300］

キッチンとダイニングは、天井高が一番低い奥まった場所に小ぢんまりと配置。家族がくつろげる場所となっている。調理に専念できるよう、壁面やユーティリティに収納を充実させた

広い空間の中でくつろげるよう、長さがベッド4台分程度ある造作ソファを設置

小屋裏空間（2階）は2間分の床を張り、構造的にも水平剛性を確保

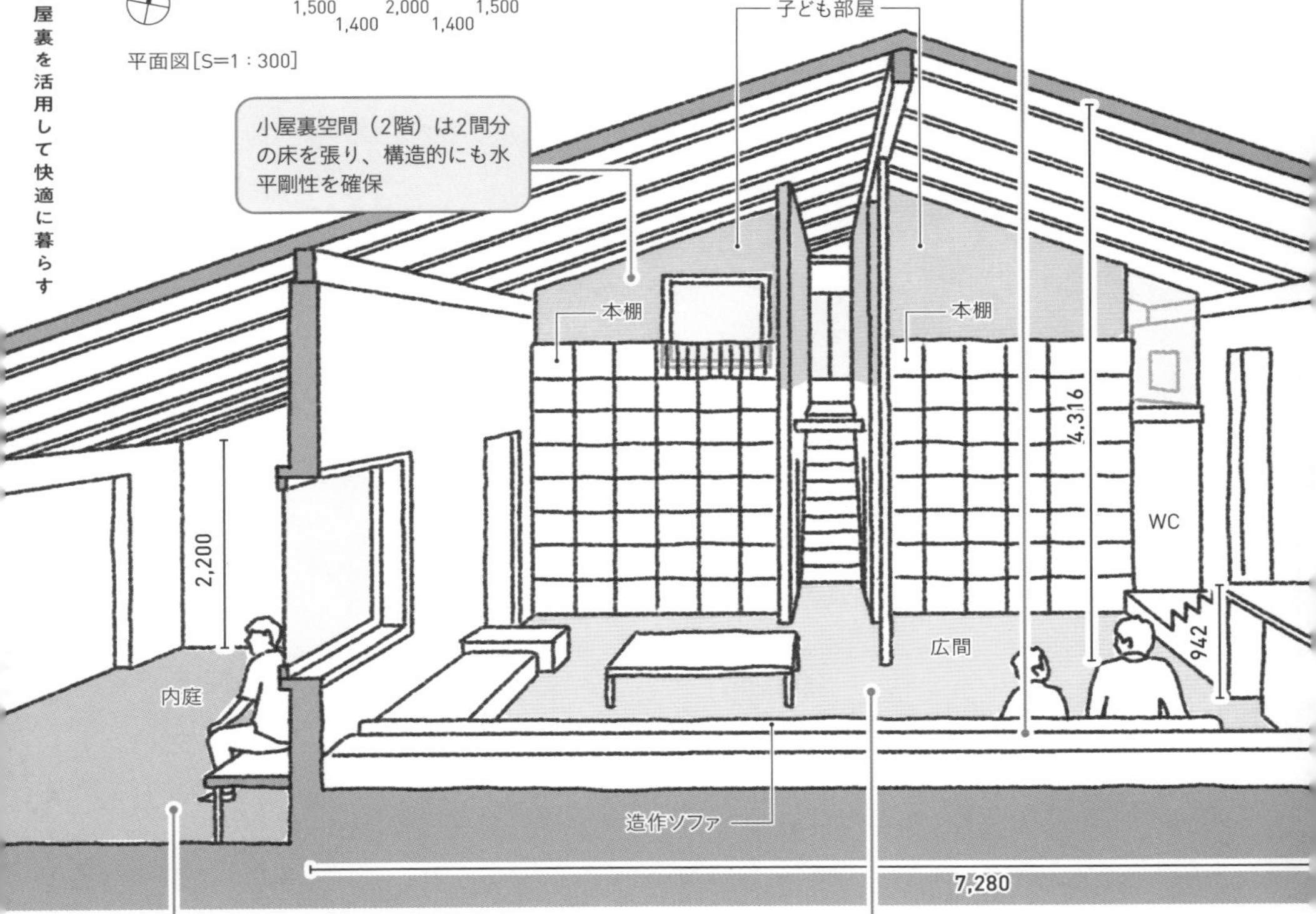
子ども部屋
本棚
本棚
4,316
WC
2,200
広間
942
内庭
造作ソファ
7,280

玄関を設けずに、中間領域として軒下に内庭を設けた。家に上らずとも近隣の人とコミュニケーションがとれるよう、スギ材のベンチを設置

内庭から一転して、広間では2層吹抜けの開放的な空間が広がる。南面の壁面には2段の窓を設け、そこから差し込んだ光により、漆喰仕上げの壁がよく映える。また将来的に隣地に建物が建っても採光が得られるよう、上下に縦長の窓を配した

大正解

09

『庭と建物の居心地よい位置関係』

平屋で生活する醍醐味の一つは、庭とのつながりの濃さでしょう。平屋は複数階建てに比べ庭へ行き来しやすく、屋内にいても庭に意識が向きやすいのです。周囲を壁や隣家に囲まれた平屋でも、うまく庭を配すれば光や風を屋内に取り入れやすくなります。

とはいえ、日当りのよい部屋の前にただ広い庭を配置するだけでは、平屋の特性を生かしきれません。敷地の環境を考慮して、庭と建物をどのようなバランスで配置するかが、設計者の腕の見せどころ。併せて、西側や寝室付近には目隠しの常緑樹、北側には日陰に強い植物、と植栽計画も同時に検討しましょう。

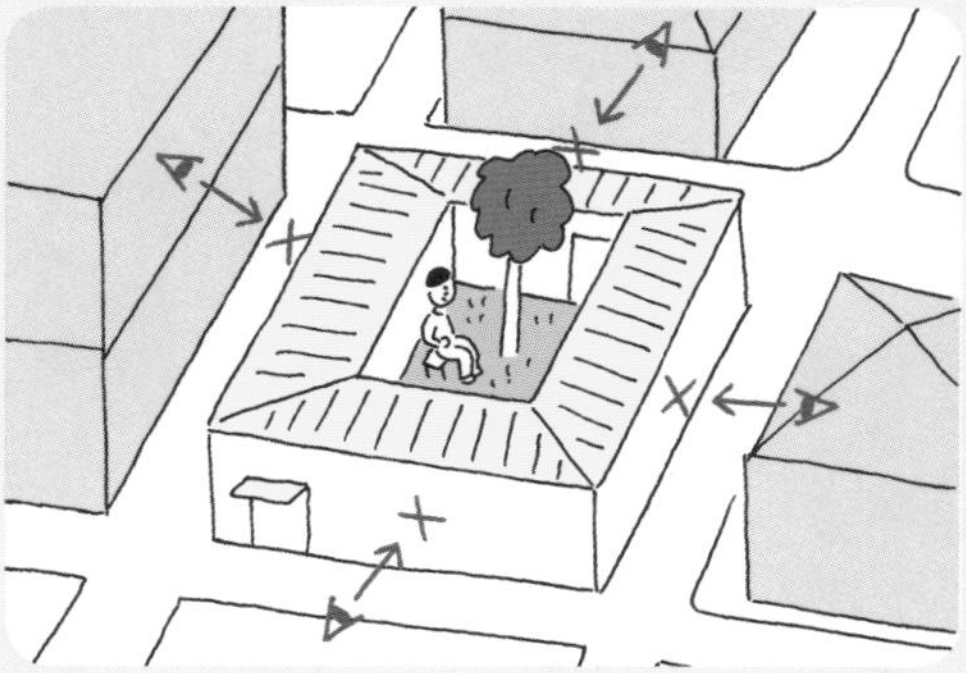

POINT

住宅密集地は中庭が有効

密集地に平屋を建てる際は、プライバシーの確保が必須です。コートハウスなら周囲の視線を遮断し、庭に対し開放的に暮らせるプランを実現できます

POINT

凹凸プランで庭を複数設ける

建物を雁行させたり、L字またはH字形状にしたりして凹凸をつくれば、各室に適した庭の工夫ができ、庭と各部屋との一体感も高まります

POINT

外塀+凹凸プランでもっと緑に囲まれる

コートハウスのように外塀や外壁で建物の外周を囲んだうえで、建物形状に凹凸をつける方法もあります。こうすれば密集地でも外部からの視線をコントロールしながら、敷地内の各所に庭を配しやすくなります。日射し除けや、通風・採光も容易です

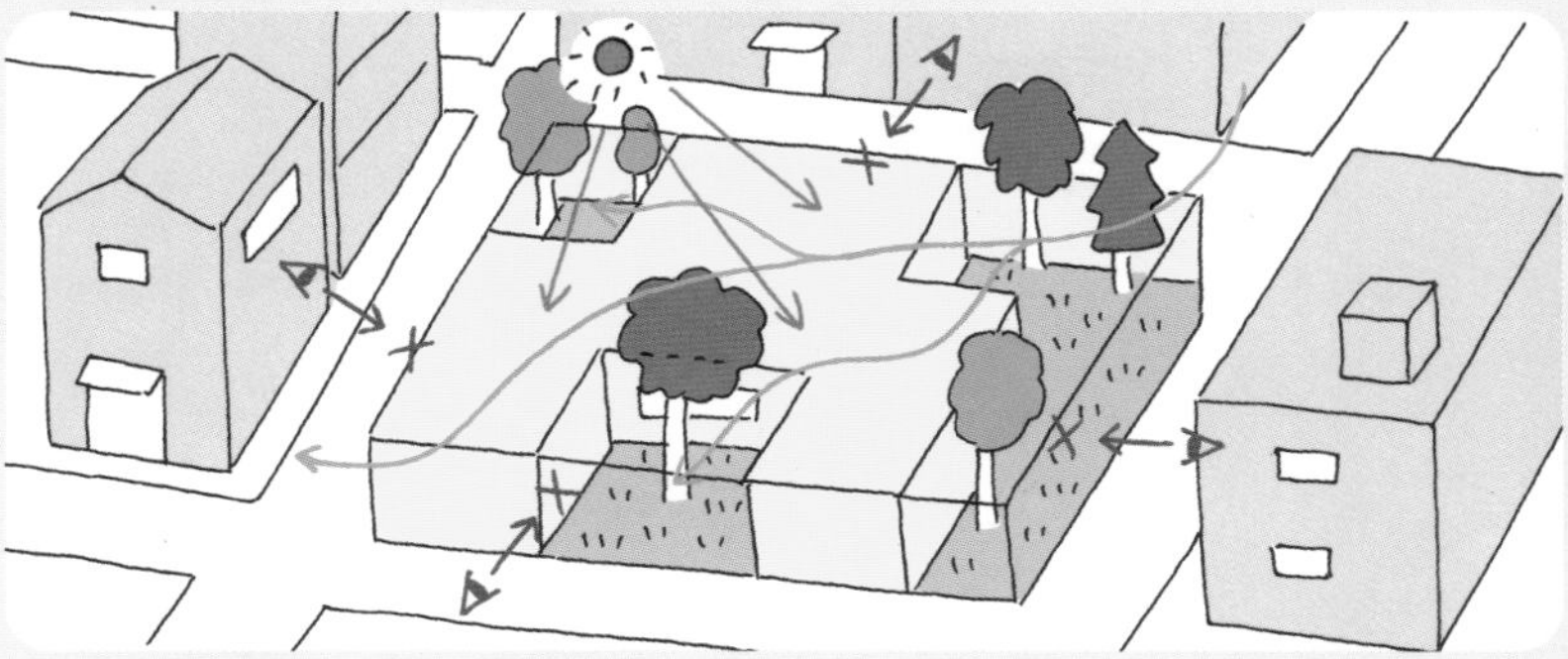

浴室には物干し場を兼ねたテラスを設置。プライバシーを守りつつ抜けのある空間に

アプローチ側から中庭を見た様子。ダイニング側（写真左）と子ども部屋側（写真奥）は全面開口で中庭とつながり、庭が「外にある部屋」のように感じられます

プライバシーと開放感を両立させる中庭

住宅密集地の平屋では、プライバシーや防犯への配慮が必須［106頁参照］。ここでは外周側の開口部を絞って数も減らし、外部とのつながりを最小限に抑えました。一方で、中庭側には大きく開口部を設けているため閉塞感はなく、屋内のどこからでも中庭が見え、光や風を取り入れて外を感じられる居心地のよい空間になっています。

中庭は四方を囲まれているため、外部からの視線を気にせずくつろげます。また床レベルをGL＋330㎜とし、地面と近づけたことで、中庭との物理的つながりもスムーズになりました。

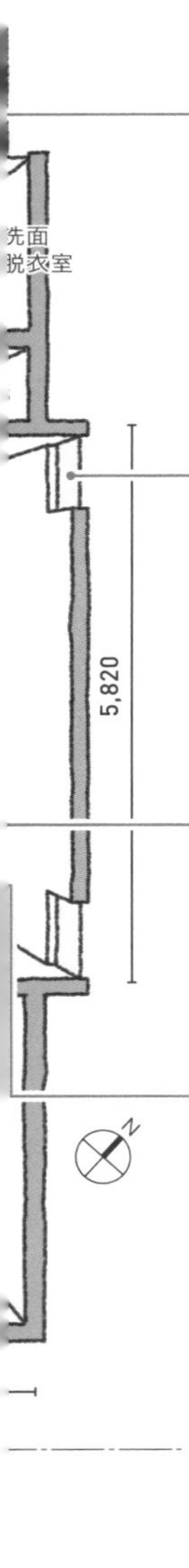

外部に面した窓は高めに配置し、プライバシーに配慮

子ども部屋の床レベルは廊下より1段（200㎜）下げてあるため、段差を腰かけとして利用可能。子ども部屋からも中庭を眺められる

中庭に面したLDK・子ども部屋の開口部は木製サッシを使用した。中庭と室内に一体感が生まれ、庭とより近く暮らせるようになる。中庭との行き来もしやすい

：視線

：動線

平面パース

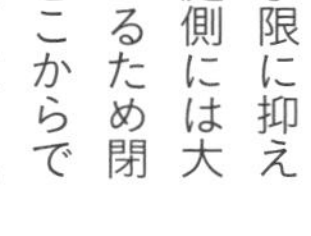

片流れ屋根

「海東の家」所在地：愛知県
敷地面積：314.87㎡　延床面積：106.32㎡
天井高：1,900～3,503㎜
設計：松原建築計画
写真：堀隆之写真事務所

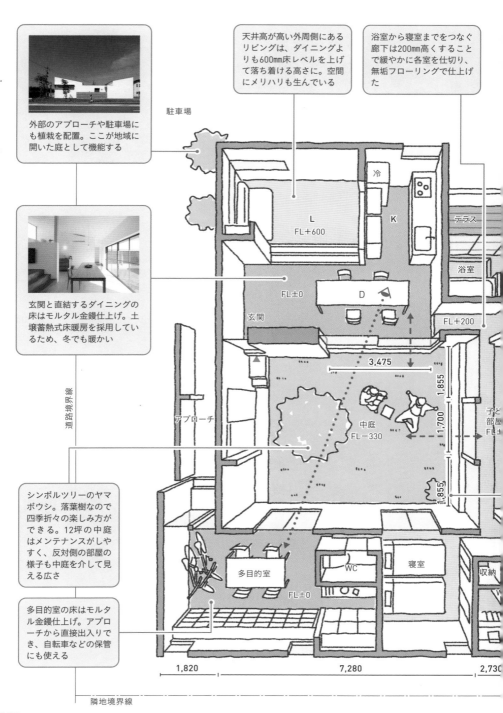

外部のアプローチや駐車場にも植栽を配置。ここが地域に開いた庭として機能する

玄関と直結するダイニングの床はモルタル金鏝仕上げ。土壌蓄熱式床暖房を採用しているため、冬でも暖かい

天井高が高い外周側にあるリビングは、ダイニングよりも600㎜床レベルを上げて落ち着ける高さに。空間にメリハリも生んでいる

浴室から寝室までをつなぐ廊下は200㎜高くすることで緩やかに各室を仕切り、無垢フローリングで仕上げた

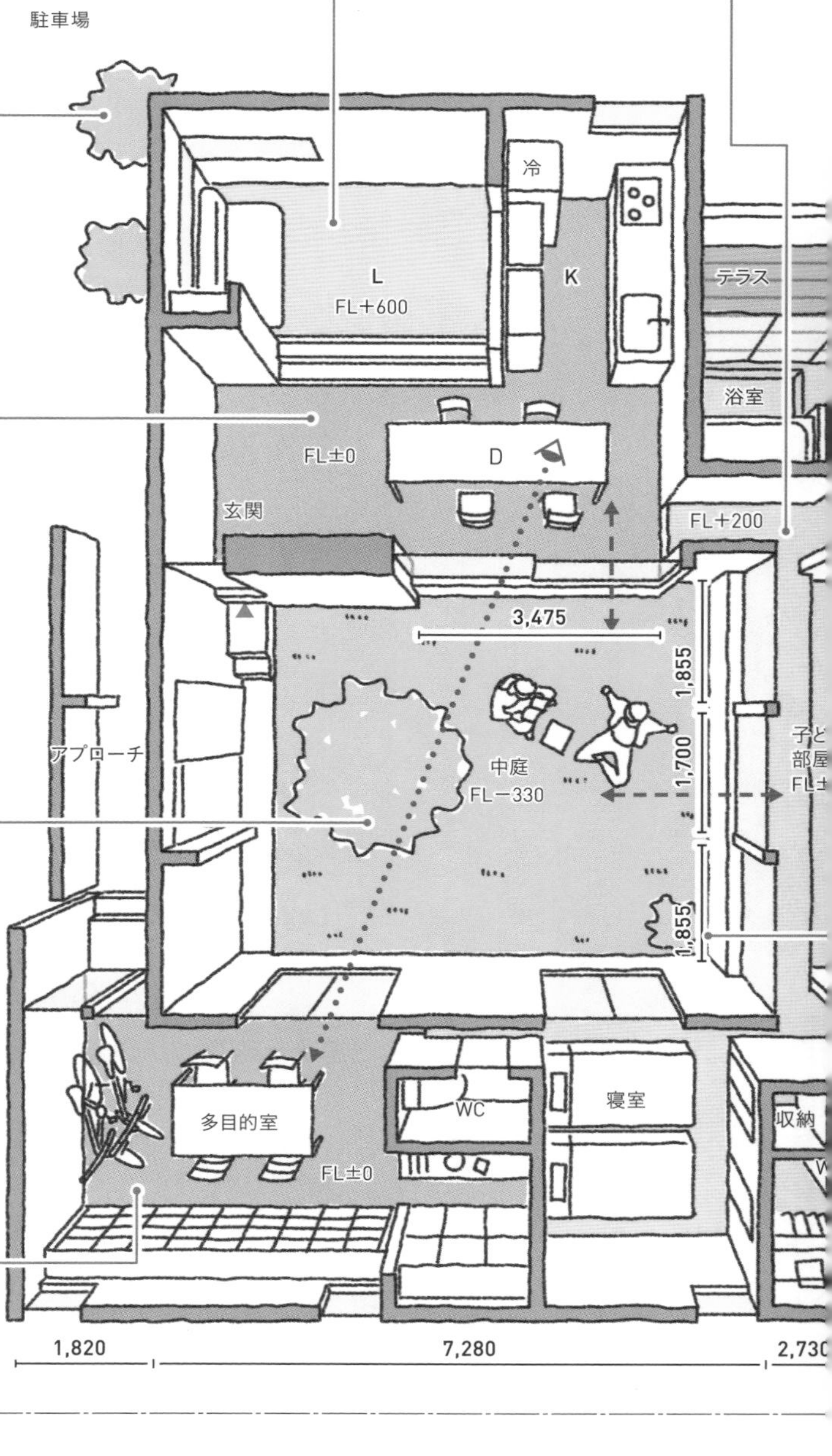
駐車場
L
FL＋600
冷
K
テラス
浴室
FL±0
D
玄関
FL＋200
3,475
1,855
1,700
1,855
道路境界線
アプローチ
中庭
FL－330
多目的室
FL±0
WC
寝室
収納
1,820
7,280
隣地境界線

シンボルツリーのヤマボウシ。落葉樹なので四季折々の楽しみ方ができる。12坪の中庭はメンテナンスがしやすく、反対側の部屋の様子も中庭を介して見える広さ

多目的室の床はモルタル金鏝仕上げ。アプローチから直接出入りでき、自転車などの保管にも使える

H字形の平屋と植栽で緑豊かな住まいに

周辺環境や庭との関係性を考えて、居間棟と寝室棟を廊下でつないだH字形の平面プラン。居間棟は南東方向にある自然豊かな公園に向かって開き、寝室棟は南側の隣家からの視線を避け角度をつけて配置しました。この両棟を、書斎を兼ねた廊下がつなぎます。居間棟・寝室棟・書斎兼廊下に囲まれてできた大小2つの中庭は、室内のさまざまな場所から豊かな緑を見渡せる位置にあり、見る場所や季節ごとに違った表情を楽しめる住まいになりました。

なお、敷地南側の西寄りは隣家が迫っているため、開口を極力抑えています。

平面プランが水平方向に広がりやすい平屋では、屋根形状が複雑になりがち。この事例の屋根は片流れを並べる形状にし、シンプルにまとめた。居間棟は太陽熱を暖房に利用するため、南に傾斜した片流れ屋根をかけ、上部は小屋裏として利用している

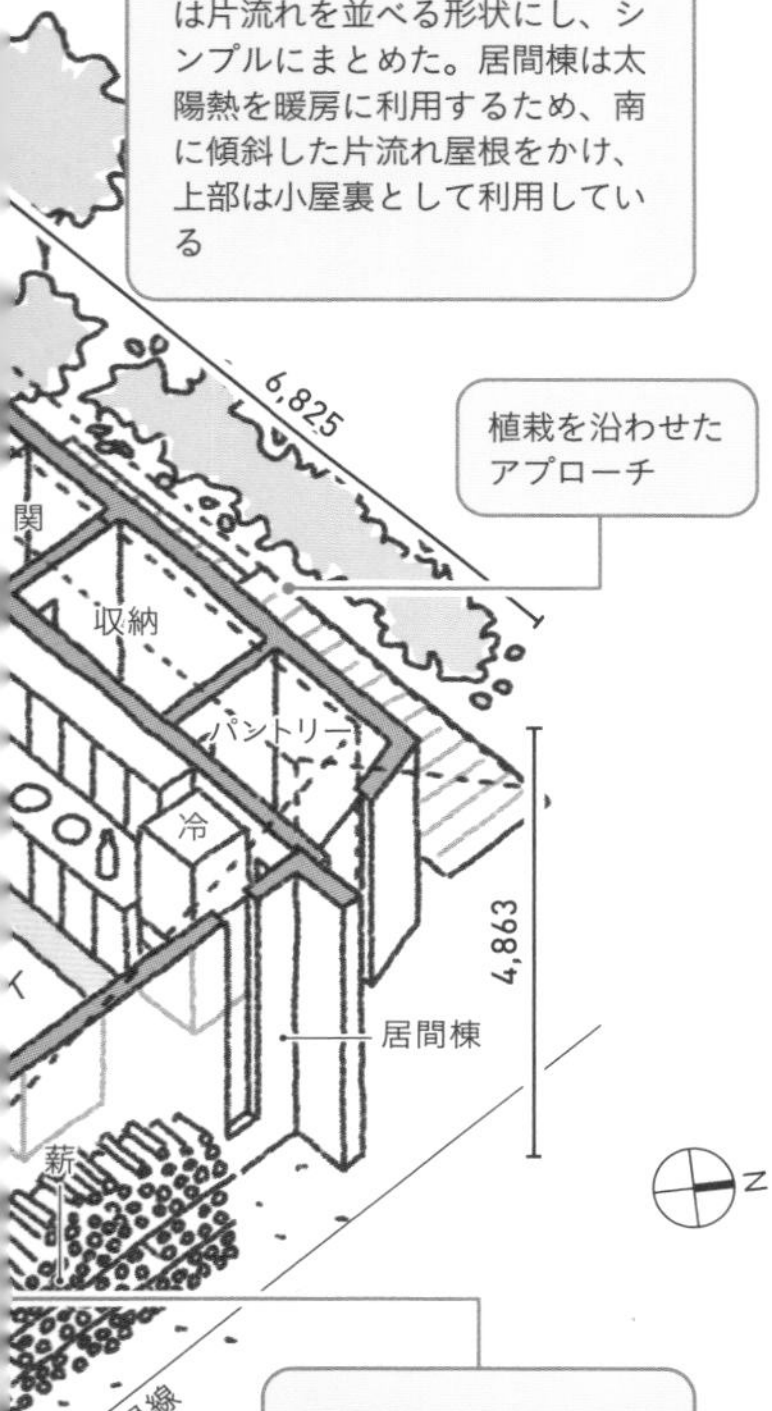
6,825
植栽を沿わせたアプローチ
関
収納
パントリー
冷
4,863
居間棟
イ
薪
道路境界線

ダイニングからテラス、庭を見る。テラスが桟橋のように庭に延びることで、庭に気軽に出やすくなる。また、室内からも地面が広く見え、景色の広がりを感じさせる効果がある

ダイニングの大窓越しに中庭を見た様子

片流れ屋根

「佐倉の家Ⅱ」所在地：千葉県
敷地面積：307.84㎡　延床面積：107.83㎡
天井高：2,100～3,400㎜
設計：木々設計室
写真：木々設計室

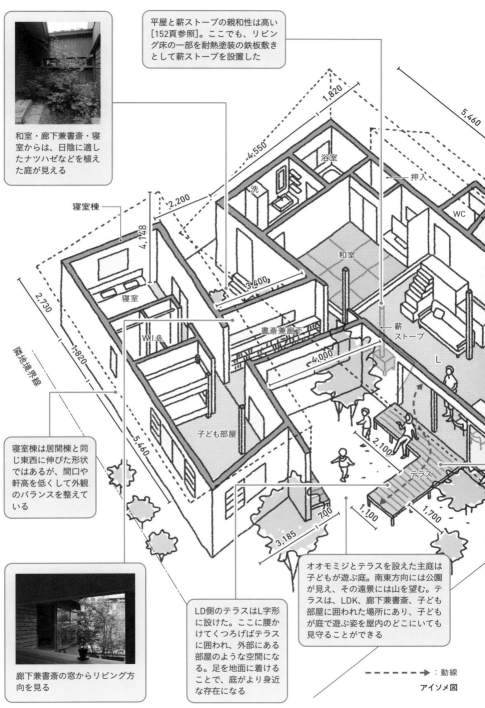

和室・廊下兼書斎・寝室からは、日陰に適したナツハゼなどを植えた庭が見える

平屋と薪ストーブの親和性は高い[152頁参照]。ここでも、リビング床の一部を耐熱塗装の鉄板敷きとして薪ストーブを設置した

1,820
5,460
4,550
浴室
洗
押入
WC
2,200
寝室棟
4,148
和室
3,400
寝室
2,730
W.I.C.
書斎兼廊下
薪
ストーブ
L
4,000
1,820
隣地境界線
子ども部屋
5,460
2,100
テラス
700
1,100
1,700
3,185

寝室棟は居間棟と同じ東西に伸びた形状ではあるが、間口や軒高を低くして外観のバランスを整えている

オオモミジとテラスを設えた主庭は子どもが遊ぶ庭。南東方向には公園が見え、その遠景には山を望む。テラスは、LDK、廊下兼書斎、子ども部屋に囲われた場所にあり、子どもが庭で遊ぶ姿を屋内のどこにいても見守ることができる

LD側のテラスはL字形に設けた。ここに腰かけてくつろげばテラスに囲われ、外部にある部屋のような空間になる。足を地面に着けることで、庭がより身近な存在になる

廊下兼書斎の窓からリビング方向を見る

- - - - - - → ：動線

アイソメ図

木塀と中庭に囲まれた 都市型平屋

南東側外観。外壁の一部が採光・通風のためのルーバーになっています。スギ板張りの壁が、室内側にも柔らかな印象を与えます

凹凸のある平面プランの平屋は、敷地内の各所に植栽を設けられる反面、死角も多く生まれ、防犯面やプライバシー確保が課題になります。住宅密集地に建つこの平屋は、家全体をスギ板張りの壁で囲むことで外部からの視線を遮り、コンパクトな印象の外観に。一方で、内側では庭を川の流れに見立てて逆S字形に配し、緑で家が囲まれるプランとしました。

これにより、プライバシーを確保しながら、屋内から庭を楽しむことが可能に。また、部屋数を最小限に留めたことで、平屋の課題となる採光不足もしっかり解決できています。

中庭に挟まれた廊下は左右ガラス張り。LDKと玄関側をつなぐ橋のような印象を演出する。窓際ぎりぎりまで木を植え、緑に囲まれた印象を強調している

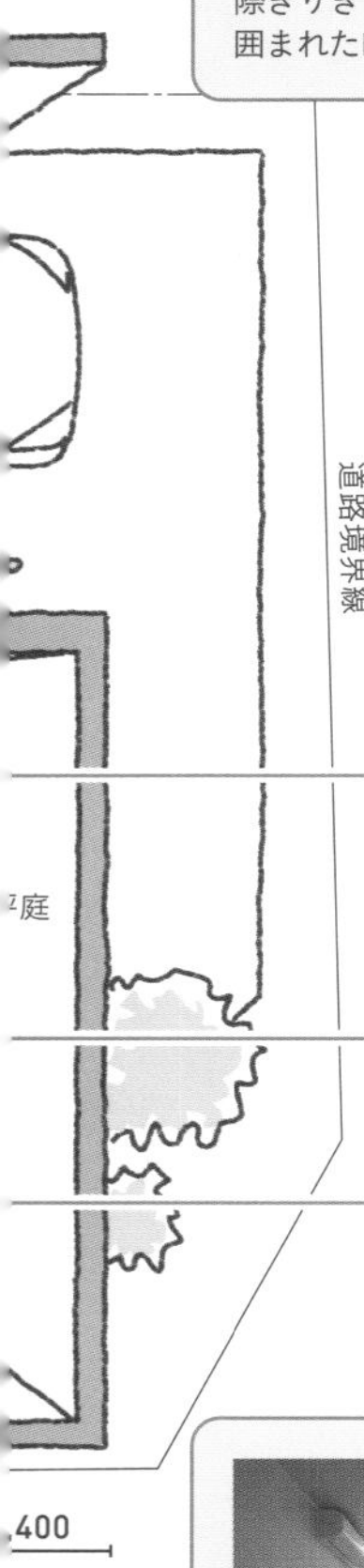

バリアフリーに対応した広めの廊下（幅1,200㎜）

寝室の物干し場側には高窓を、道路側には地窓を設け、プライバシーや採光を確保しながら緑を楽しめるようにした

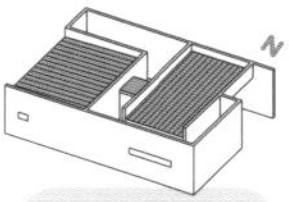

片流れ屋根

「西三国の家」所在地：兵庫県
敷地面積：129.24㎡　延床面積：91.70㎡
天井高：2,250㎜
設計：arbol＋FLAME
写真：下村康典

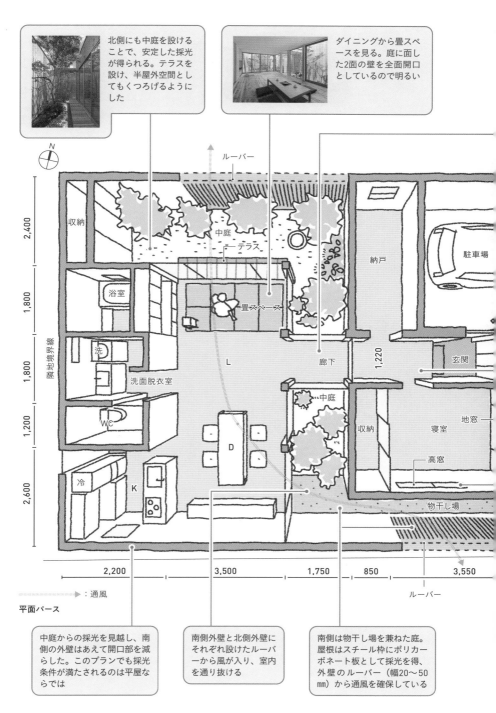

北側にも中庭を設けることで、安定した採光が得られる。テラスを設け、半屋外空間としてもくつろげるようにした

ダイニングから畳スペースを見る。庭に面した2面の壁を全面開口としているので明るい

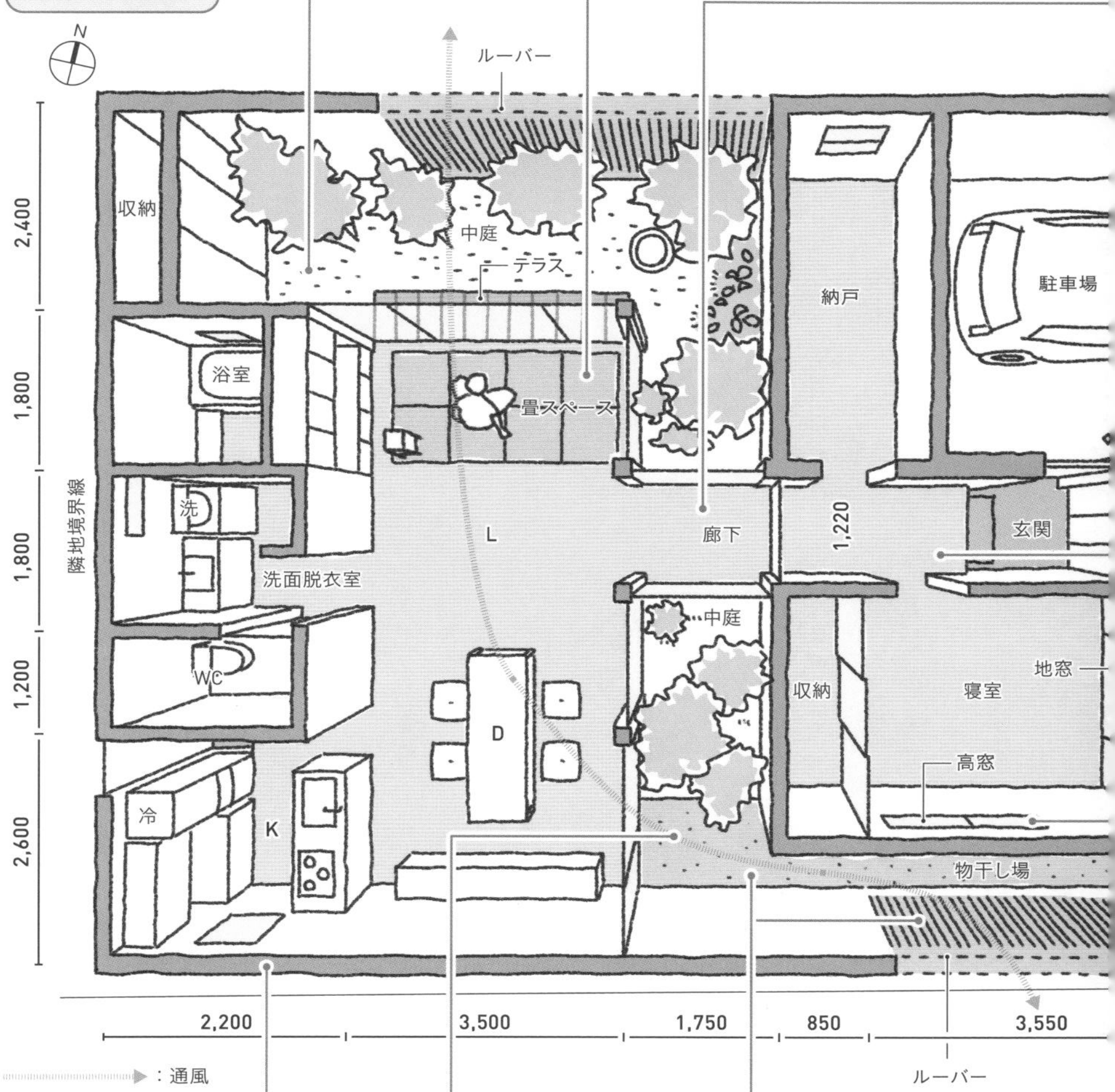
N
ルーバー
中庭
テラス
収納
納戸
駐車場
浴室
畳スペース
洗
L
廊下
1,220
玄関
洗面脱衣室
隣地境界線
中庭
地窓
WC
収納
寝室
D
高窓
冷
K
物干し場
2,400
1,800
1,800
1,200
2,600
2,200
3,500
1,750
850
3,550
ルーバー
：通風

平面パース

中庭からの採光を見越し、南側の外壁はあえて開口部を減らした。このプランでも採光条件が満たされるのは平屋ならでは

南側外壁と北側外壁にそれぞれ設けたルーバーから風が入り、室内を通り抜ける

南側は物干し場を兼ねた庭。屋根はスチール枠にポリカーボネート板として採光を得、外壁のルーバー（幅20〜50㎜）から通風を確保している

大正解 10

『犬が健康に楽しく暮らせる仕掛けをつくる』

平屋は上下の移動がなく、行ったり来たりがラク。人間も犬も暮らしやすい住宅にするにはうってつけです。

階段を上り下りする動作は、犬の体には大きな負担になります。特に小型犬や老犬では、階段起因の骨折や脱臼などの事故が多く、将来的な関節への悪影響も心配です。その点、階段のない平屋は犬にやさしい住まいの形といえるでしょう。

また、犬はやっぱり外が好きな動物。居住空間と外部が水平につながる平屋の利点を生かし、敷地内で犬が安全に遊べる場所を設けてあげましょう。好きなだけ外で遊べる設えにすれば、室内飼いのストレスも軽減します。

POINT

半屋外に遊び場を設ける

運動量の多い犬種の場合は特に、好きなときに思い切り走って遊べる野外スペースが必要。屋根を設けるなど雨の日も遊べるように工夫してあげましょう

POINT

道路や隣地との距離を取る

犬は吠えてなわばりを守ろうとしますが、過剰な吠えはトラブルの原因に。道路や隣地との間に庭を挟んで距離を取るなど、配置計画は熟考しましょう

POINT

犬の居場所は家族の近くに

犬は、飼い主といつも一緒に居たいもの。ひとつながりの空間をつくりやすい平屋なら、LDKや隣接した中間領域などに犬の居場所をつくれます

POINT

アプローチはスロープに

室内に段差のない平屋でも、外部からの出入口に段差ができるケースは多いもの。スロープなら、犬のみならず人間にも将来的にやさしい家になります

軒下と中廊下を犬が走れる家に

玄関前にて。家の中でも、外でも犬たちは日々楽しく過ごしており、軒の出があるので日射しも避けられます（写真：服部信康建築設計事務所）

4頭の犬と夫婦2人が快適に暮らすために計画された、室内と外部の距離が近い平屋。天候にかかわりなく犬が自由に走り回れるように、建物の周囲に柱を立てて深い軒を回し、回廊型のドッグランを設けました。4頭が同時に遊べるよう、ドッグランは柱の心々で1千500㎜と十分な幅を確保しています。

家の中心部の採光確保のため、寄棟屋根の棟部分にライン状の天窓を設置［149頁参照］。その下は約9ｍの長い廊下に。ここも、4匹の犬たちが駆け回る格好の遊び場になります。

回廊部分の軒高は2,150㎜で、居心地のよい中間領域。軒の出は1,500㎜で、雨の日に濡れる心配なく犬が半屋外を駆け回れる。回廊部は扉で外部と仕切られているため、犬が外に出てしまう心配もない

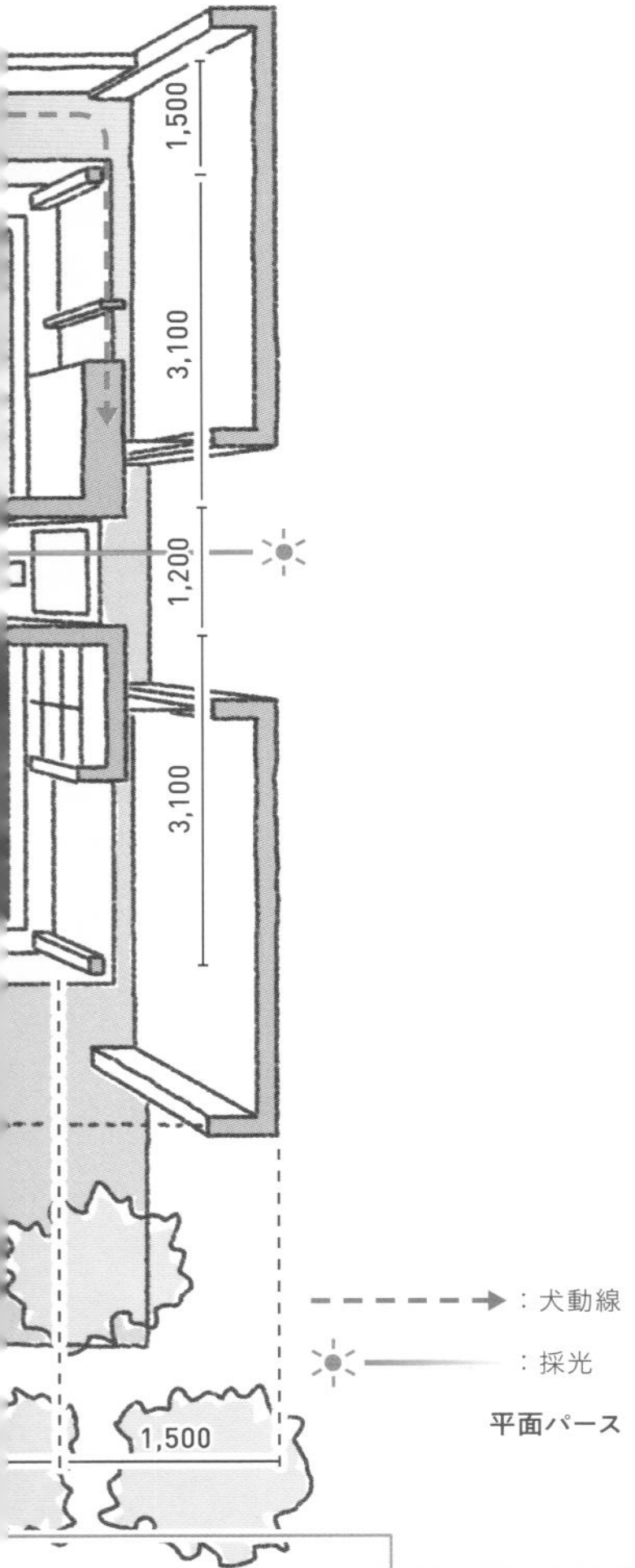
1,500
3,100
1,200
3,100
1,500
：犬動線
：採光

平面パース

庭につながるアプローチは、犬の足にやさしいスロープ。気軽に足や体を洗えるように、犬専用のシャワー付き水浴び場を設置している（写真：服部信康建築設計事務所）

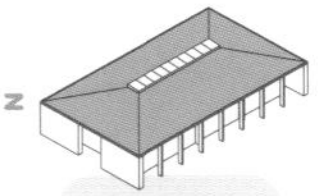
N

寄棟屋根

「寄棟の舎」所在地：岐阜県　敷地面積：994.75㎡　延床面積：111.96㎡
天井高：2,000〜3,480㎜
設計：服部信康建築設計事務所
写真：山内紀人

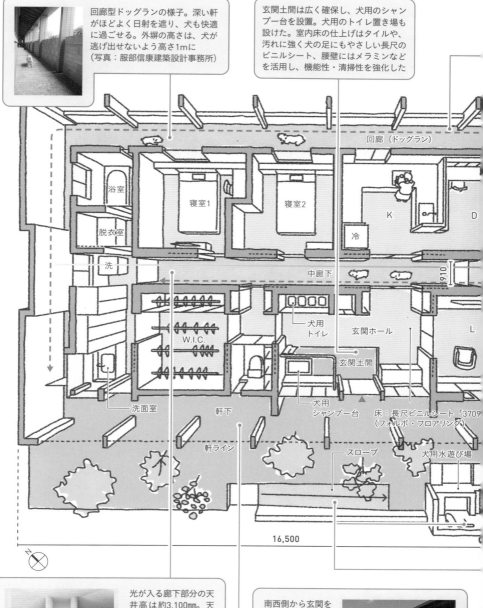

回廊型ドッグランの様子。深い軒がほどよく日射を遮り、犬も快適に過ごせる。外塀の高さは、犬が逃げ出せないよう高さ1mに
（写真：服部信康建築設計事務所）

玄関土間は広く確保し、犬用のシャンプー台を設置。犬用のトイレ置き場も設けた。室内床の仕上げはタイルや、汚れに強く犬の足にもやさしい長尺のビニルシート、腰壁にはメラミンなどを活用し、機能性・清掃性を強化した

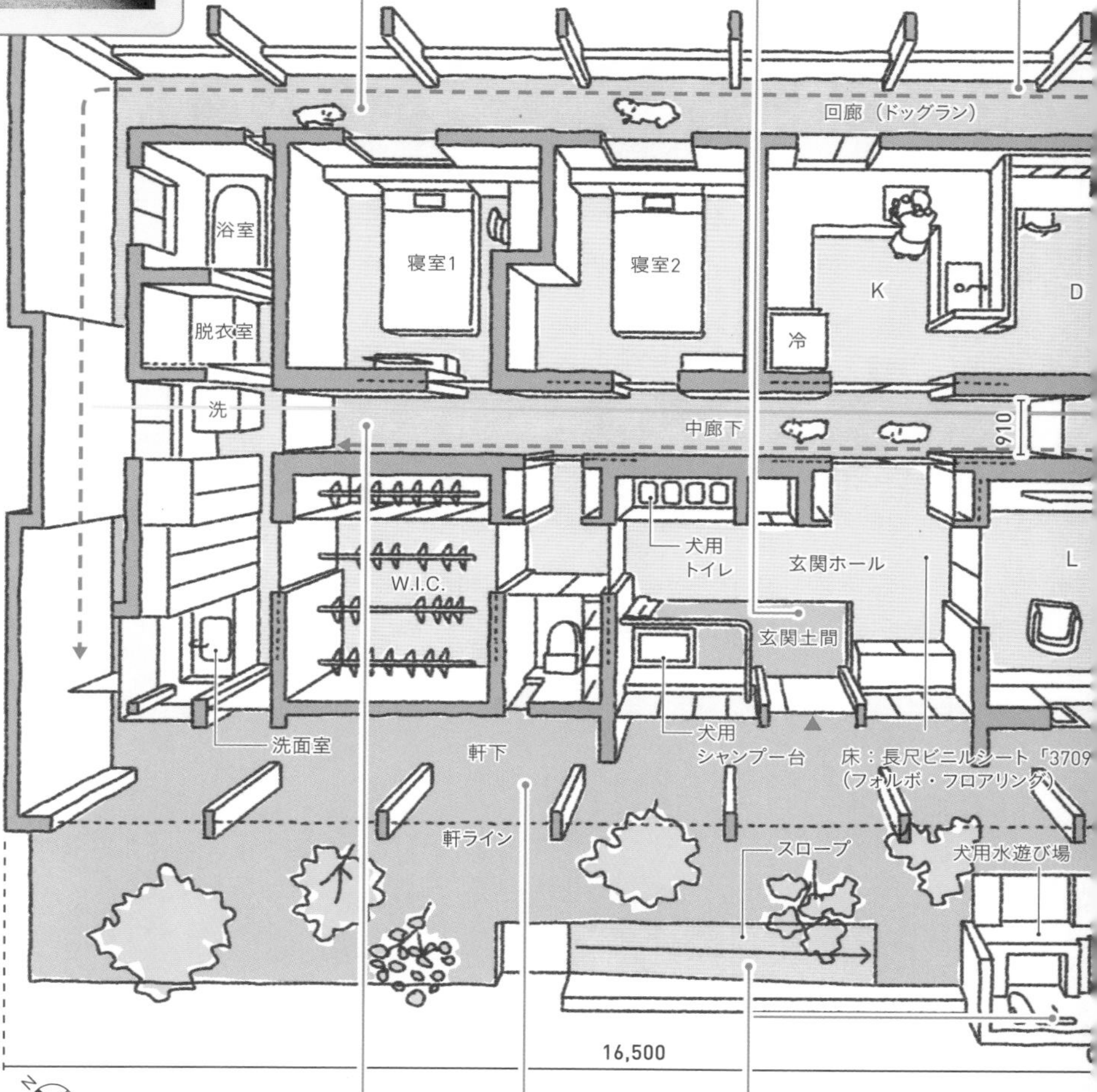
回廊（ドッグラン）
浴室
寝室1
寝室2
K
D
脱衣室
冷
洗
中廊下
910
犬用
トイレ
玄関ホール
L
W.I.C.
玄関土間
犬用
シャンプー台
洗面室
軒下
床：長尺ビニルシート「3709
（フォルボ・フロアリング）
軒ライン
スロープ
犬用水遊び場
16,500
N

光が入る廊下部分の天井高は約3,100㎜。天窓にはルーバーを300㎜ピッチで配置して光を拡散させている[149頁参照]。この廊下が主動線となり、各部屋をつなぐ

南西側から玄関を見る。建物廻りの列柱は、120㎜角のスギ1等材を3本抱き合わせたもの

Column 1

風土に合わせた平屋

豪雪地帯でも明るい家に

降雪などで日照時間が短い雪国では、冬の間の自然光の確保は切実な問題。「平屋に住みたい」という希望がある場合はなおさらです。この家では一部2階を設け、外壁には断熱性の高い透過性素材を使用。柔らかな光を1階に導き、「明るい平屋的な暮らし」を実現しました。

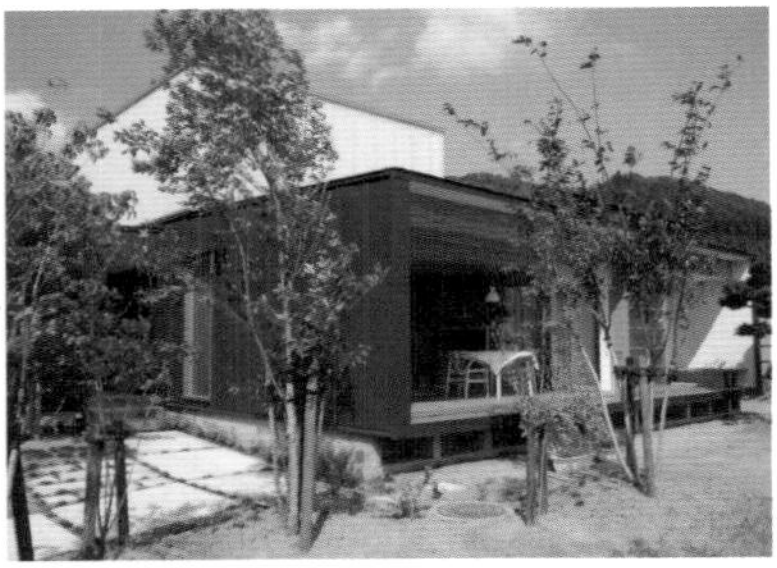

上：建物南面。2階の白い部分が採光断熱壁。1階南面の高断熱木製建具はすべて開け放すことができます｜左：2階の採光断熱壁。雪明かりやぼんぼりのように柔らかな光が、LDKのある吹抜け空間全体を包み込みます

透湿防水紙は、耐久性・耐水性に優れた「タイベック®（白無地）」（旭・デュポン フラッシュスパン プロダクツ）を使用

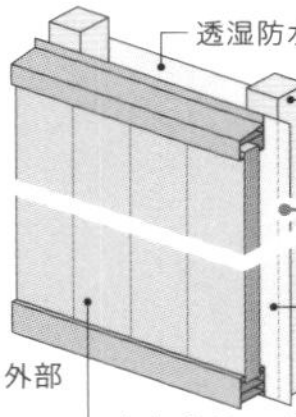

透湿防水紙
柱（105□）
内部
透湿防水紙
外部
中空ポリカーボネイト板⑦40

採光断熱壁の構成図

外壁はポリカーボネート樹脂製の中空ハニカム構造体。拡散光により、高照度で均質な自然採光が可能になる。空気層による断熱効果も高い

2階の外壁には自然光を通す採光断熱壁を採用。吹抜けを介して1階まで光が落ちる。吹抜けは自然通風・換気を促す役割も担う

将来の母親の介護も視野に入れ、1階で生活を完結できる“平屋的”な間取りに

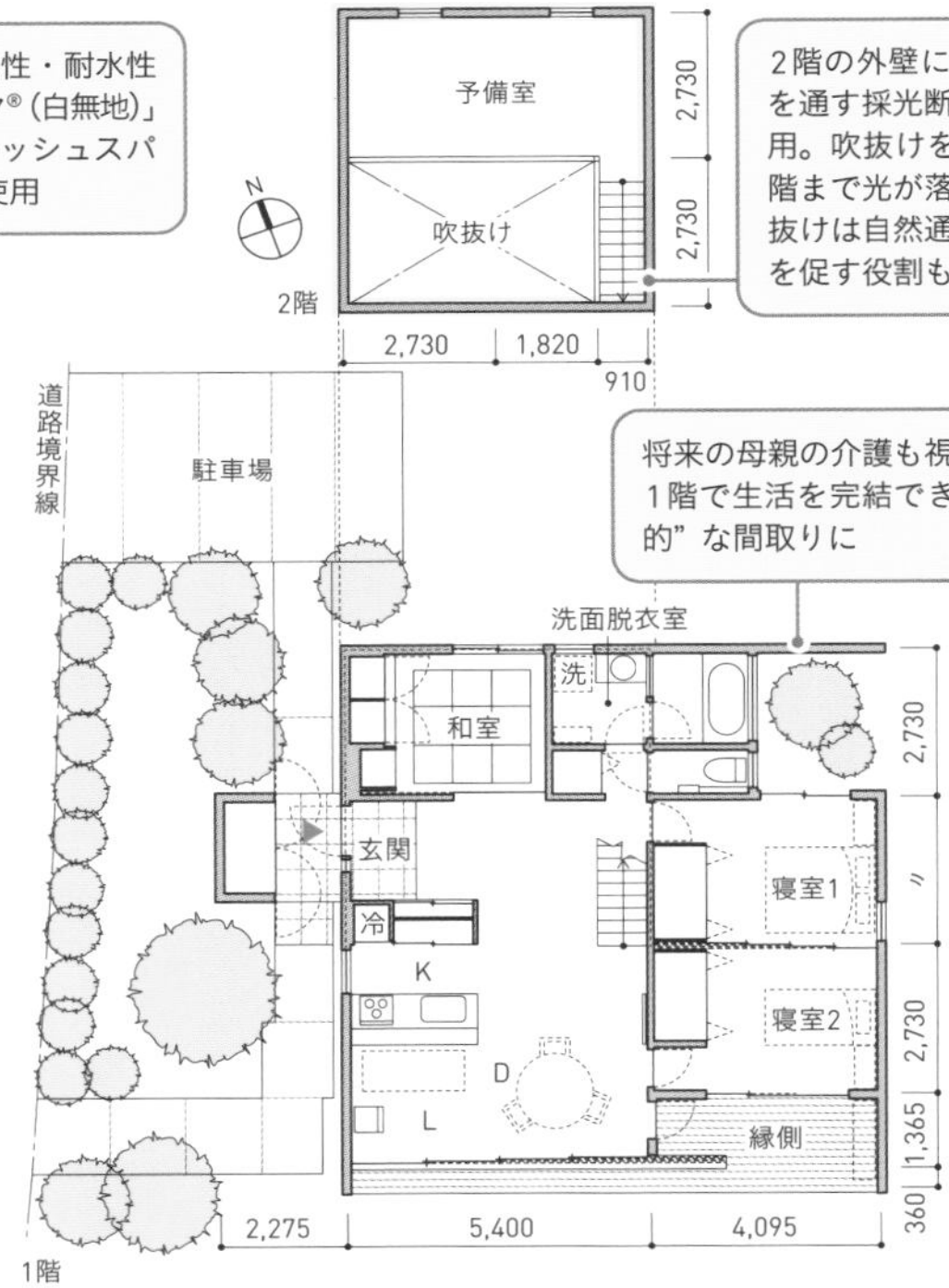

予備室
吹抜け
2,730
2,730
N
2階
2,730
1,820
910
道路境界線
駐車場
洗面脱衣室
洗
和室
玄関
冷
K
D
L
寝室1
寝室2
縁側
2,730
〃
2,730
1,365
360
2,275
5,400
4,095
1階

平面図［S＝1：250］

「白鷹の家」
所在地：山形県（多雪地域指定）
敷地面積：327.03㎡
延床面積：98.54㎡
設計：渋谷達郎＋アーキテクチュアランドスケープ
写真：渋谷達郎

2章

平屋設計のお悩み解決

「平屋ってコストが割高なのでは？」
「冬場は寒いんじゃないの？」
「プライバシーや防犯は大丈夫かな？」
そんな疑問や悩みに、まとめてお答えします！

お悩み
コスト

『平屋は高いの？ それとも安いの？』

延床面積が同じ平屋と2階建て［※1］のコストを単純に比較すると、基礎や屋根の面積が大きい平屋のほうが工事費は割高になります。ですが、平屋は軒を十分に出せば雨掛かりが少なく、外壁などの補修に足場が不要なため、メンテナンスコストを抑えられるメリットもあります。

また、平屋には階段室がないので居室の床面積が2階建てと同じでも工事費は減ります。加えて地震による倒壊のリスクも低く、保険料も抑えられます。2階建てでは住まい手が高齢化したり、子どもが巣立つと2階が使われなくなる可能性もあるので、敷地条件さえ満たせば平屋もおすすめです。

［佐藤友也］

POINT 平屋は足場が必要な補修工事が少ない

平屋は屋根面積が広いため、2階建てに比べて屋根の補修費用はかかりがちですが、軒天井や雨樋などは、補修の際に足場を組む必要がないため、補修費用全体としては安く抑えられます。下図では、屋根の仕上げはガルバリウム鋼板とし、軒天井の仕上げはケイ酸カルシウム板に塗装を行う想定でコストを計算しています

凡例：頻補修頻度、費工事費、足足場の要不要（30万円程度／回を想定）

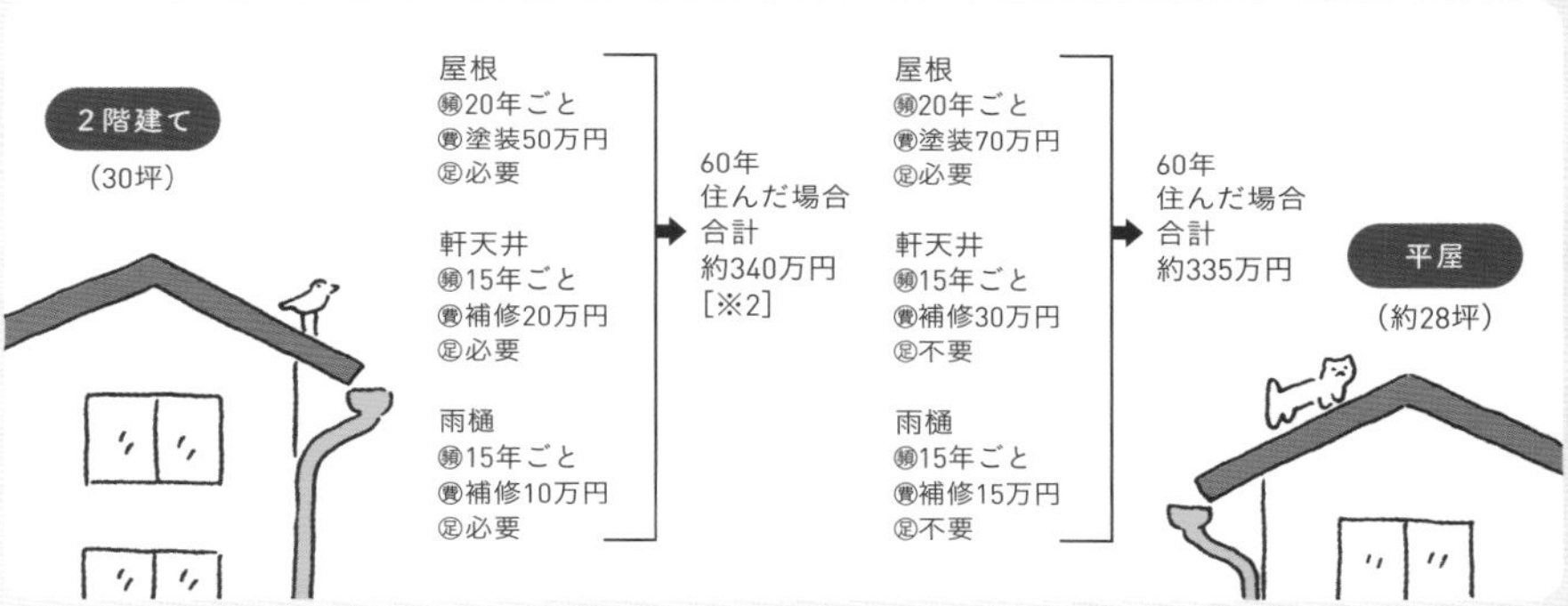
2階建て
（30坪）
屋根
頻20年ごと
費塗装50万円
足必要
軒天井
頻15年ごと
費補修20万円
足必要
雨樋
頻15年ごと
費補修10万円
足必要
60年
住んだ場合
合計
約340万円
[※2]
屋根
頻20年ごと
費塗装70万円
足必要
軒天井
頻15年ごと
費補修30万円
足不要
雨樋
頻15年ごと
費補修15万円
足不要
60年
住んだ場合
合計
約335万円
平屋
（約28坪）

POINT 平屋は外壁と開口部の補修頻度が少ない

外壁や開口部は、1回の補修にかかる費用には差がありませんが、補修頻度の違いで将来的な維持費が変わります。平屋は雨掛かりが少なく、補修頻度が少なくて済むのが利点。下図では、外壁の仕上げは窯業系サイディングを想定してコストを計算しています

凡例：頻補修頻度、費工事費、足足場の要不要（30万円程度／回を想定）

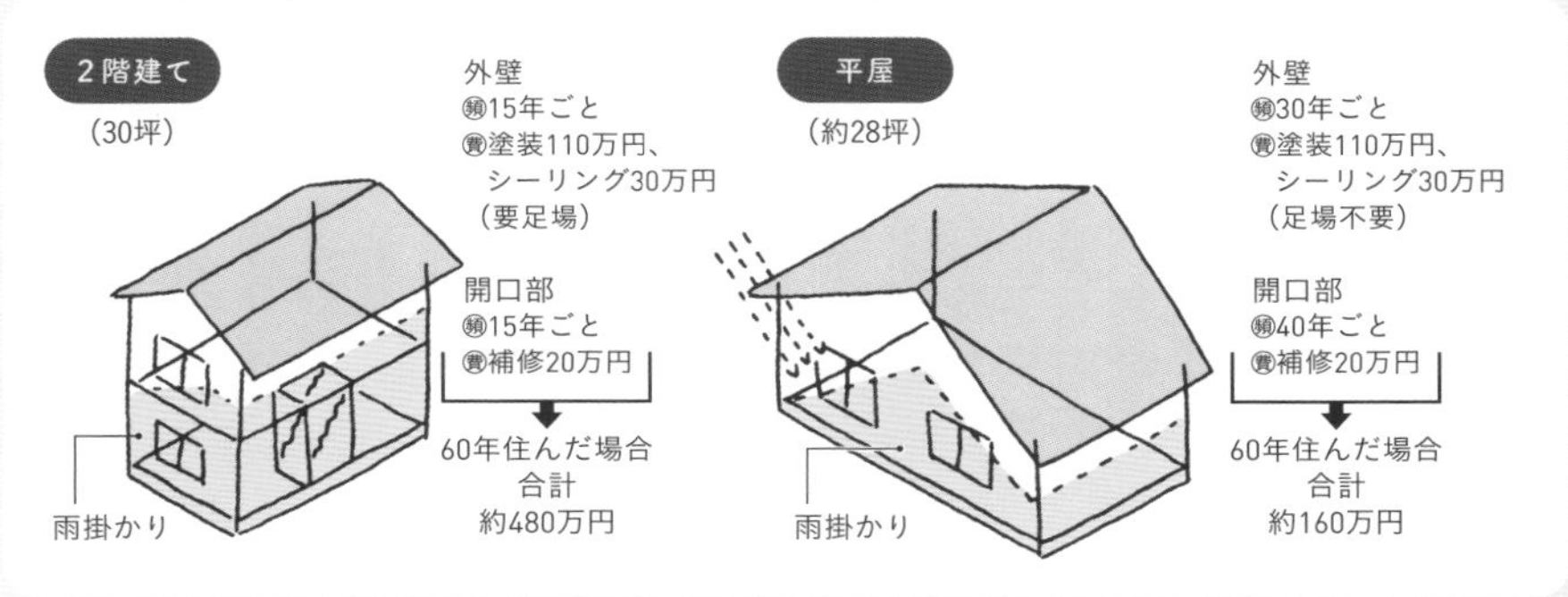
2階建て
（30坪）
外壁
頻15年ごと
費塗装110万円、
シーリング30万円
（要足場）
開口部
頻15年ごと
費補修20万円
60年住んだ場合
合計
約480万円
雨掛かり
平屋
（約28坪）
外壁
頻30年ごと
費塗装110万円、
シーリング30万円
（足場不要）
開口部
頻40年ごと
費補修20万円
60年住んだ場合
合計
約160万円
雨掛かり

※1 階段室を除く。平屋には階段室がない分、延床面積や工事費を節約できる。これを考慮し、30坪の2階建てに対して、約28坪の平屋とのコストを比較する
※2 ただし、足場の必要な軒天井と雨樋の補修工事をまとめて行った場合の計算。補修のタイミングや業者によって、より費用がかかる場合もある

お悩み／構造

『構造を工夫して自由な間取りにするには？』

階段などの制約がない平屋は、間取りの自由度が高いのも特徴です。その間取りには、ライフサイクルに応じた可変性をもたせたいものです。

将来的に間取りを変える場合、既に設けた構造耐力壁は、部屋が手狭になったからといって撤去することは部分的にであれ不可能ですが、非耐力壁ならば可能です。

構造耐力壁を水廻りやウォークインクロゼットなど開口部がなくても済む部屋の壁に用いれば、平屋の間取りの可変性が高まります。新たな開口部を設けたり、将来的には工事で2室の子ども部屋を仕切る壁を取り除くなど、生活の変化にもフレシキブルに対応できます。［佐藤高志］

POINT

コアをつくる

水廻りやクロゼットなど窓がなくてもよい部屋を建物中央に配し、その壁に構造耐力壁を用いれば、その周囲を非耐力壁にすることができます

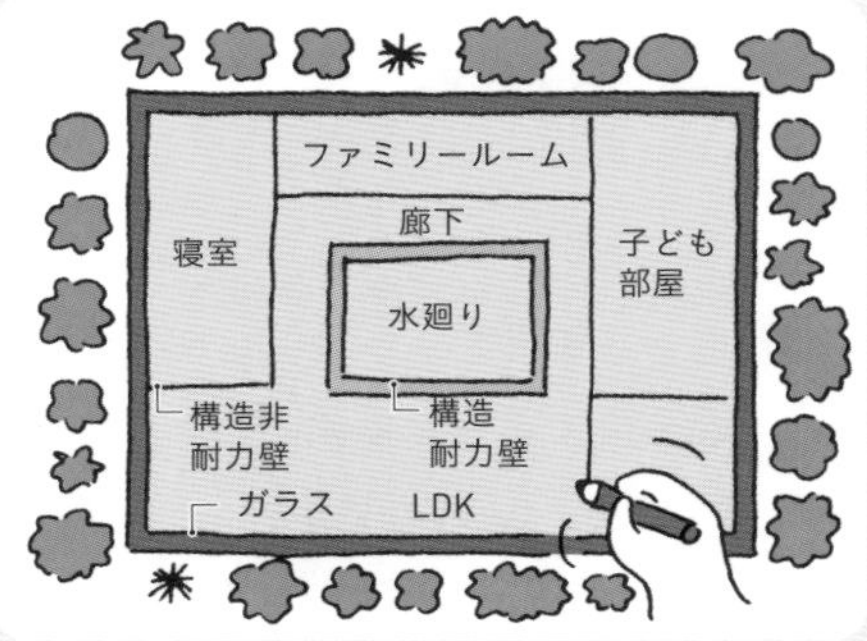

POINT

外周を固める

建物外周に構造耐力壁を配すれば、内壁は非耐力壁にできます。ただし、図中••••部分でゾーン分けしたⒶ〜Ⓓ部分の構造検討が必要です

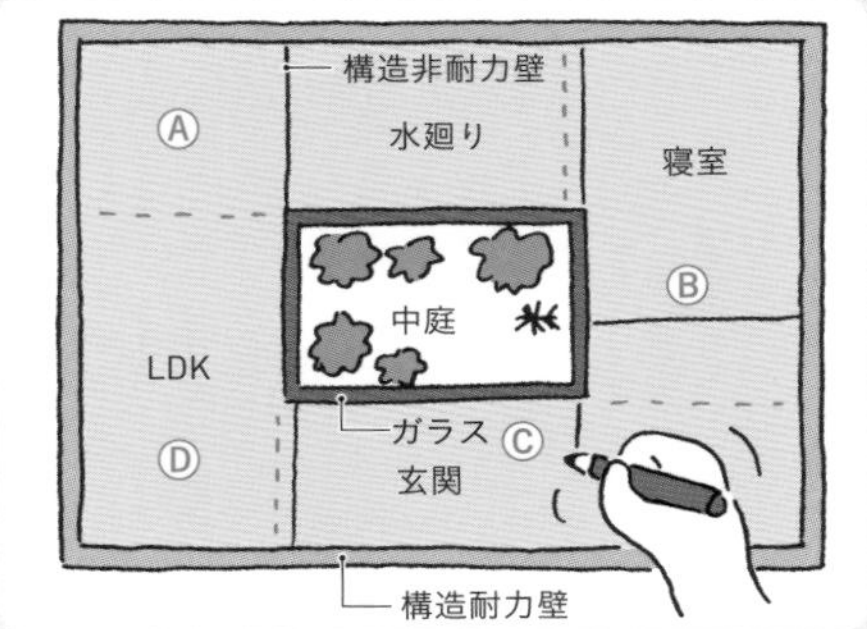

POINT

コの字で挟む

建物形状が細長い場合は、長辺の両脇に水廻りやウォークインクロゼットなどを配してその壁に構造耐力壁を用いれば、中間部分を非耐力壁にすることができます

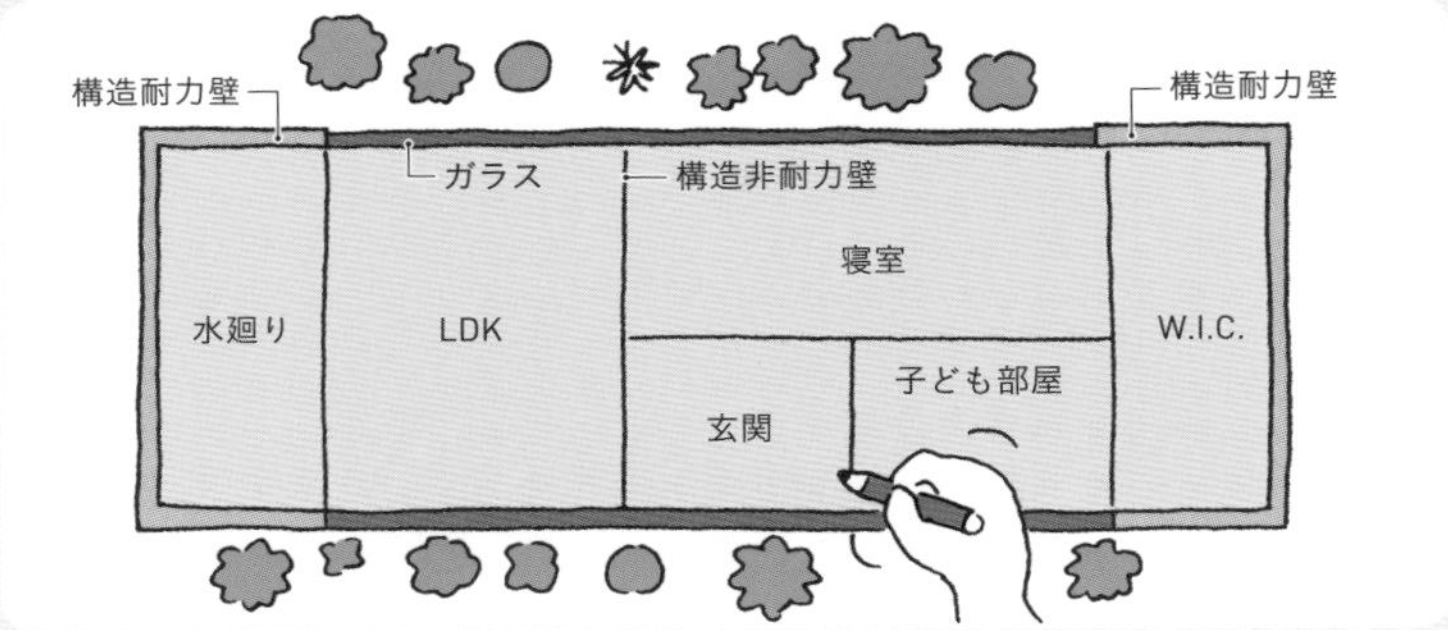

POINT **共通の注意点**

構造検討の結果、荷重・変形の偏りを解消するために追加で構造耐力壁が発生することもあります

お悩み

耐震性能

『平屋ならば耐震等級3にするべき？』

2階建てと比べて地震に強い平屋は、必要壁量も少なくて済み、設計の自由度も高いのが魅力。とはいえ、安全を確実に担保するための知識はもちろん欠かせません。

2階建てで耐震等級3にすると、建物外周部の大部分が構造耐力壁になりがちですが、平屋なら壁一面の全開口も実現できます。また、安価に耐震等級2から3への壁量増加も可能です。

震災リスクの高まりを受けて、地震保険料率は2021年1月に全国平均で5.1％値上げされましたが、耐震等級ごとに割引があり、耐震等級3なら半額に。これからは平屋も、耐震等級3を確保するべきと言えるでしょう。

POINT

平屋は壁量が少なくて済む

地震力に対する必要壁量を比べると、平屋で必要な壁量は、2階建ての1階部分の半分以下。平屋は構造の自由度がとても高いのです

地震力に対する必要壁量（令46条4項表2）

建物	床面積に乗ずる数値（㎝／㎡）	
軽い屋根	11	15 29
重い屋根	15	21 33

注：特定行政庁が指定する軟弱地盤区域の場合は1.5倍にする

POINT

等級3は地震保険料が半額

地震による損害補償は、地震保険への加入が必要。地震保険料は、耐震等級別に割引があります。適用条件は、地震保険窓口で確認してください

	耐震等級1	耐震等級2	耐震等級3
地震力	1倍	1.25倍	1.5倍
地震保険割引率	10%	30%	50%

POINT

＋5万円で耐震等級3も可能

平屋は、既存の構造耐力壁の一部に、筋かいの増設、耐力面材の釘ピッチを細かくするなどの工夫をすれば、耐震等級2から耐震等級3にアップできます

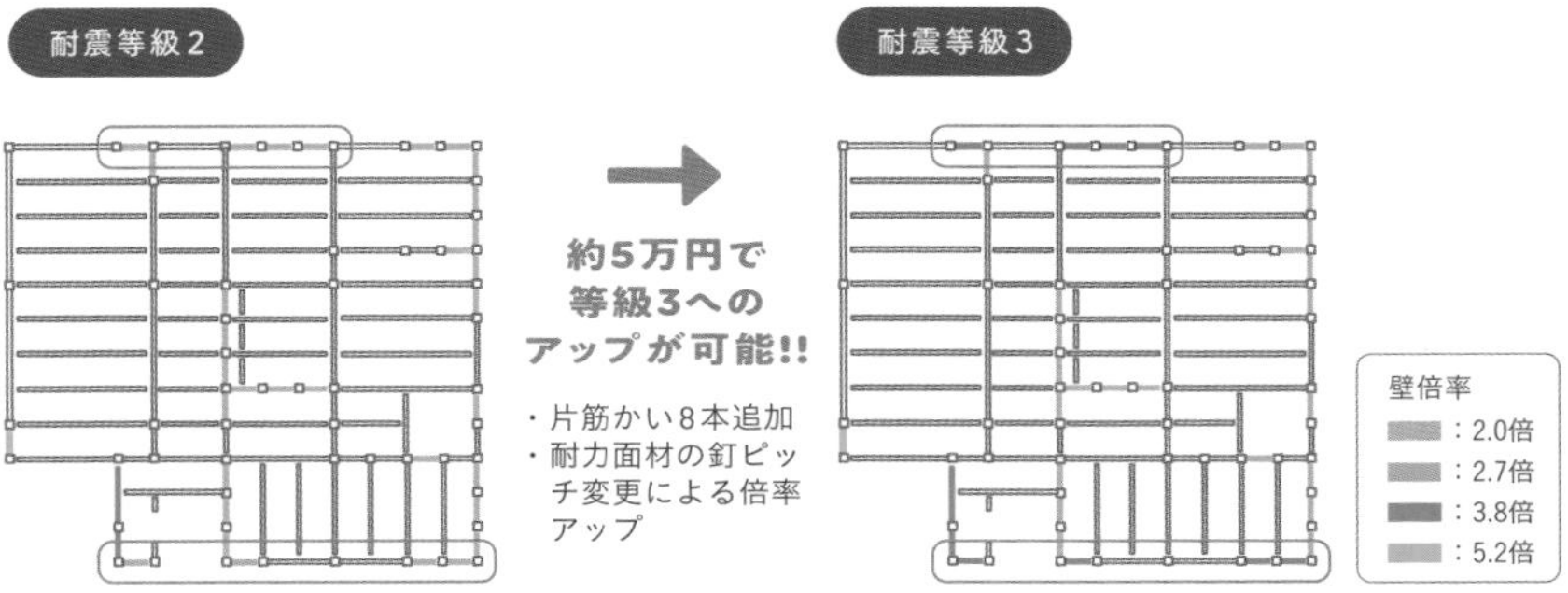
耐震等級2
耐震等級3
約5万円で
等級3への
アップが可能!!
・片筋かい8本追加
・耐力面材の釘ピッチ変更による倍率アップ
壁倍率
：2.0倍
：2.7倍
：3.8倍
：5.2倍

耐震等級3でも建物の外周は開放的につくる

平屋にすれば、耐震等級3でも大きな開口部や開放感に満ちた空間が得られます。この平屋では建物中央にコアを設け、外周部にバランスよく耐力壁を配置することで、南側に配したＬＤＫの大開口を実現しました。

建物の中央部分は、防音壁で覆われたオーディールーム。この部屋を囲むように廊下を配し、効率のよい回遊動線に

N
1,820
2,730
1,820
1,820
2,730
1,820
910
1,820
1,820
2,730
910
2,730
1,820
物干し場
寝室
CL
洗
洗面
脱衣室
浴室
防音壁：GW充填
子ども部屋
1,500
パントリー
オーディオルーム
収納
レコードラック
駐輪場
K
冷
カウンター
1,600
畳スペース
玄関
750
ポーチ
CL
LD
170
軒先
上部下り天井
デッキ
3,640
3,640
910
：サッシ範囲
：構造耐力壁

平面図［S＝1：200］

LDKは敷地周囲の自然環境を楽しめるよう、3方向に高さ2,400㎜、合計長さ12,740㎜のアルミ樹脂複合断熱サッシを採用

広々としたLDK。軒が掛かるウッドデッキを建物周囲に回し、庭との結びつきが強いセカンドリビングとして活用できるプランに

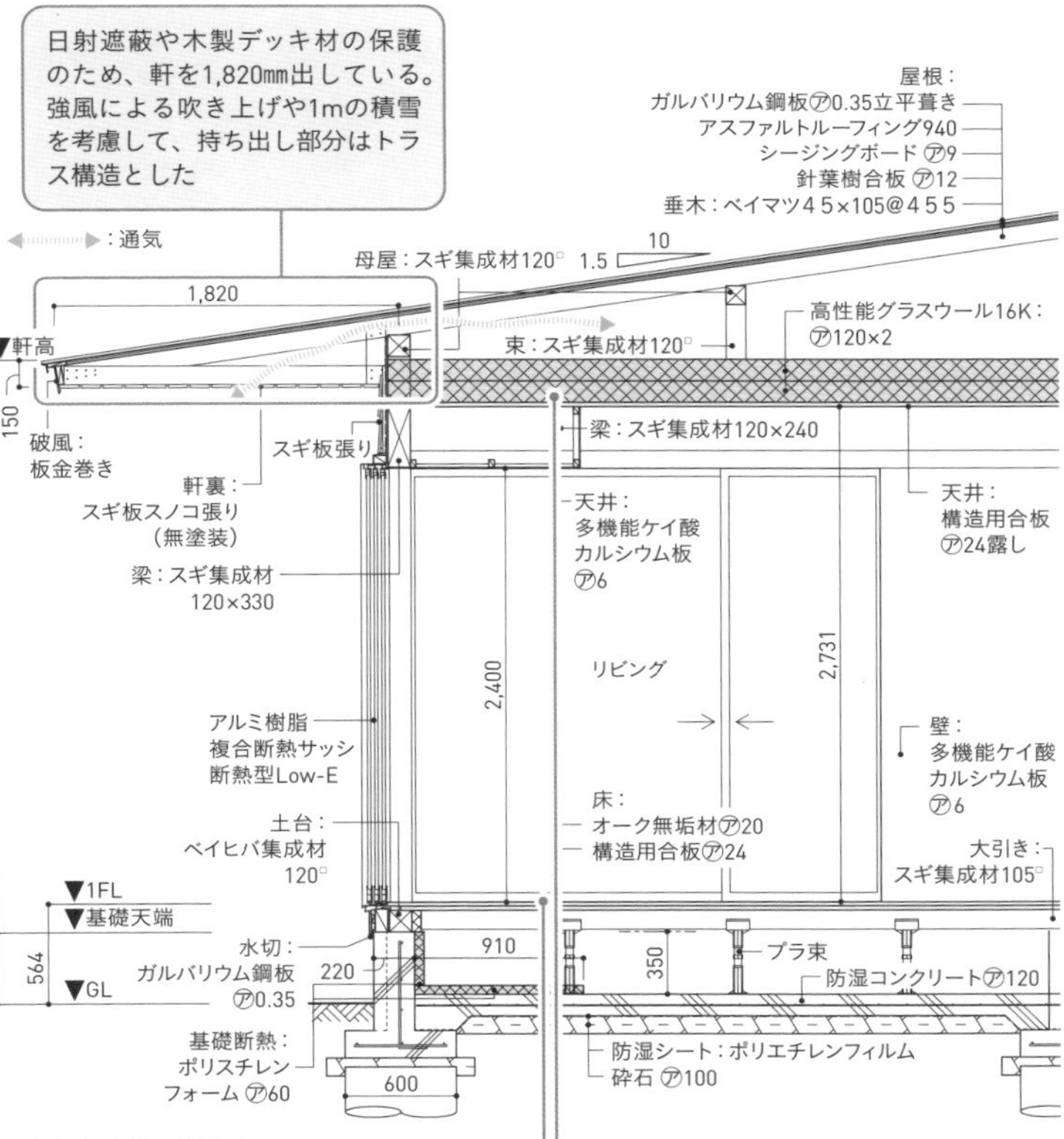
日射遮蔽や木製デッキ材の保護のため、軒を1,820㎜出している。強風による吹き上げや1mの積雪を考慮して、持ち出し部分はトラス構造とした
：通気
屋根：
ガルバリウム鋼板㋐0.35立平葺き
アスファルトルーフィング940
シージングボード ㋐9
針葉樹合板 ㋐12
垂木：ベイマツ45×105@455
母屋：スギ集成材120□
1.5
10
1,820
▼軒高
束：スギ集成材120□
高性能グラスウール16K：
㋐120×2
150
破風：
板金巻き
スギ板張り
梁：スギ集成材120×240
軒裏：
スギ板スノコ張り
（無塗装）
梁：スギ集成材
120×330
天井：
多機能ケイ酸
カルシウム板
㋐6
天井：
構造用合板
㋐24露し
3,164
2,400
リビング
2,731
アルミ樹脂
複合断熱サッシ
断熱型Low-E
壁：
多機能ケイ酸
カルシウム板
㋐6
床：
オーク無垢材㋐20
構造用合板㋐24
土台：
ベイヒバ集成材
120□
大引き：
スギ集成材105□
▼1FL
▼基礎天端
水切：
ガルバリウム鋼板
㋐0.35
400
564
▼GL
220
910
350
プラ束
防湿コンクリート㋐120
基礎断熱：
ポリスチレン
フォーム ㋐60
600
防湿シート：ポリエチレンフィルム
砕石 ㋐100

矩計図 [S＝1：60]

構造用合板24㎜厚を、天井と床下地に使用。天井は構造用合板露しで、この部分が水平構面となっている

- 「新発田の平屋」所在地：新潟県
- 敷地面積：1,474.00㎡　延床面積：121.73㎡
- 天井高：2,400~2,731㎜
- 設計：サトウ工務店
- 写真：山岡昌

お悩み

温熱環境

『夏涼しく冬暖かい平屋にするには？』

地面との距離が近い平屋の真価は、庭の植栽や光・風などの外部環境を、上手に屋内に取り入れることで発揮されます。ですが、同じ床面積で比較した場合、平屋は2階建てよりも外壁面積や屋根面積が増えるため、熱損失が多くなるのが難点。2階建てに比べて暖気が上昇しやすく水平方向に移動しにくいことも、その理由のひとつです。

平屋では、外皮の断熱性能や開口部の気密性能をしっかりと確保して温熱環境を整えたいもの。また、屋内の気積をコンパクトにして熱損失や暖冷房の気積を減らす、扉を設けずワンルームにする、暖房に床下空間を利用するなどの工夫も必要です。

POINT

天井高を低めに抑える

天井高を 2,200 ㎜程度に低くして気積を小さくすれば、換気や暖冷房のエネルギー消費量が低減され、省エネで快適な室温が維持できます

POINT

回遊式ワンルームにする

個別暖冷房は、温熱環境が不均質になりがち。回遊式ワンルームなら、暖冷気が循環して温熱環境が均質になり、ヒートショックも防げます

POINT

床下空間を暖房のチャンバー[※]にする

暖房は暖気の受け渡しが下から上方向となりやすいので、床面を温めれば、効率よく快適な温熱環境になります。しかし平屋は1階の床面積が大きいため、基礎自体を温める蓄熱暖房だと電気代が高額に。断熱した床下空間をエアコンで温めれば、安価に効率よく室内の温度を上げられます

※　空気の混合を目的に、空気を流すダクトの途中に設ける箱状の設備のこと

建具の高さは天井までしっかりと

廊下からキッチンを介してダイニングを見た様子。開口部はアルゴンガス入りのトリプルガラス。断熱性と質感のよさから木製サッシを使用しました

天井までの高さの障子で仕切られた玄関土間とダイニング。全開すれば、玄関土間の薪ストーブの暖気がダイニング側に流れ込み、温熱環境が均一になります

仕事場を除いて、冷房設備は、約60㎡をキッチンの壁掛けエアコン1台で賄っている。仕事場は放射冷暖房パネルを使用

暖房設備は、玄関土間の薪ストーブとヒートポンプ式温水暖房を採用。温水は、玄関土間床の配管と壁据え付け型の温水式放射パネルに流す

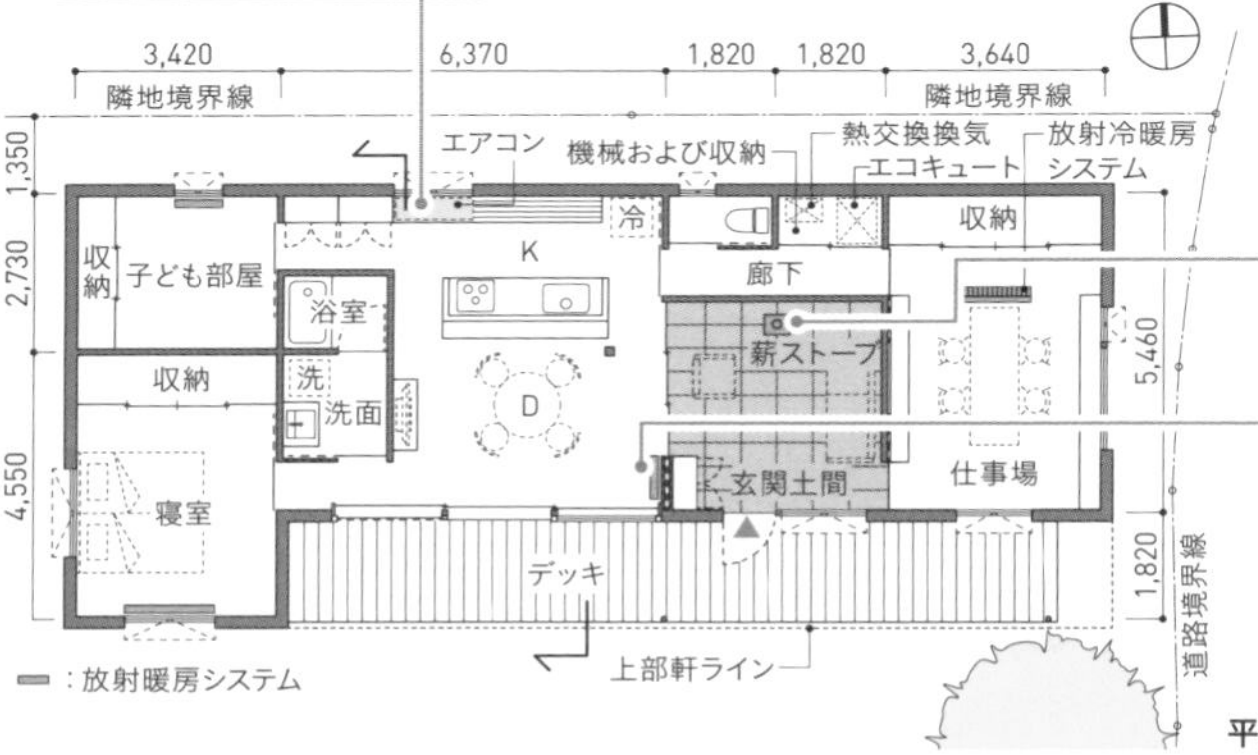

省エネ基準が3地域区分の盛岡市に建てられたこの住宅。オール電化だが、厳冬期でも電気料金が月額約3万円である

平面図［S＝1：250］

夏期の日射を遮り、冬期の日射が得られるように、南側の開口部上部の軒の出寸法をその地域の日射角度に合わせて調整を

Q値が1W／㎡K未満になると、室内の寒さ・暑さが気にならない場合が多いので、断熱はその性能を目指しましょう。また、既製品のサッシ高に合わせて天井高を2200㎜にすれば気積が小さくなるので、エネルギーの損失が抑えられます。さらに、内部建具は垂壁をなくせば、空気溜まりができず、家全体に流れて均質な温熱環境をつくりやすくなります。

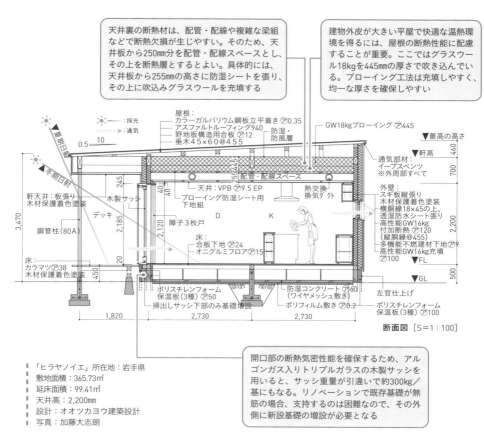

階高を抑え、横にスーッと伸びるプロポーションは平屋ならではの美しさ

天井裏の断熱材は、配管・配線や複雑な梁組などで断熱欠損が生じやすい。そのため、天井板から250mm分を配管・配線スペースとし、その上を断熱層とするとよい。具体的には、天井板から255mmの高さに防湿シートを張り、その上に吹込みグラスウールを充填する

建物外皮が大きい平屋で快適な温熱環境を得るには、屋根の断熱性能に配慮することが重要。ここではグラスウール18kgを445mmの厚さで吹き込んでいる。ブローイング工法は充填しやすく、均一な厚さを確保しやすい

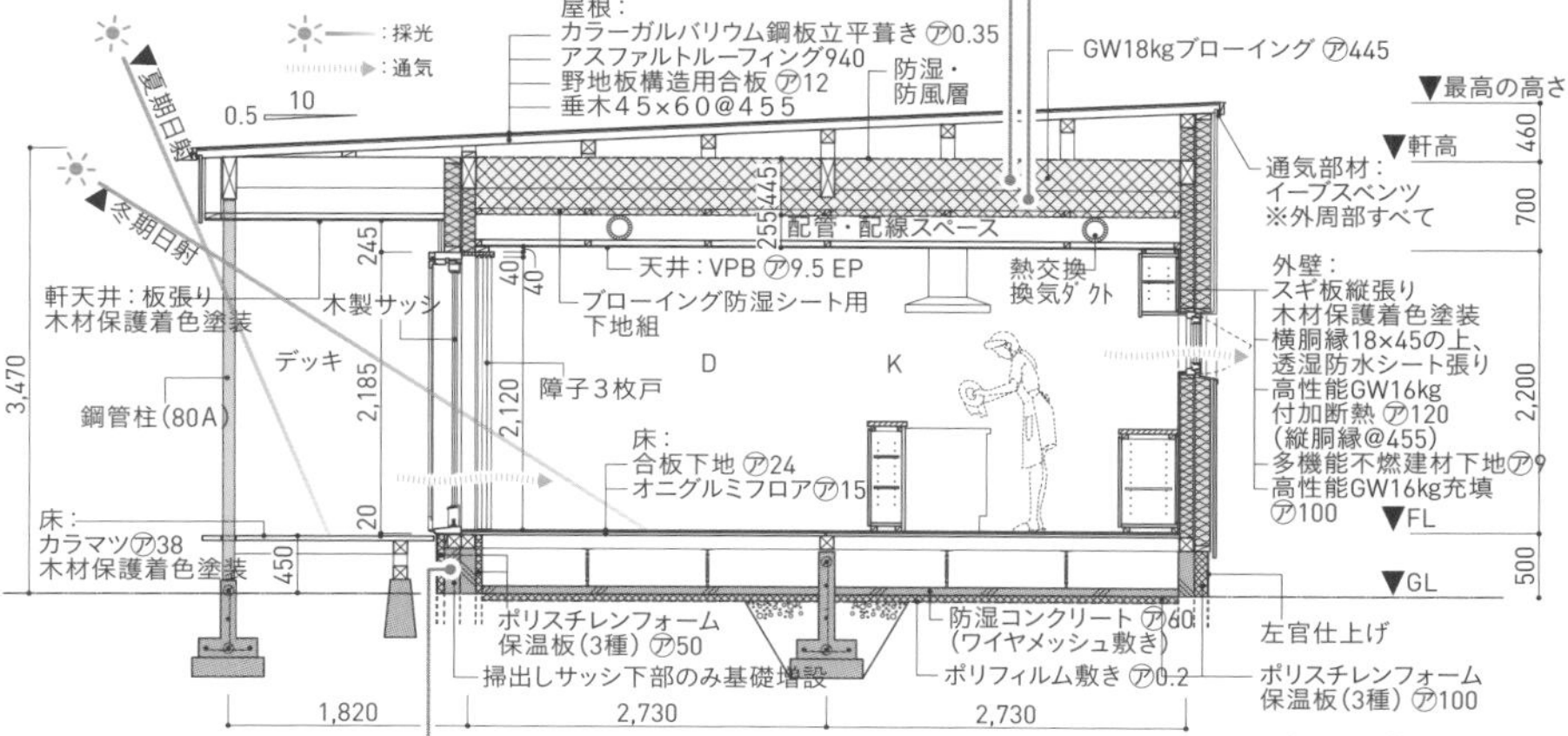

:採光
:通気
夏期日射
冬期日射
0.5
10
屋根:
カラーガルバリウム鋼板立平葺き ㋐0.35
アスファルトルーフィング940
野地板構造用合板 ㋐12
垂木45×60@455
防湿・
防風層
GW18kgブローイング ㋐445
▼最高の高さ
▼軒高
通気部材:
イーブスベンツ
※外周部すべて
445
255
配管・配線スペース
245
40
40
天井:VPB ㋐9.5 EP
ブローイング防湿シート用
下地組
熱交換
換気ダクト
軒天井:板張り
木材保護着色塗装
木製サッシ
デッキ
3,470
鋼管柱(80A)
2,185
2,120
障子3枚戸
D
K
床:
合板下地 ㋐24
オニグルミフロア㋐15
外壁:
スギ板縦張り
木材保護着色塗装
横胴縁18×45の上、
透湿防水シート張り
高性能GW16kg
付加断熱 ㋐120
(縦胴縁@455)
多機能不燃建材下地㋐9
高性能GW16kg充填
㋐100
460
700
2,200
500
▼FL
▼GL
20
床:
カラマツ㋐38
木材保護着色塗装
450
ポリスチレンフォーム
保温板(3種) ㋐50
掃出しサッシ下部のみ基礎増設
防湿コンクリート ㋐60
(ワイヤメッシュ敷き)
ポリフィルム敷き ㋐0.2
左官仕上げ
ポリスチレンフォーム
保温板(3種) ㋐100
1,820
2,730
2,730

断面図 [S=1:100]

開口部の断熱気密性能を確保するため、アルゴンガス入りトリプルガラスの木製サッシを用いると、サッシ重量が引違いで約300kg/基にもなる。リノベーションで既存基礎が無筋の場合、支持するのは困難なので、その外側に新設基礎の増設が必要となる

- 「ヒラヤノイエ」所在地:岩手県
- 敷地面積:365.73㎡
- 延床面積:99.41㎡
- 天井高:2,200mm
- 設計:オオツカヨウ建築設計
- 写真:加藤大志朗

仕切らず全体を温める

夫婦2人暮らしということもあり、バリアフリーかつ小さなワンルームの平屋に。諸室を扉で仕切らないため、空間が広く感じられることや暖房効率のよさもメリットです。分散配置した温水式放射パネルが、建物全体の温度にムラをつくらず穏やかに温めます。

寝室から南方向を見る。回遊動線をつくる斜めの壁は、構造上の耐力壁や壁据え付け型の温水式放射パネル、本棚などの諸機能を兼ねた優れもの

「家の中に寒い場所をつくらない」ことは、北海道では標準的な考え方。そのため、トイレや洗面室にも暖房設備を設置。ここでは断熱・気密性能をしっかり確保し、太陽光の活用や熱源をバランスよく分散配置することで、建物全体が適度な温かさとなるように計画している

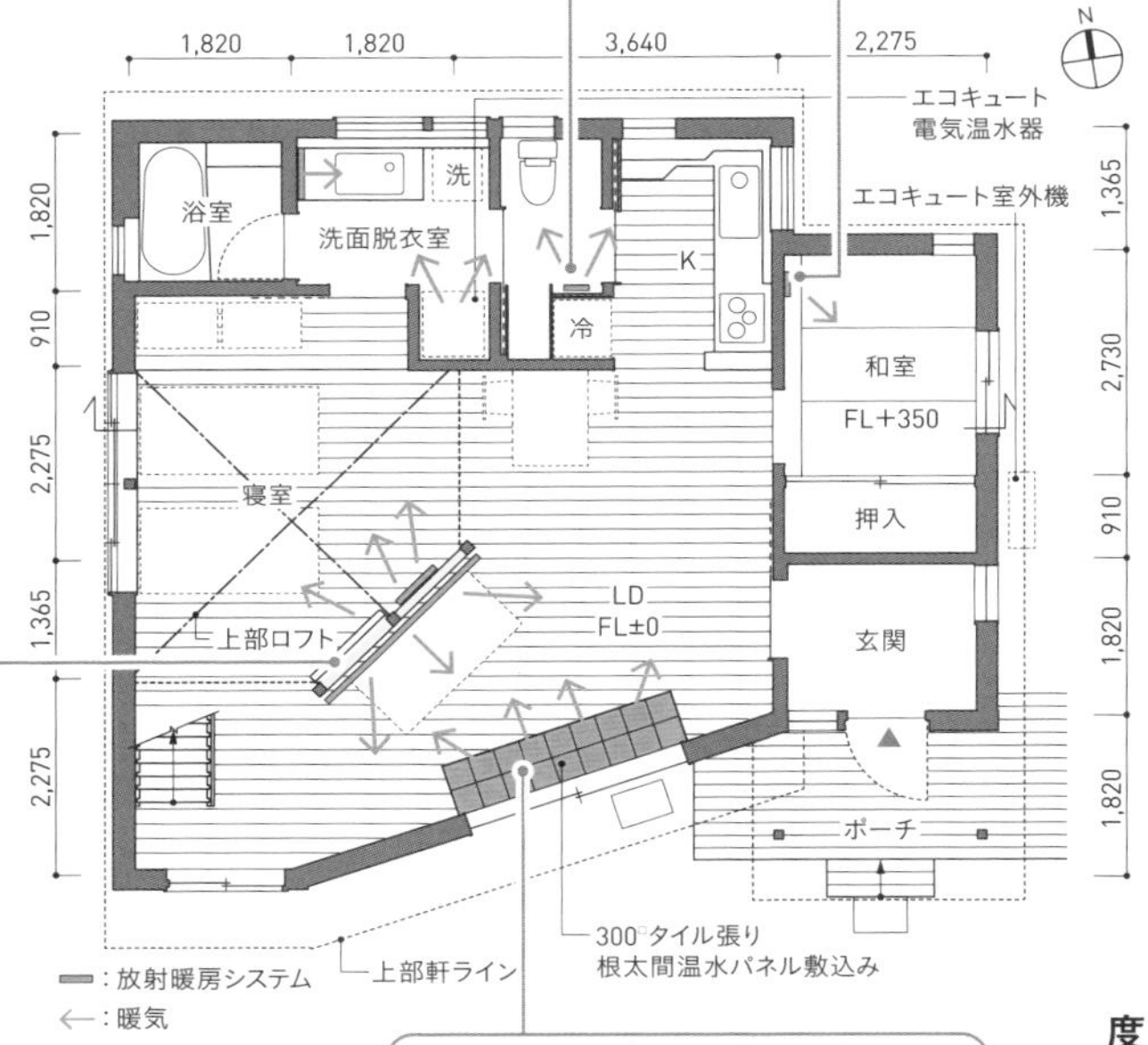

1,820
1,820
3,640
2,275
N
エコキュート電気温水器
エコキュート室外機
浴室
洗面脱衣室
洗
K
冷
和室
FL＋350
寝室
押入
LD
FL±0
上部ロフト
玄関
ポーチ
300□タイル張り
根太間温水パネル敷込み
上部軒ライン
910
2,275
1,365
2,730
：放射暖房システム
：暖気

平面図［S＝1：150］

高さ3,630㎜の開口部を南側に設置。Low-Eガラスと樹脂サッシの仕様だが、わずかなコールドドラフト［※］が予想されたため、その開口部廻りのみ温水床暖房パネル下地のタイル敷きとした

ダイニングからリビング越しに南面の大開口を見た様子。開口部上部に軒が張り出しているので、夏期の日射を適度にカットします。冬期は部屋の奥まで採光が届き、一年を通して穏やかな温熱環境が保たれます

ワンルームを間仕切る斜めの壁。壁面だけではなくサッシ横の床にも温水式放射パネルが埋め込まれています。ガラス面からの冷気を取りのぞくことで、過度に室温を上げずに快適性を保っています

ダイニングと和室の天井高の差を利用して、高窓を設置。朝の光がダイニングに差し込む

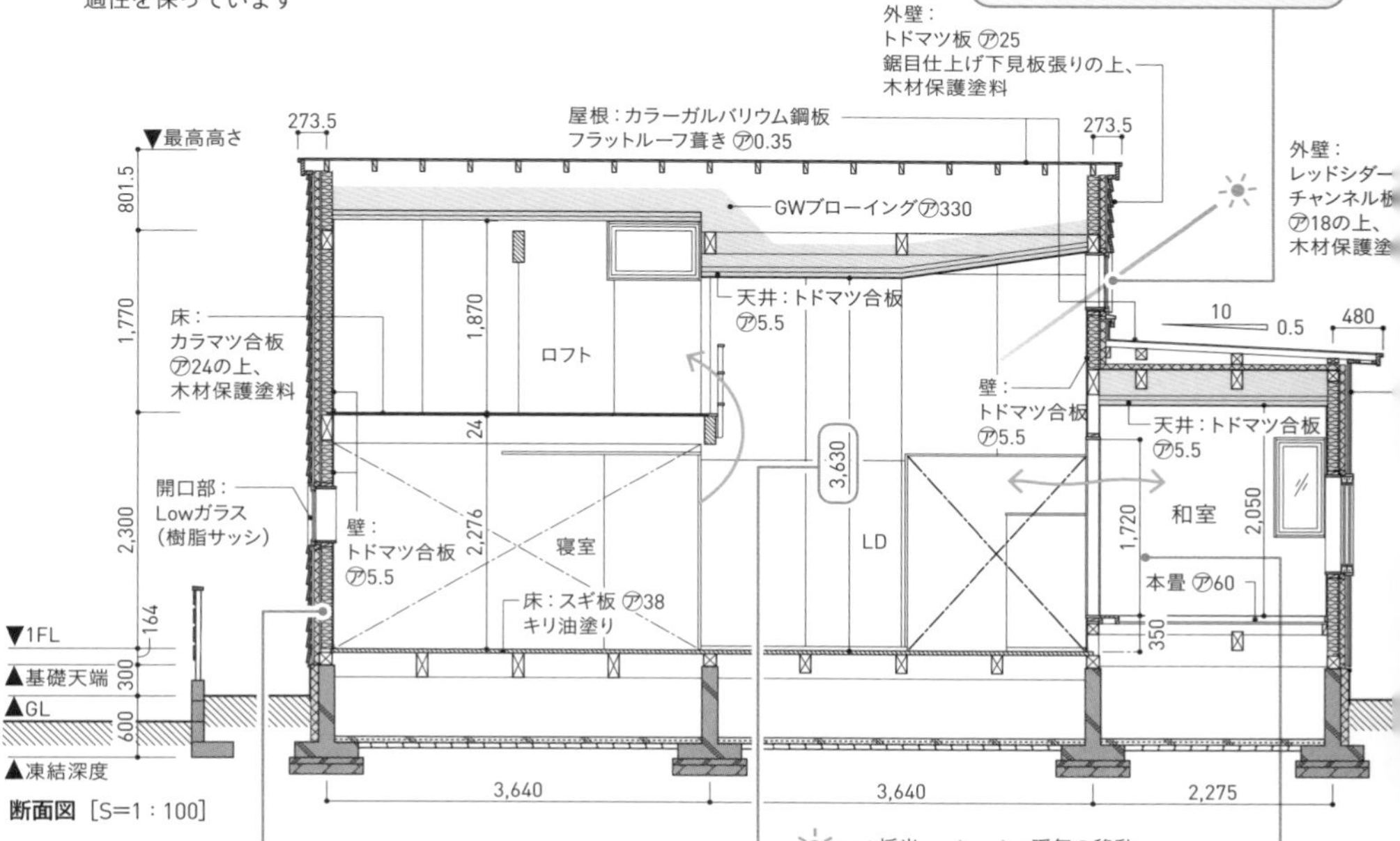

外壁：
トドマツ板 ㋐25
鋸目仕上げ下見板張りの上、
木材保護塗料
▼最高高さ
273.5
屋根：カラーガルバリウム鋼板
フラットルーフ葺き ㋐0.35
273.5
外壁：
レッドシダー
チャンネル板
㋐18の上、
木材保護塗
801.5
GWブローイング㋐330
1,770
床：
カラマツ合板
㋐24の上、
木材保護塗料
1,870
ロフト
天井：トドマツ合板
㋐5.5
10
0.5
480
壁：
トドマツ合板
㋐5.5
24
天井：トドマツ合板
㋐5.5
3,630
開口部：
Lowガラス
（樹脂サッシ）
2,300
壁：
トドマツ合板
㋐5.5
2,276
寝室
LD
1,720
和室
2,050
本畳 ㋐60
床：スギ板 ㋐38
キリ油塗り
164
▼1FL
▲基礎天端
300
350
▲GL
600
▲凍結深度
3,640
3,640
2,275
：採光
：暖気の移動

断面図［S=1：100］

壁の付加断熱は、高性能グラスウール24kgを充填のうえ、グラスウールボード50㎜厚を張付け。また、天井にはグラスウール330㎜厚を吹き込んでいる

1.5層分の高さのリビング・ダイニングは、壁据え付け型の温水式放射パネルを用いて、人の居る範囲を効果的に温めている。天井が高いと、エアコンを使った場合の暖気が上部に溜まりやすいので、温水式放射パネルなどは有効

和室は、350㎜の小上りと高さ1,720㎜の3方枠で、「離れ」のように見せている。和室にも小型の温水式放射パネルを設置。厳寒期以外は触れても熱くない程度の水温での運転で十分

「かみのっぽろの家」所在地：北海道
敷地面積：238.52㎡　延床面積：84.01㎡　天井高：1,330〜3,630㎜
設計：及川敦子建築設計室
写真：及川敦子建築設計室

※　冬期の夜間など外気温が低いときに、窓ガラスの室内側が冷たくなり、ガラス付近の空気が冷やされて生じる下降気流のこと

床下空間を有効活用する

平屋の場合、基礎立上り部分の床下空間をチャンバー（箱状の装置）として利用すれば、建物全体を効率よく温めることができます。チャンバーとして機能させるには、床下空間の気密性能がとても重要。基礎断熱と土台下の気密パッキンにも吹付け断熱が必要になります。

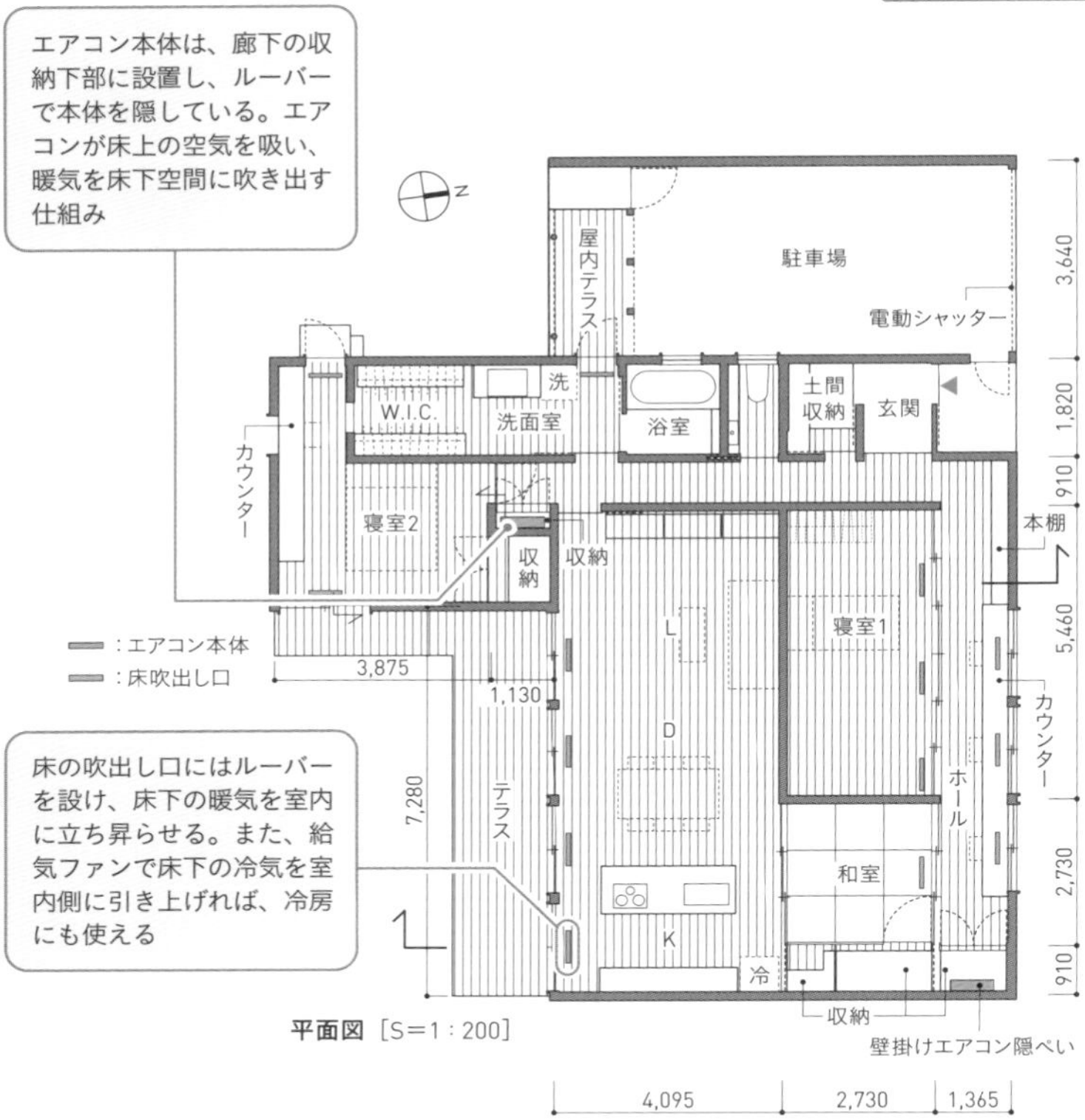
エアコン本体は、廊下の収納下部に設置し、ルーバーで本体を隠している。エアコンが床上の空気を吸い、暖気を床下空間に吹き出す仕組み
床の吹出し口にはルーバーを設け、床下の暖気を室内に立ち昇らせる。また、給気ファンで床下の冷気を室内側に引き上げれば、冷房にも使える
N
屋内テラス
駐車場
電動シャッター
洗
W.I.C.
洗面室
浴室
土間収納
玄関
カウンター
寝室2
収納
収納
本棚
L
寝室1
D
カウンター
ホール
テラス
和室
K
冷
収納
壁掛けエアコン隠ぺい
：エアコン本体
：床吹出し口
3,875
1,130
7,280
3,640
1,820
910
5,460
2,730
910
4,095
2,730
1,365

平面図［S＝1：200］

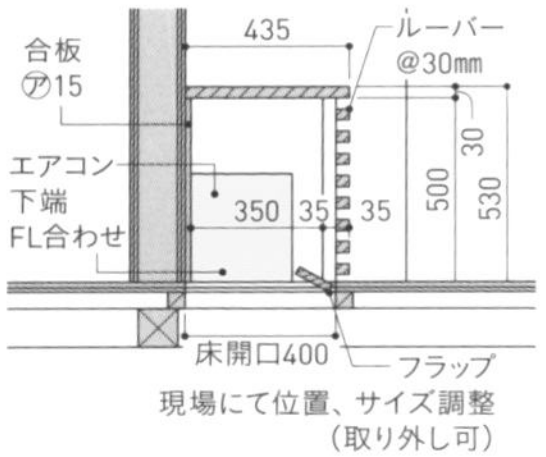
435
ルーバー
@30㎜
合板
㋐15
エアコン
下端
FL合わせ
350
35
35
500
30
530
床開口400
フラップ
現場にて位置、サイズ調整
（取り外し可）

床エアコン納まり断面詳細図
［S＝1：40］

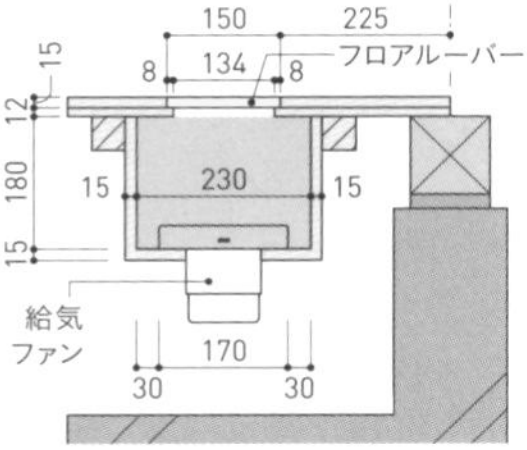
150
225
15
8
134
8
フロアルーバー
12
180
15
230
15
15
給気
ファン
170
30
30

床吹出し口納まり断面詳細図
［S＝1：20］

外観夕景。開口部上部に軒を出しているので、夏場の日射カット効果もあります

自然光溢れるリビング。開口部の足元にある、床吹出し口から出た暖気が、そのまま天井に上がってしまわないように、開口部天端の高さで下り天井を設けています

夏期は室内の熱気を重力換気で排出する。この家ではロフトの天窓を利用し、1階の暖気を天窓から排気している。寝室1では天井の一部を開閉式にして、1階からロフト上の天窓への通風経路を確保。写真左は閉じた状態、写真右は開けた状態

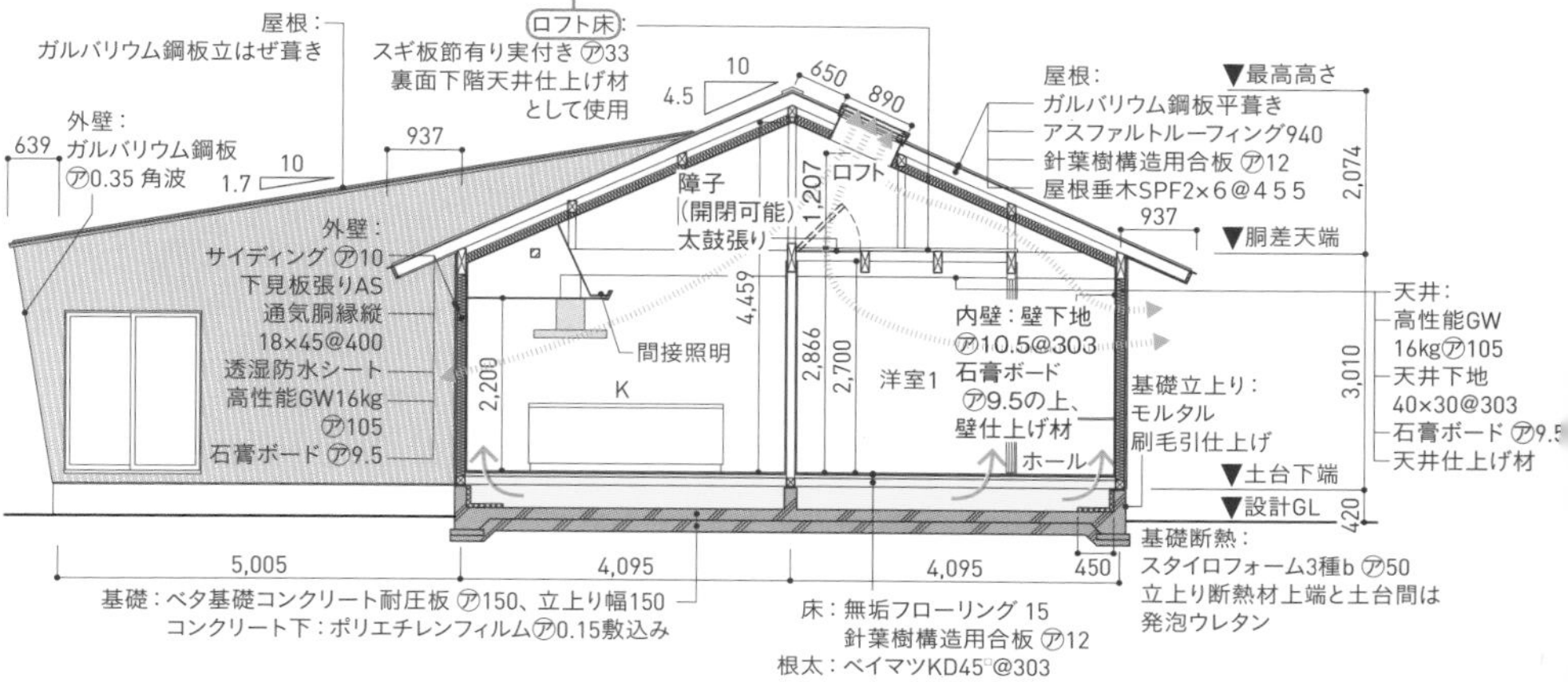

屋根：
ガルバリウム鋼板立はぜ葺き
ロフト床：
スギ板節有り実付き ㋐33
裏面下階天井仕上げ材
として使用
外壁：
ガルバリウム鋼板
㋐0.35 角波
639
937
1.7
10
4.5
10
650
890
外壁：
サイディング ㋐10
下見板張りAS
通気胴縁縦
18×45@400
透湿防水シート
高性能GW16kg
㋐105
石膏ボード ㋐9.5
障子
(開閉可能)
太鼓張り
ロフト
1,207
4,459
2,200
間接照明
K
2,866
2,700
洋室1
屋根：
ガルバリウム鋼板平葺き
アスファルトルーフィング940
針葉樹構造用合板 ㋐12
屋根垂木SPF2×6@455
▼最高高さ
2,074
937
▼胴差天端
内壁：壁下地
㋐10.5@303
石膏ボード
㋐9.5の上、
壁仕上げ材
ホール
基礎立上り：
モルタル
刷毛引仕上げ
天井：
高性能GW
16kg㋐105
天井下地
40×30@303
石膏ボード ㋐9.5
天井仕上げ材
3,010
▼土台下端
▼設計GL
420
5,005
4,095
4,095
450
基礎：ベタ基礎コンクリート耐圧板 ㋐150、立上り幅150
コンクリート下：ポリエチレンフィルム㋐0.15敷込み
床：無垢フローリング 15
針葉樹構造用合板 ㋐12
根太：ベイマツKD45□@303
基礎断熱：
スタイロフォーム3種b ㋐50
立上り断熱材上端と土台間は
発泡ウレタン

「skat」所在地：栃木県　敷地面積：327.06㎡
延床面積：122.14㎡　天井高：2,200〜4,459㎜
設計：ポーラスターデザイン　施工：イケダ工務店
写真：富野博則

→：床吹き出し口からの吹出し
▶：通風
AS：アクリルシリコン樹脂エナメル塗り

断面図［S＝1：150］

お悩み

外観

『ファサードを美しくデザインするには？』

水平方向にスーッと伸びる外観のラインは、平屋の魅力のひとつ。基本的には、階高と軒高をなるべく低く抑え、横に長く伸びるプロポーションにすると美しく見えます。

低くした軒先の先端はなるべく薄く見せると、洗練された印象に。平屋の軒先は側を歩く人の目線に近いので、軒の水平ラインが美しく見えるよう、ディテールまで意識して設けたいものです。

片流れ屋根の場合、道路に面した側を水下にすれば、家の顔になるファサードの高さが抑えられ、控えめかつ上品な印象に。建物全体のボリュームを感じさせず、街並みになじみやすい住宅になります。

［八島正年・八島夕子］

POINT

屋根先端を薄く見せる

軒を深く出すことが多い平屋ですが、強度を得るために厚くすると野暮ったく見えがち。鼻隠しを下げるなどの工夫で、屋根を軽やかに見せましょう

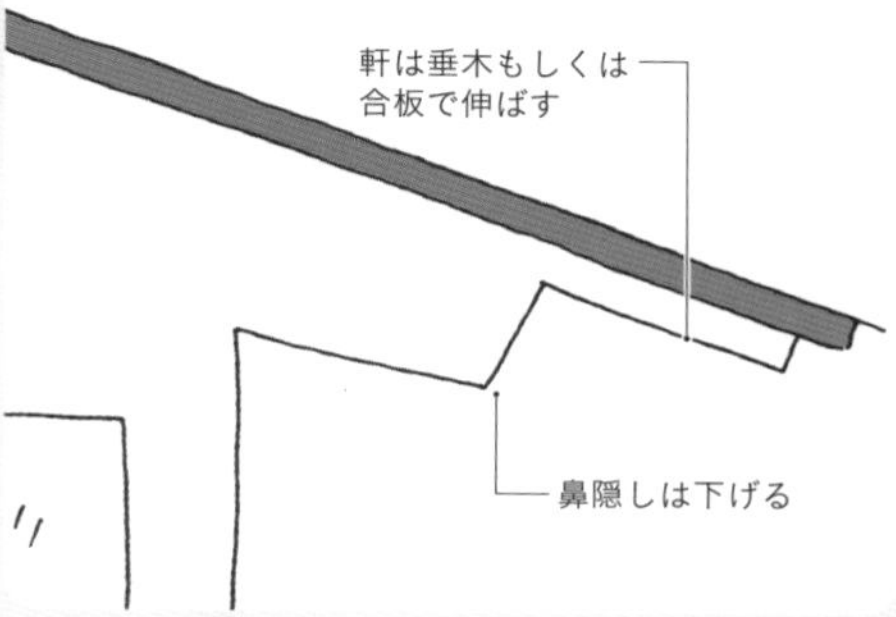
軒は垂木もしくは
合板で伸ばす
鼻隠しは下げる

POINT

ファサードの高さを抑える

複数階建てに比べ、平屋は平面的なボリュームが大きくなります。街並みに圧迫感を与えないよう、ファサードの高さを抑え小づくりに見せるのがおすすめ

高
低
道路

POINT

水平ラインを強調しつつ、足下を浮かせる

周囲に複数階建ての家が多いと、街並みの中で平屋が沈んで見えてしまうこともままあります。その場合は、基礎を高基礎にして道路面より1mほど高さを上げて建てるのがおすすめ。床下部分の通気が取れて湿気対策にもなるうえ、塀がなくても道路からの視線をある程度防げます

足下を浮かせる

高基礎と軒で水平ラインを強調

周辺の住宅が塀をほとんど立てていない開放的な街並みの中に平屋を建てる場合、街の雰囲気になじませつつ、プライバシーをいかに確保するかがポイントになります。ここでは基礎を高基礎にして、道路からの視線をゆるやかにカット。床レベルを上げることで浮遊感が生まれ、屋根と床の両方によって水平ラインがより強調されます。基礎から跳出したコンクリート製のテラスが、水平ラインをより際立たせています。

道路から東面のファサードを見た様子。基礎を東壁面から1,300㎜ほど奥まらせ、南面にテラスを跳出させることで建物が浮かんでいるように見えます。建物廻りは水はけと防犯を考慮して砂利敷きに

屋根形状は東西に流れる片流れ屋根。軒の出とテラス幅は共に1.7m

床レベルをGL＋約1,100㎜に設定。高基礎により、地面に近いことによる湿気や水はけの悪さなどの問題も緩和できる

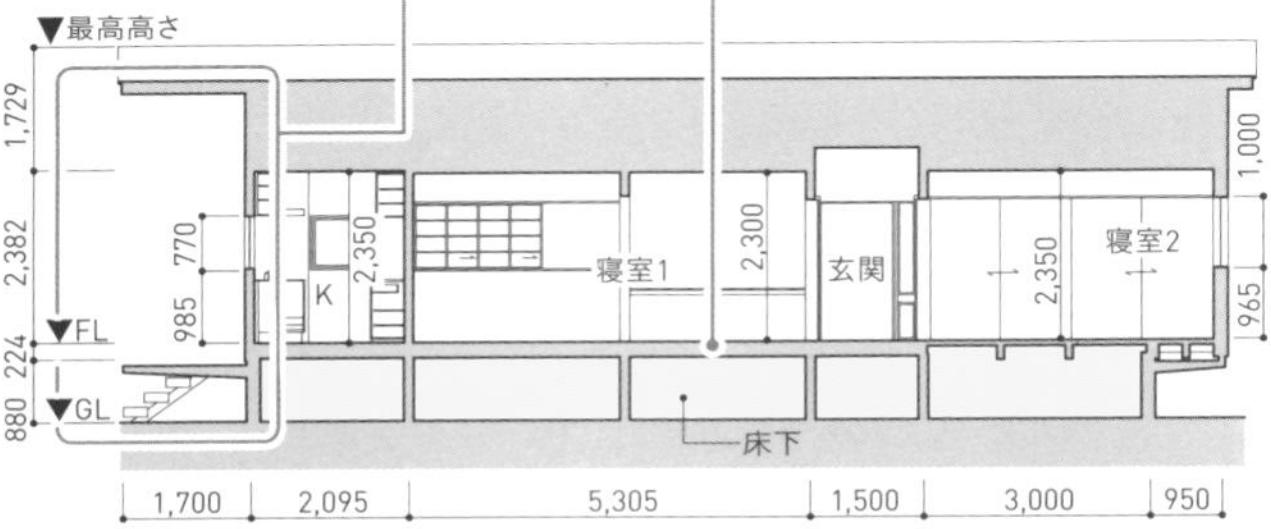

▼最高高さ
1,729
2,382
224
880
▼FL
▼GL
770
985
K
2,350
寝室1
2,300
玄関
2,350
寝室2
1,000
965
床下
1,700
2,095
5,305
1,500
3,000
950

断面図［S=1：200］

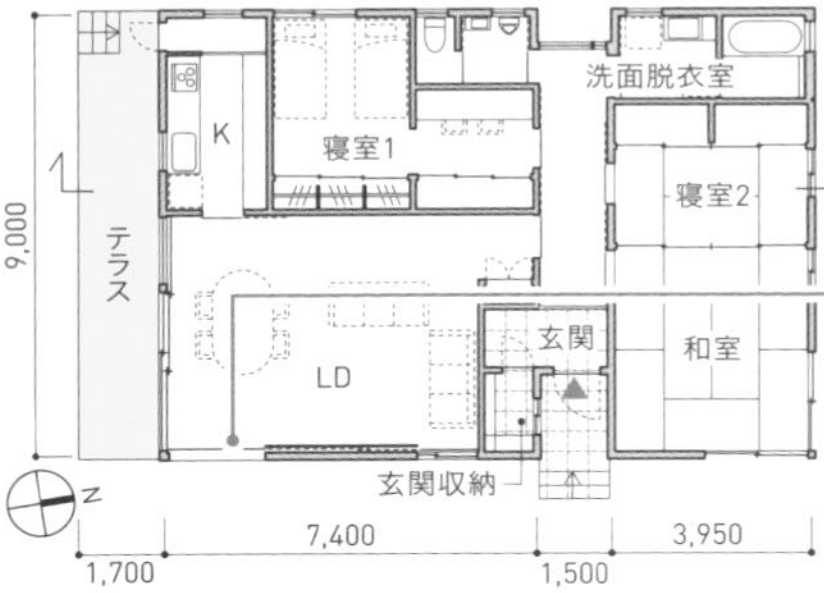

K
寝室1
洗面脱衣室
寝室2
9,000
テラス
LD
玄関
和室
玄関収納
N
7,400
3,950
1,700
1,500

平面図［S=1：300］

リビングの開口部下端はFL±0で、外の景色を最大限取り入れている

「館山の家」所在地：千葉県　敷地面積333.61㎡
延床面積：112.06㎡　天井高：2,200～2,800㎜
設計：八島建築設計事務所
写真：川辺明伸

方形屋根で四方とも美しく見せる

屋根形状を方形にすると、全方位に対してボリュームを抑えられるので、周囲への圧迫感が軽減され、建物が街に溶け込みやすくなります。この事例では約15×15mの敷地の北東角に寄せて約10m角の方形屋根の平屋を配置し、余白部分に3台分の駐車場と庭を設けました。床レベルを前面道路から約1m上げ、軒を深く出してプライバシーを確保しています。

床レベルは前面道路から1mアップ。玄関前には浮かんでいるように見える階段を設けています

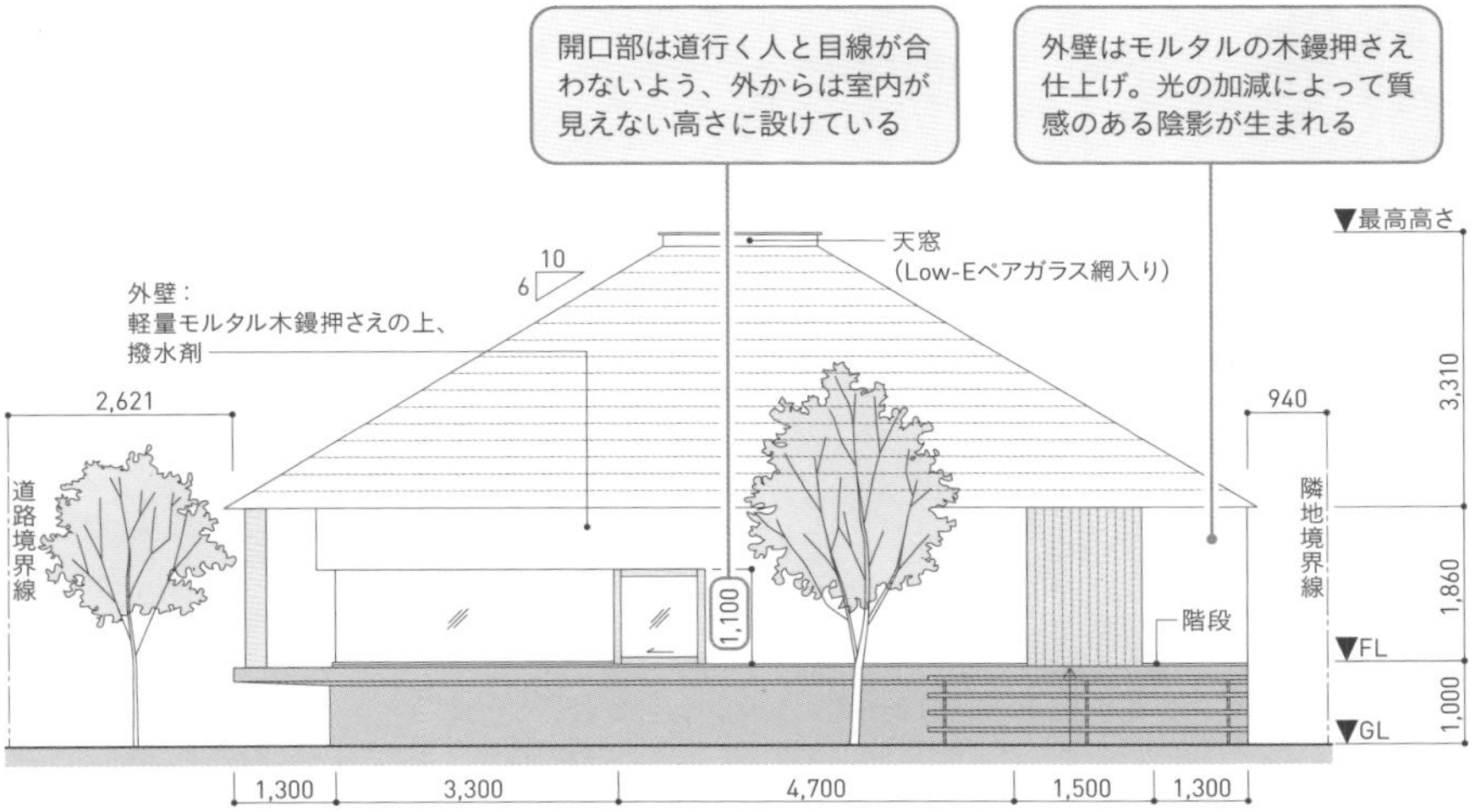
開口部は道行く人と目線が合わないよう、外からは室内が見えない高さに設けている
外壁はモルタルの木鏝押さえ仕上げ。光の加減によって質感のある陰影が生まれる
▼最高高さ
天窓
(Low-Eペアガラス網入り)
10
6
外壁：
軽量モルタル木鏝押さえの上、
撥水剤
2,621
940
3,310
道路境界線
隣地境界線
1,860
1,100
階段
▼FL
1,000
▼GL
1,300
3,300
4,700
1,500
1,300
南側立面図 [S＝1：150]

室内の窓は広めの位置にあるため、外を歩く人の目線も入らずプライバシーを保てます

南面のファサードの様子。南西角に向かって高さ1,100㎜の開口部を設けることで、水平方向の広がりを強調しています。ファサードの軒下は幅約1.3mのテラスで軒が適度に日射を防ぎ、心地よい縁側空間に

「河原の舎」所在地：愛知県　敷地面積：228.13㎡
延床面積：90.25㎡　天井高：2,000～5,280㎜
設計：服部信康建築設計事務所
写真：西川公朗

お悩み

防犯

『プライバシーや防犯にどう配慮する？』

テラスから庭、道路へと、視界や動線が水平に広がるため、「抜けのある広い家」を実現しやすい平屋。その反面、同じ高さの隣地や道路から室内が見えやすく、侵入のおそれがある点をいかに対処するかが課題になります。

建物を完全に囲うとプライバシーは確保できますが、外からは閉ざされて見えるうえ、死角が生じて防犯の面でリスクがアップします。そこで目隠しとして植栽やルーバーなどを用いれば、一定程度外部の視線を通して死角をなくすことができます。

採光や通風のための開口部も、防犯やプライバシーに配慮してサッシの種類や配置を決めましょう。［長澤徹］

POINT

外部の視線を遮りすぎない

塀などで外部の視線を完全に遮断された家は、泥棒などから見ると格好の標的に。外部の視線をほどよく入れ、身を隠せる場所をつくらないようにしましょう

POINT

開口の種類や位置に注意する

空き巣被害は戸締り忘れやガラス破りのケースが多いもの。開口部は侵入できない大きさや位置に設ける、合わせガラスを使用するなどが効果的

POINT

中庭を有効に使う

中庭に面した大開口なら、通風や採光のため開け放しても、外部の視線が気にならず、防犯上の心配も少なくなります

ルーバーでほどよく外部に開く

L字プラン（中庭）の場合の防犯対策として、外庭を囲む外壁の1面をルーバーにする方法があります。この平屋はルーバーを通して外部からの視線がほどよく入るため、泥棒が侵入しにくいプランです。

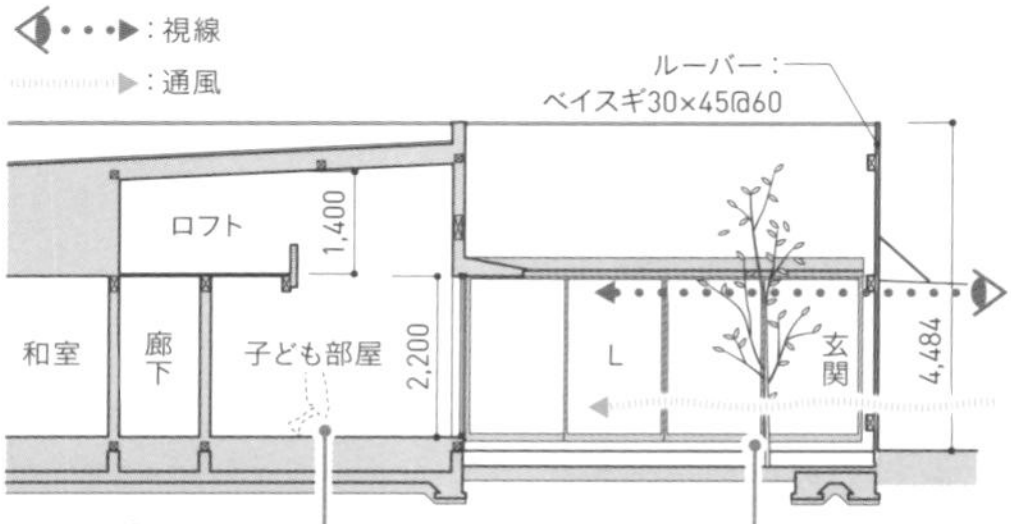

：視線
：通風
ルーバー：
ベイスギ30×45@60
ロフト
1,400
和室
廊下
子ども部屋
2,200
L
玄関
4,484

断面図［S=1：200］

前面道路からは、子ども部屋は見えてもよいが、リビングは見せたくないという住まい手の要望に応じて、ルーバー壁の対面には子ども部屋を配置した

ルーバーからは風も入るため、植栽の成長にもよい影響がある

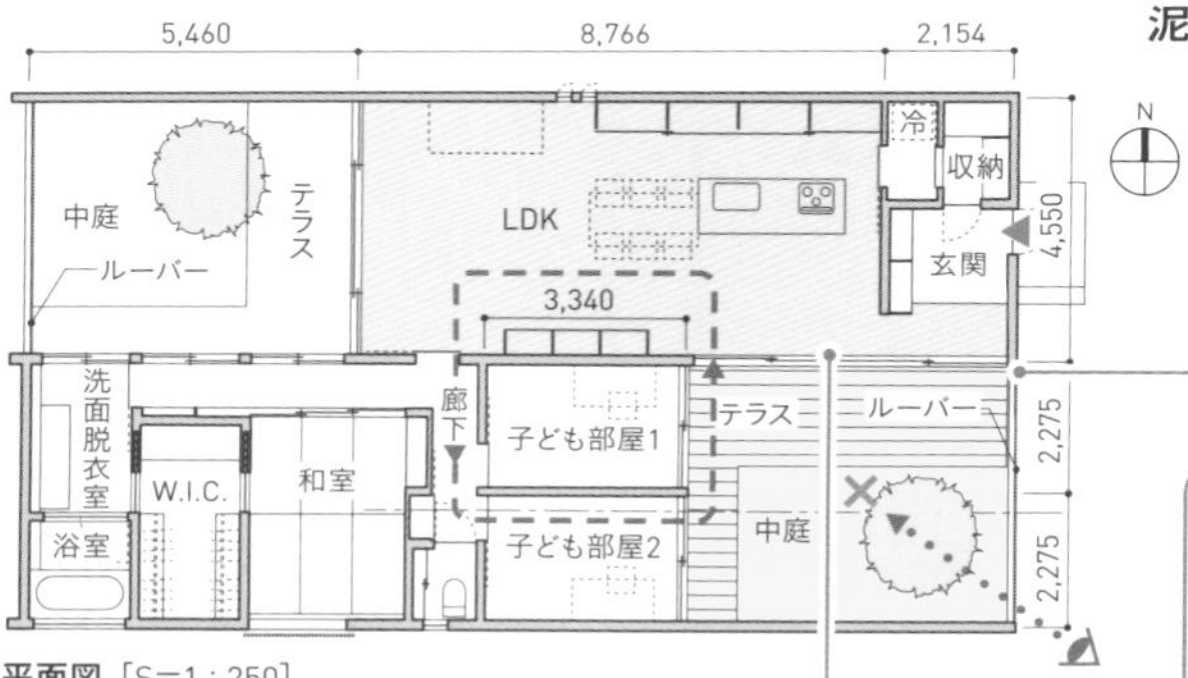

5,460
8,766
2,154
N
中庭
テラス
ルーバー
LDK
冷
収納
玄関
4,550
3,340
洗面脱衣室
W.I.C.
和室
廊下
子ども部屋1
子ども部屋2
テラス
ルーバー
中庭
浴室
2,275
2,275

平面図［S=1：250］

ルーバーを通して外部から内部が透けて見えるため、外からの視線が気になり、中庭に侵入されにくい。なお、外からリビング方向は見えにくいようにルーバーを設置している

LDKや各個室は中庭に面するよう配置し、それぞれ中庭に向かって全面開口とした。また、リビングと子ども部屋の中庭側はテラスでつなぎ、廊下と併せて回遊できるようにした

「sadaltager」所在地：栃木県　敷地面積：258.15㎡
延床面積：99.37㎡（小屋裏：10.36㎡）
天井高：2,200〜3,600㎜
設計：ポーラスターデザイン
施工：イケダ工務店
写真：富野博則

ルーバーを通して内部の光が行灯《あんどん》のように道路も照らすため、地域の防犯性を向上させることにもつながります

カーテンいらずのコートハウス

中心に中庭を設けた口の字形のコートハウス。中庭に面した大開口に加え、各寝室の外周に防犯上有効な窓を設けています。就寝時でも安心して開放できるため、2方向での通気が可能です。

東側外観。前面道路に対して、開口を絞ることでプライバシーに配慮しています

南側リビングの外周の開口部には、合わせガラスの引違い戸を用いた。合わせガラスのほか、ガラスに防犯フィルムを張るのも効果的

各寝室の外周の開口は高所用横辷り窓（サイズは最大で500×1,190㎜、床から900〜1,700㎜の高さに配置）とした。一定の角度までしか開かないため、外から侵入される心配はない

中庭に面する開口から採光や通風を得られる。外部からの視線を気にする必要がないので、カーテンなしでの生活も可能

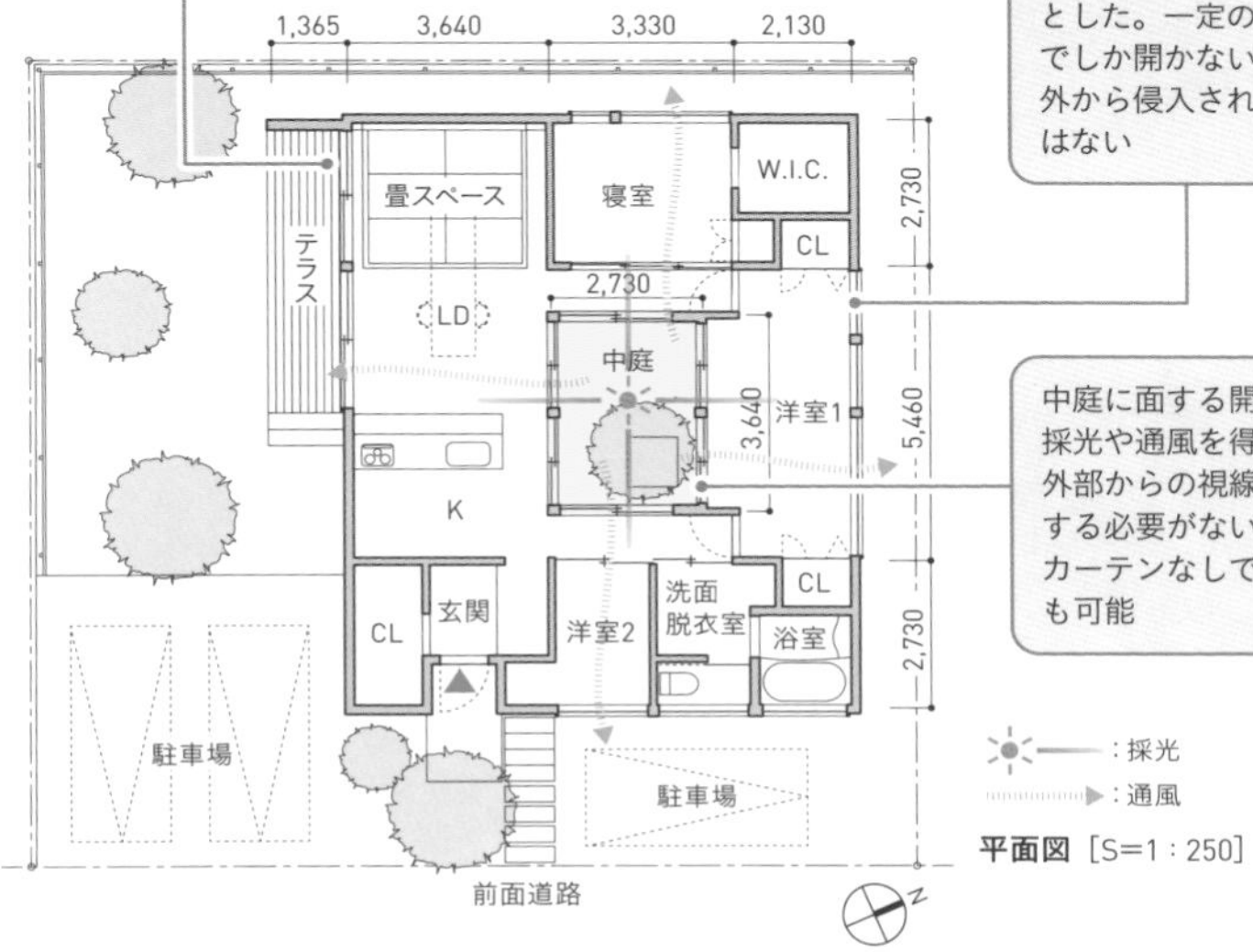
1,365
3,640
3,330
2,130
畳スペース
寝室
W.I.C.
CL
テラス
2,730
LD
中庭
洋室1
3,640
5,460
2,730
K
CL
玄関
洋室2
洗面脱衣室
CL
浴室
2,730
駐車場
駐車場
前面道路
N
：採光
：通風

平面図［S=1：250］

中庭からリビング・ダイニングと寝室を見た様子。中庭に面した大開口から採光と通風が確保できます

「algedi」所在地：栃木県
敷地面積：238.53㎡
延床面積：88.19㎡
天井高：2,050〜2,400㎜
設計：ポーラスターデザイン
施工：佐藤材木店
写真：藤本一貴

お悩み

多世帯住宅

『居心地のよい多世帯の平屋をつくるには？』

近年人気の高い多世帯住宅型の平屋。せっかく多世帯で暮らすなら、互いのプライバシーを確保しながらも、家事や子育てで協力し合えるメリットを生かしたいものです。

そのためには、世帯の関係を考慮したうえで、可能なら玄関やLDK、水廻りなどを部分共用するプランがおすすめ。その際、各世帯でプライバシーを確保したい部屋は、中庭を挟んで配置しましょう。

たとえばコの字形のプランなら、夜の窓明かりで親世帯の生活リズムを確認できたり、子世帯で子どもたちが遊ぶにぎやかな様子を中庭越しに共有できたりと、世帯間にほどよい距離感と安心感が生まれます。

［松原正明］

POINT

協力し合える世帯配置

多世帯住宅には完全分離型と部分共用型の2種類があります。水廻りやLDKを共用する部分共用型とすれば、建築コストを抑えられるとともに、世帯間で協力して生活できます

POINT

中庭で世帯を緩く区切る

共用できる部屋、設備は世帯間で共用し、浮いた分の面積で中庭をつくるのもおすすめ。世帯どうしを緩やかに区切ると同時に、小さな自然も共用できます

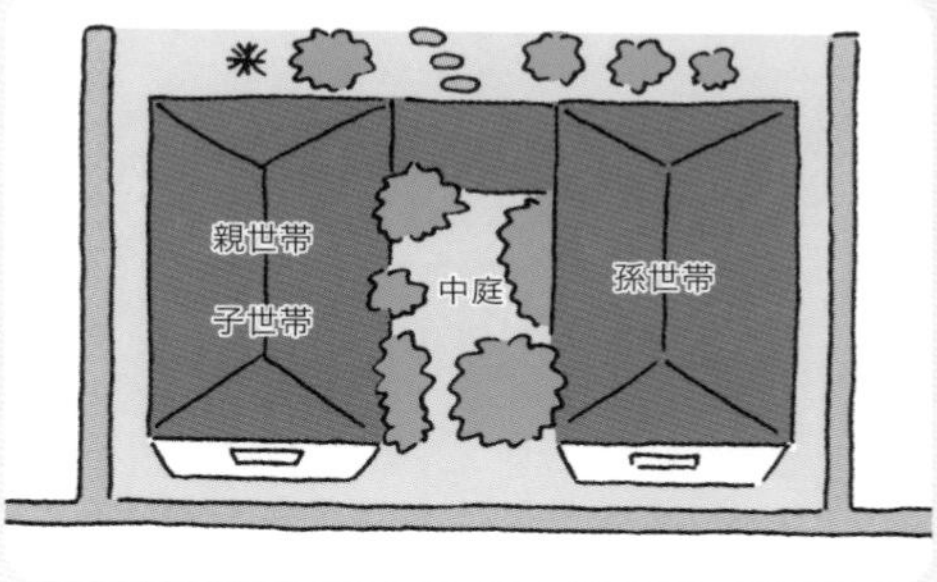

POINT

通り土間で世帯をつなぐ

玄関土間を延長した通り土間で各世帯を分けるプラン。別世帯の居室を通過せずに、各世帯にアクセスできるので、プライバシーを保ちやすくおすすめです

POINT

暮らしをほどよく見せる

他世帯の暮らしがほどよく垣間見える、コの字形のプラン。建物を斜めに配置して窓が正対するのを避け、植栽を目隠しにすると世帯間の距離がとれます

3世帯の心地よい距離感

敷地に余裕がある場合、多世帯住宅こそ平屋がうってつけ。平面で緩やかにつながることで、親、子、孫の3世帯が、互いに心地よい距離感を保ちながら暮らせます。この平屋では中庭を囲むようにコの字形に各居室を配し、共用の玄関から中庭へ向けて通り土間を通しています。

中庭を挟んで西側には親世帯と子世帯の寝室、東側には孫世帯の寝室を配置。中庭を設けることで、各世帯間を緩やかに仕切り、同時に緑も楽しめる

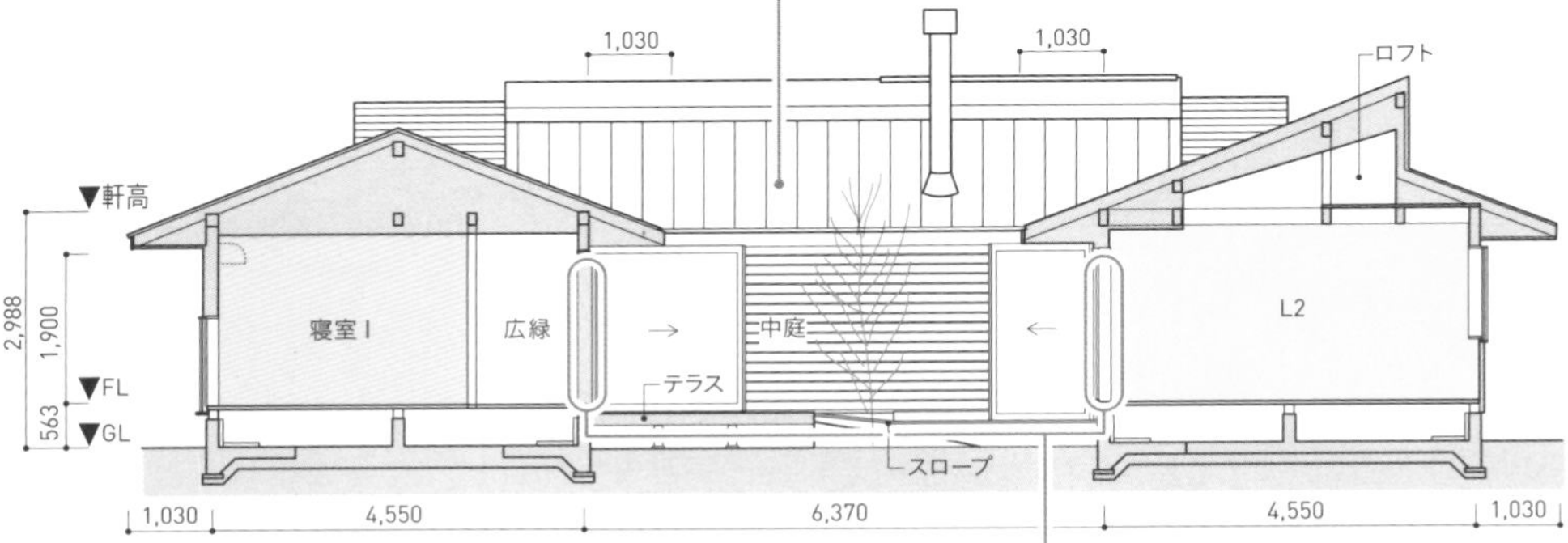
1,030
1,030
ロフト
▼軒高
2,988
1,900
▼FL
563
▼GL
寝室1
広縁
中庭
テラス
L2
スロープ
1,030
4,550
6,370
4,550
1,030

断面図［S=1：150］

寝室1（親世帯）とリビング2は、中庭に向いた窓の位置をずらしている。お互いの気配は伝えつつも、のぞかれることはない距離感

それぞれのプライベート空間と共用空間を通り土間で緩やかにつなげたことで、家事・育児・介護などで助け合える環境が生まれました

リビング1からダイニングを見た様子。リビングとダイニングは共用し、3家族が集まる空間に。リビング、ダイニングの間にある柱が、空間と空間を緩やかに区切っています

寝室1（親世帯）からテラスを見た様子。中庭を介して、プライバシーを守りながら孫世帯の様子もうかがえます。2匹の小型犬が、土間とテラスを自由に歩き回れるメリットも

寝室1（親世帯）は、家族の集まるリビングとダイニングに近い場所に配置。トイレや浴室とも直接つながっているため、介護にも適する

キッチン西側の浴室1、脱衣室、洗面室、トイレは基本的には親世帯と子世帯が共同で利用する

玄関土間の脇には各世帯共用の、離れのような和室を設けた

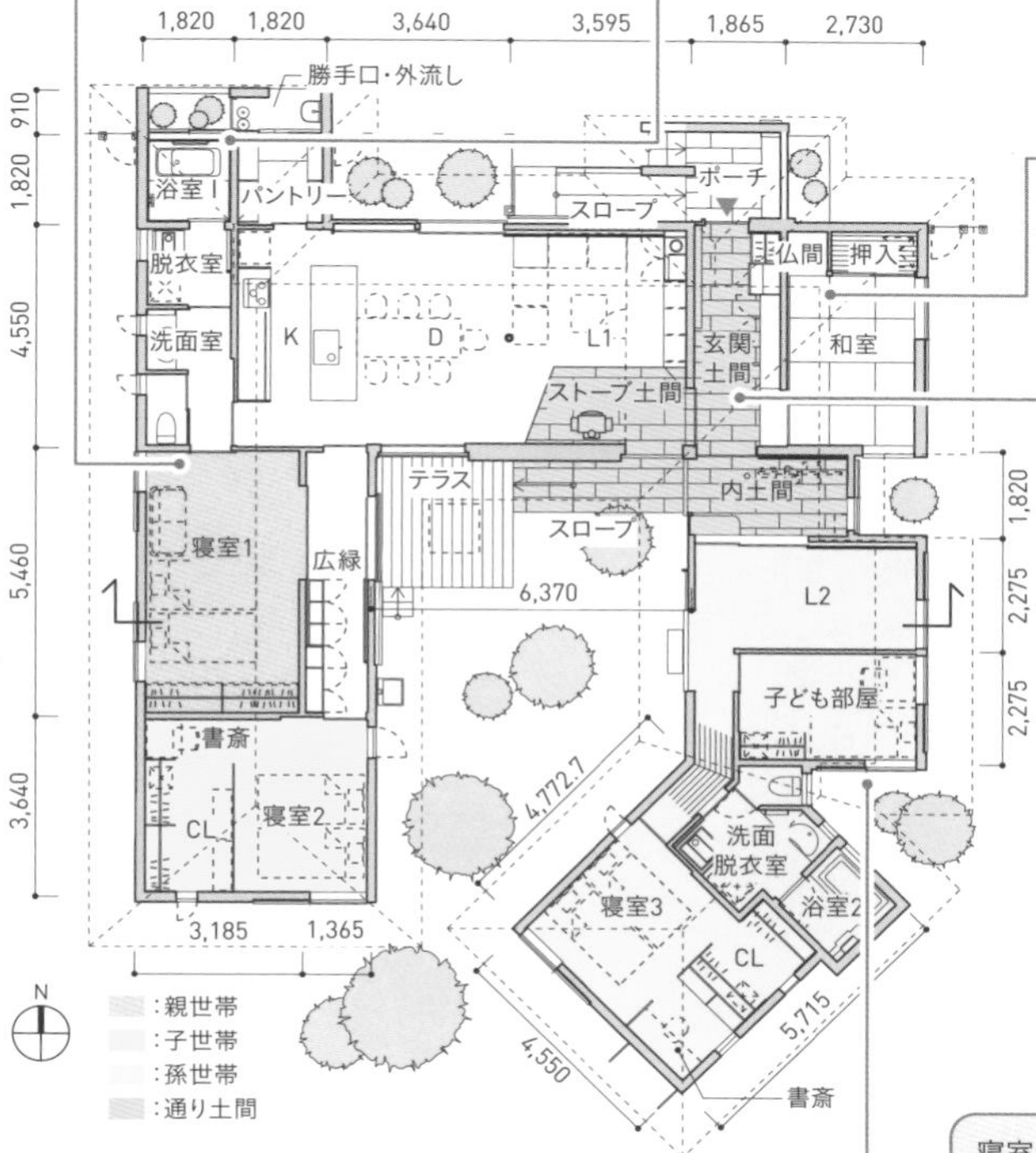

玄関土間（通り土間）から孫世帯のスペースを見る。寝室3（孫世帯）は、玄関に対して角度を斜めに振って配置することで、玄関から直接見えないよう配慮した。また、他世帯の寝室の窓とも正対しなくなった

寝室3（孫世帯）を玄関に対して斜めに振って配置したことで、子ども部屋と浴室2の間にスペースができた。ここを坪庭にしたことで、トイレ2、洗面脱衣室、浴室2の各室から坪庭への視線の抜けを得ることができた

平面図［S＝1：250］

「厚木の家」所在地：神奈川県
敷地面積：592.09㎡　延床面積：171.74㎡
（小屋裏4.14㎡）　天井高：2,160〜2,890㎜
設計：木々設計室
写真：大槻茂

お悩み

バリアフリー

『終の棲家として平屋をどうつくる？』

子どもが独立した後の終《つい》の棲家《すみか》として、平屋の人気が高まっています。生活がワンフロアで完結する平屋なら、足腰が弱ったり視力が落ちたりしても家中を歩きやすく、階段で足をすべらせてしまう心配もありません。

一般的に、バリアフリーにする場合、段差をなくすことや、手摺・引き戸の設置、廊下幅の確保、ヒートショック防止のため、温度差を解消するなどの処置を行います。しかし実際の老後の生活を考えると、想定するべき事項はさらにたくさんあります。介護を外部に委託する場合の動線や水廻りの動線、座りながら作業できる工夫などにも配慮しましょう。

［風祭千春］

POINT

車椅子での出入りを考慮

幅の広い（1,820㎜以上）土間や、外から室内まで続く1／12勾配程度のスロープを設けると、車椅子でも自力で出入りしやすくなります

玄関
アプローチ
1
12

POINT

座ったまま使える水廻り

洗面所やキッチンのレイアウト・設えは、身支度や調理作業を椅子に座ったままできるよう工夫しておくと、自力での生活を促すことができます

足元が広く、
車椅子でも
近くに寄って
使用できる洗面台

POINT

寝室付近の動線に注意する

寝室は洗面所やトイレなど水廻りの近くに配置すると安心。また車を寄せられるスペースから寝室へ直接行き来できるようにすると、外部に介護を委託した際の移動がスムーズになります

寝室
WC

玄関に車椅子を置ける余裕をもたせる

家族に介護が必要となった場合に備えて、幅1820㎜と広い玄関土間を設けた平屋。介護する人が並んで歩く場合や、屋外用と室内用の車椅子を玄関土間やホールに置いた場合にも、人が通りやすくなります。

入口から玄関を見た様子。玄関には手摺やベンチを設置し、住まい手が歳を重ね、足腰が弱くなってきても、なるべく自分で動くことを促す工夫を施しています

夜間トイレに起きた際、照明で目が冴え、その後の眠りが妨げられやすい。それを防ぐため、照度の高い照明は避けた。また、足元に保安灯（1.5lx程度）を設置した

車椅子と人がすれ違うためには1,500㎜以上の幅が必要[※]。玄関土間で車椅子を乗り換えず、そのまま室内に入る場合は、車椅子が回転しやすいよう、1,800㎜以上の幅を確保したい

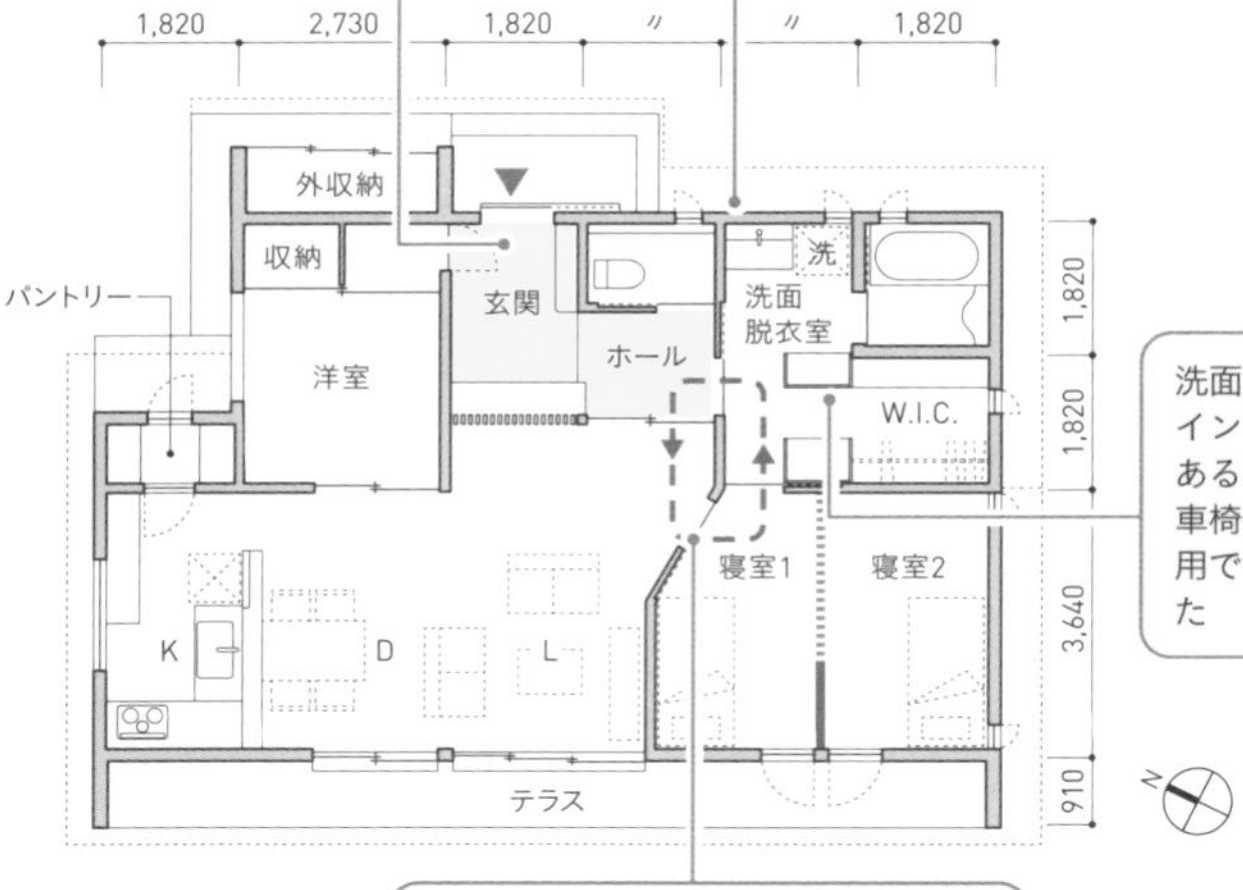
1,820
2,730
1,820
1,820
外収納
収納
パントリー
玄関
ホール
洋室
洗
洗面
脱衣室
W.I.C.
寝室1
寝室2
K
D
L
テラス
1,820
1,820
3,640
910

洗面脱衣室とウォークインクロゼットの間にある収納には、椅子や車椅子に座ったまま使用できる作業台を設けた

ホールからトイレ、洗面脱衣所、寝室、リビングまで回遊できるようになっている。来客の際も、寝室からリビングを通らずトイレにアクセスできる

－－－▶：動線

平面図［S＝1：200］

「くまもとの住まい」所在地：熊本県
敷地面積：206.75㎡　延床面積：83.63㎡
天井高2,150～3,475㎜
設計：風祭建築設計
施工：株式会社レジナ
写真：荒木康史

※「高齢者、障害者等の円滑な移動等に配慮した建築設計標準」（国土交通省）によると、人と車椅子がすれ違える寸法は1,500㎜以上、車椅子が回転しやすい寸法は1,800㎜以上

スロープのテラスで内外をつなぐ

LDKと寝室を囲むように、スロープ状のテラスを設けた平屋。このテラスがアプローチの役割も果たしています。床と内デッキの段差も40㎜と小さいため、介助者がいれば車椅子でも苦労せず外から部屋までを行き来できます。

家の中心を貫く広々とした内デッキ。約2.7mと十分な幅を取っているため、介助者と車椅子が並んでもスムーズに移動できます

トイレは寝室からすぐにアクセスできて夜間も安心なうえ、キッチンを通ってリビング側からも出入りできるため、来客があっても動線が交差しない

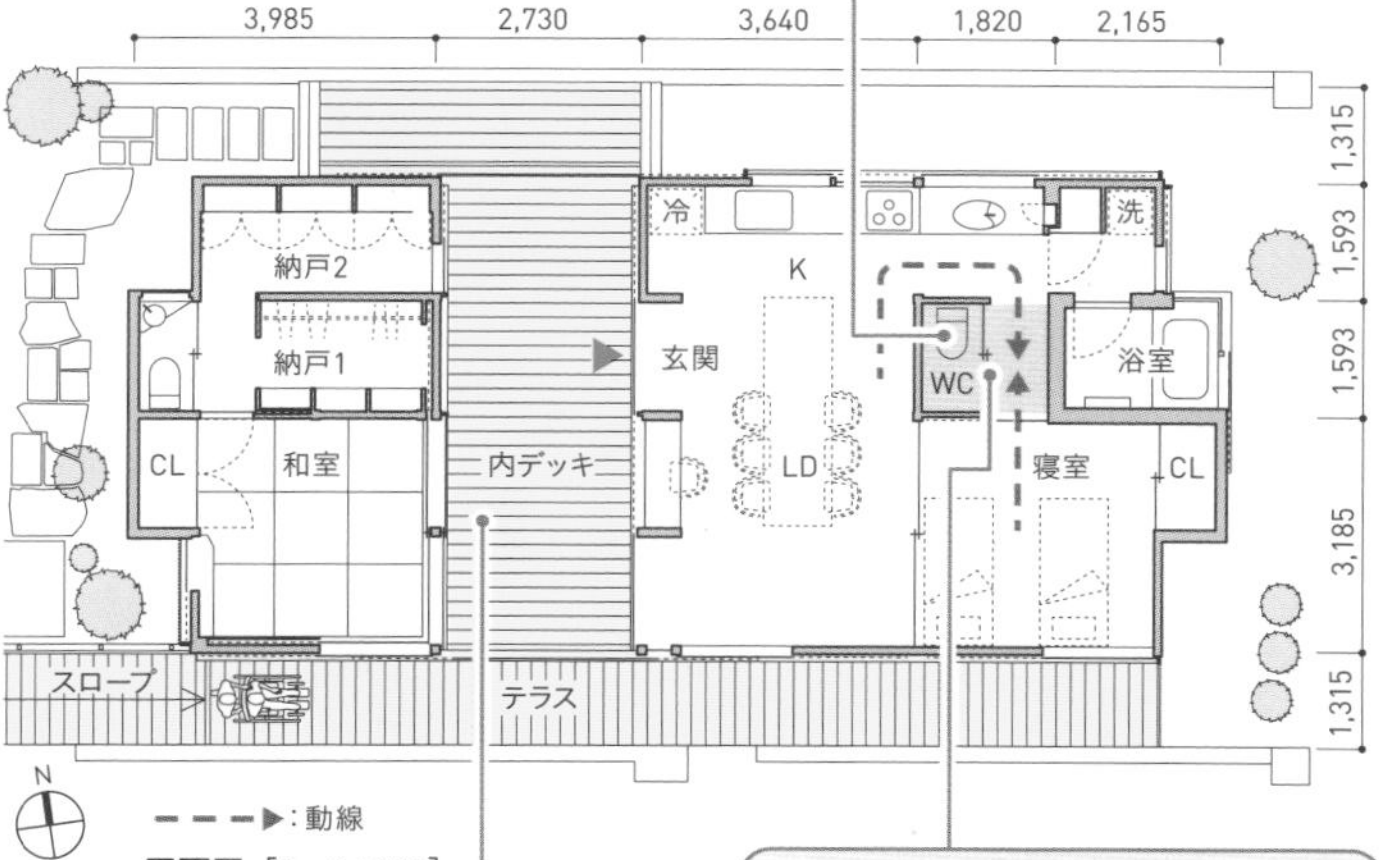
3,985
2,730
3,640
1,820
2,165
1,315
1,593
1,593
3,185
1,315
納戸2
納戸1
CL
和室
内デッキ
冷
K
玄関
LD
WC
洗
浴室
寝室
CL
スロープ
テラス
N
：動線

平面図［S＝1：200］

将来、家族の介護が必要になったときのために、トイレと廊下を仕切る扉を外せる仕様にした。外せば介助する人のためのスペースができる

アプローチからテラスを見た様子。スロープになったテラスは有効幅1,170㎜を確保しているので、車椅子でも通ることができます

内デッキを中心にして、居室の棟と来客用の和室と納戸の棟を東西に分け、どちらの棟も内デッキに面して開くことでプライバシーを確保した。内デッキに面する開口部をガラス張りの引戸とすることで、開放感ある空間になった

「内デッキのある家」所在地：大阪府
敷地面積：320.23㎡　延床面積：86.24㎡
天井高：2,160～3,544㎜
設計：長谷川設計事務所
写真：小川重雄

Column

2

風土に合わせた平屋

駐車場屋根を緑化した“平屋的”な暮らし

農業集落で「平屋に住みたい！」と思っても、機材や車両が目に入り……というケースも多いもの。この家では住環境を2階のみにして、ひとつながりの「平屋的」な間取りに。1階駐車場の屋根に芝を植え、2階からは緑の景観のみが見えるようにしました。

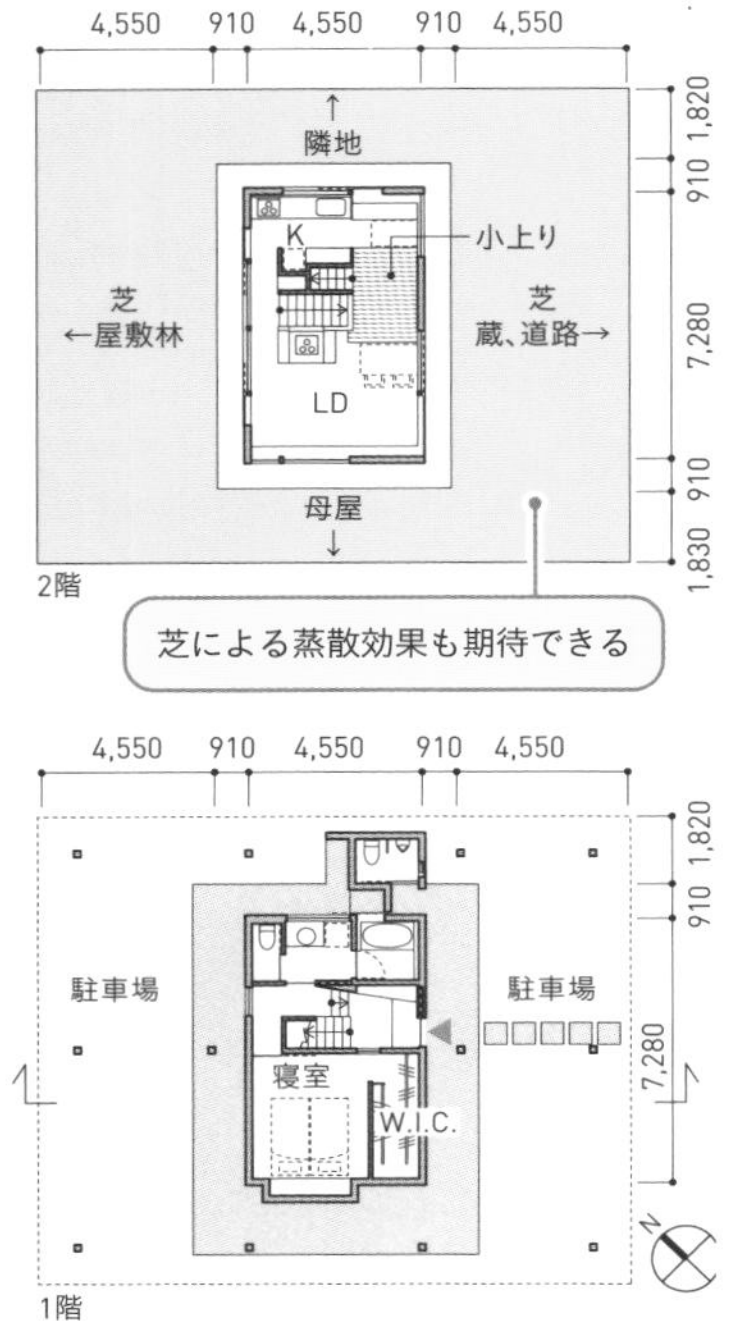

4,550
910
4,550
910
4,550
1,820
910
7,280
910
1,830
↑
隣地
K
小上り
芝
←屋敷林
芝
蔵、道路→
LD
母屋
↓
2階
芝による蒸散効果も期待できる
4,550
910
4,550
910
4,550
1,820
910
7,280
駐車場
駐車場
寝室
W.I.C.
1階

平面図［S＝1：400］

- 「SPROUT」
- 所在地：埼玉県
- 建築面積：149.89㎡
- 延床面積：68.74㎡
- 設計：スタジオ・アーキファーム
- 写真：傍島利浩［協力：TOTO（株）］（左）、峯田 建（右）

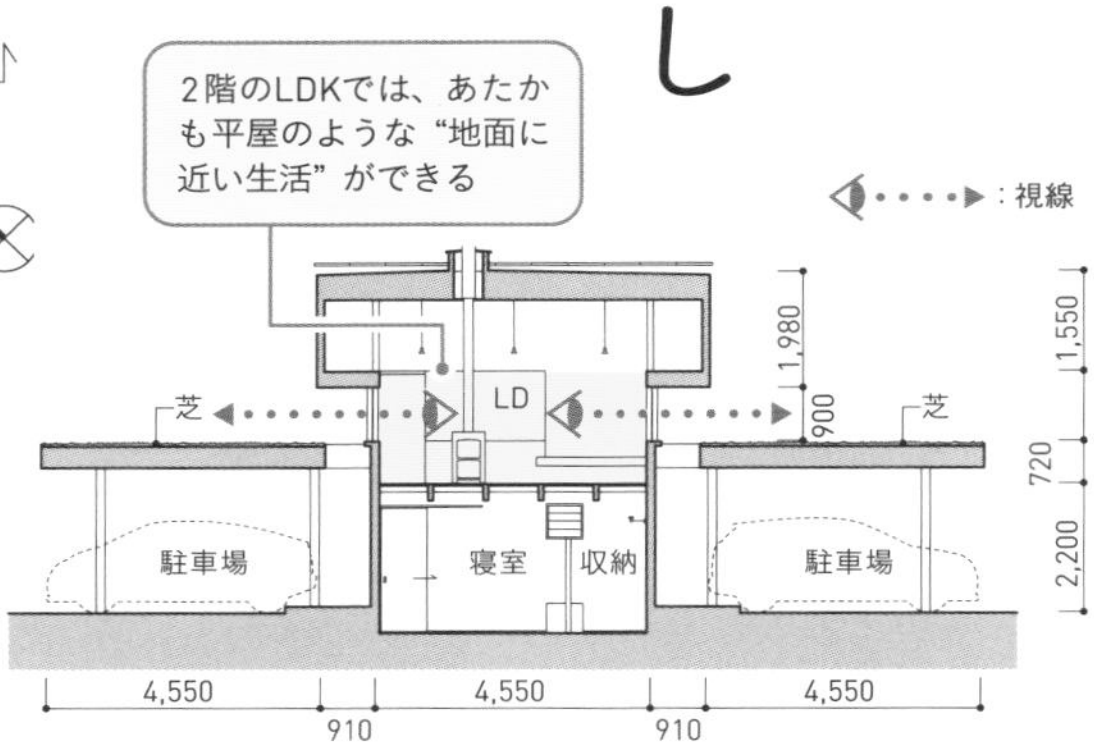

2階のLDKでは、あたかも平屋のような“地面に近い生活”ができる
：視線
芝
LD
芝
1,980
900
1,550
1,180
720
2,200
駐車場
寝室
収納
駐車場
4,550
4,550
4,550
910
910

断面図［S＝1：250］

左：2階LDKの横長窓からは、手の届くような高さに芝の緑が見えます｜右：車両を風雨から守る屋根の上に芝を植えた一階駐車場。芝は照り返しを防ぎ、蒸散作用により一帯に涼を提供しています

3章 住み心地を高める平屋の小技

庭とのつながり方や風呂場の位置など、
ちょっとした工夫で
平屋の住み心地はグッと上がります。
そんなポイントをまとめて紹介！

小技 ― 庭

『庭との距離感を縮める』

平屋を希望する住まい手は、LDKを区切らず、ワンルーム的な間取りを好むことが多いもの。それに加えて庭はただ眺めるだけの存在ではなく、外で食事をするなど日常的に使える用途を持たせたいなどの要望がでることもあります。

どの部屋からも屋外（庭）に出入りしやすい平屋ですが、庭を日常的に楽しむには、室内と庭との距離を縮める設えが必要です。具体的には、建物と連続する壁で庭を囲む、テラスで室内と庭を緩くつなぐなどの方法があります。

POINT

建物から延びる壁で囲う

塀など建物と連続する壁で庭を囲うことで、庭と建物の視覚的なつながりを強く感じられます

POINT

材質や色味を近づける

室内と庭を、高さを抑えたテラスでつなぐと距離感が縮まります。室内の床材とテラスの質感や色味に一体感があれば、連続感もより強まります

塀の工夫で庭を日常的に楽しむ

建物と連続した圧迫感のない手摺状の塀で庭を囲み、庭と室内との心理的な距離を近づけた平屋。木製建具を引き込めば、一面が抜けて室内外の一体感が増します。

上：リビングから庭を見た様子｜下：室内外の連続感を出すため、外構塀の高さは片流れ屋根の勾配を延長した高さとしています

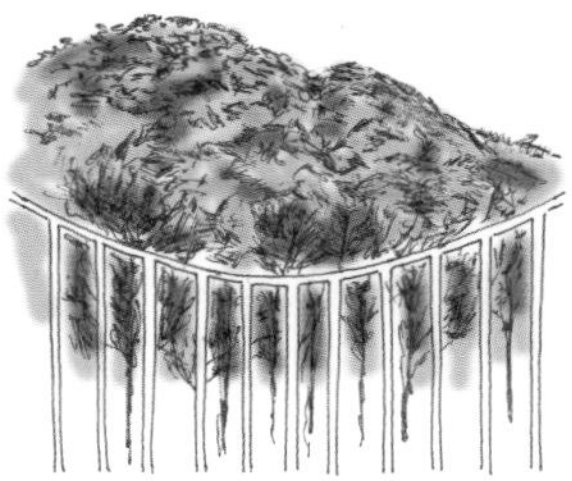

LDK床の無垢フローリングと庭の化粧砂利の色味を合わせた。これにより、室内から外部への視覚的つながりが出せる

片流れ屋根と塀が滑らかにつながって見えるよう、一筆描き状に連続させている

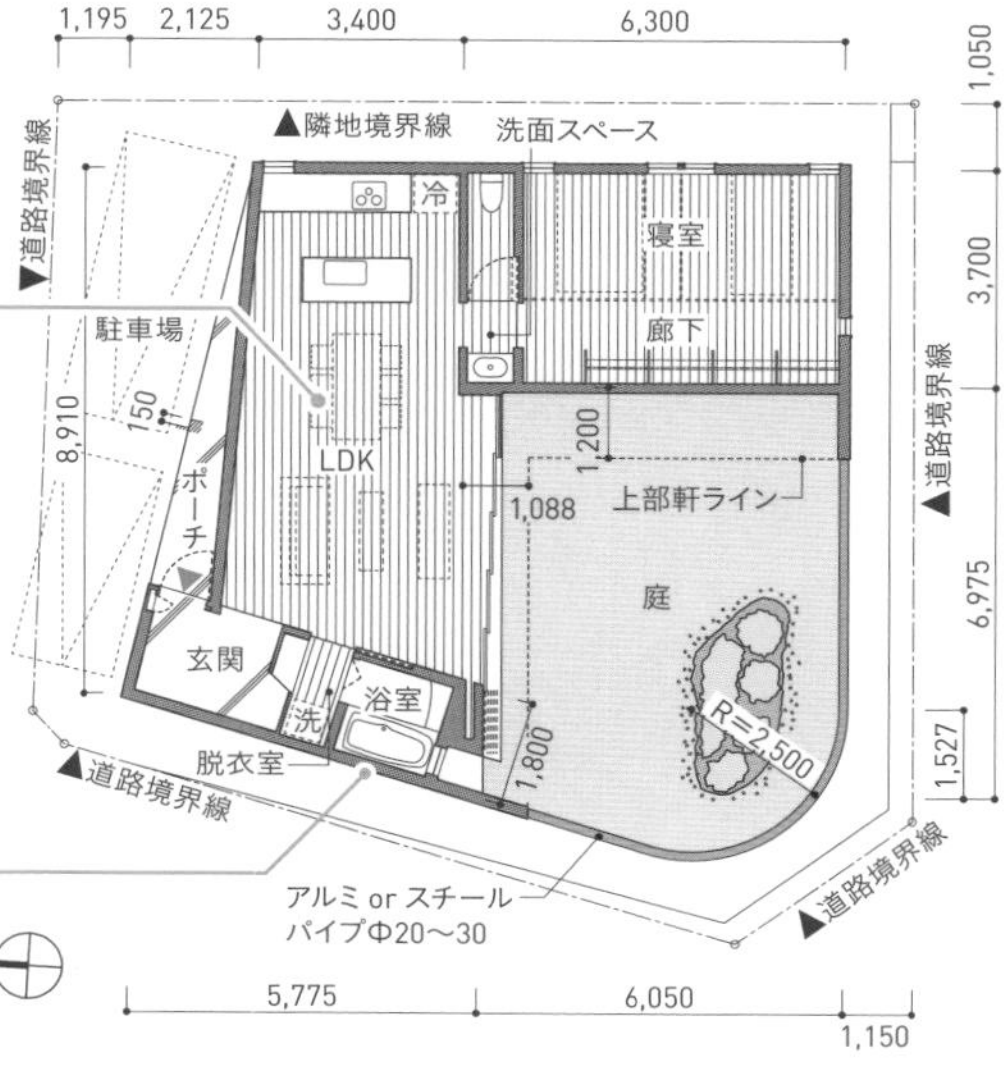

1,195
2,125
3,400
6,300
1,050
3,700
6,975
1,527
▲隣地境界線
洗面スペース
▼道路境界線
冷
寝室
廊下
駐車場
8,910
150
1,200
LDK
1,088
上部軒ライン
ポーチ
庭
玄関
浴室
洗
R＝2,500
1,800
脱衣室
▲道路境界線
▲道路境界線
アルミ or スチールパイプΦ20〜30
N
5,775
6,050
1,150

平面図［S＝1：250］

「宝塚の家」所在地：兵庫県
敷地面積：182.23㎡　延床面積：65.54㎡
天井高：2,200〜3,051㎜
設計：arbol＋はすいけ
写真：下村康典

中庭＋デッキで庭との距離を縮める

建物と庭につながりをもたせるなら、中庭が効果的。また、庭と室内の結びつきを強めたい場合は、デッキを用いるのもおすすめです。デッキ脇の庭土を盛り、室内床との段差を250㎜程度に抑えれば、より室内と庭の連続感が得られます。

障子などの建具を引き込んだ様子（上）と、閉めたままの様子（下）。気分に合わせてリビングの雰囲気を変えられます

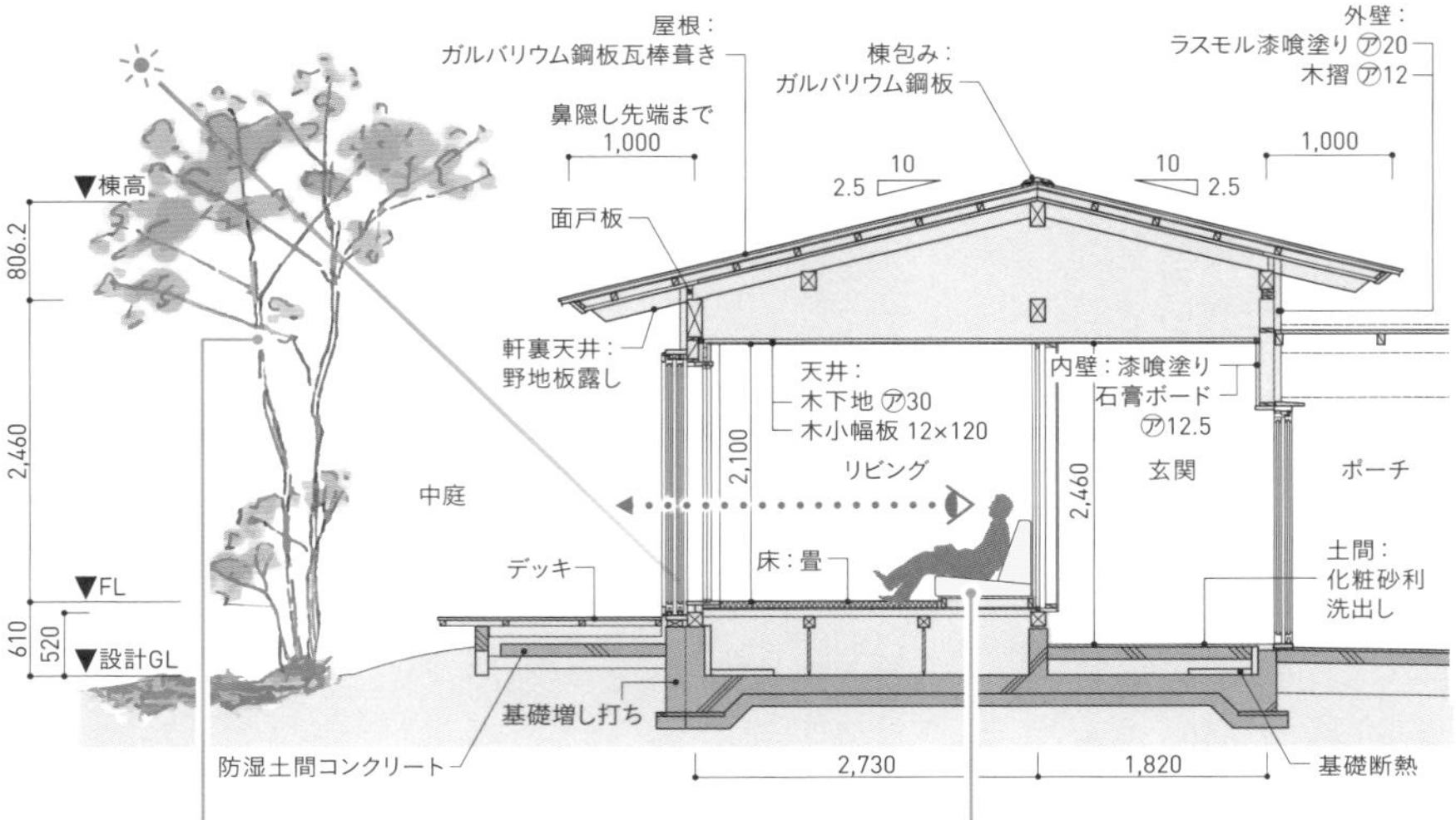
屋根：
ガルバリウム鋼板瓦棒葺き
棟包み：
ガルバリウム鋼板
外壁：
ラスモル漆喰塗り ㋐20
木摺 ㋐12
鼻隠し先端まで
1,000
1,000
2.5
10
10
2.5
▼棟高
806.2
2,460
▼FL
610
520
▼設計GL
面戸板
軒裏天井：
野地板露し
天井：
木下地 ㋐30
木小幅板 12×120
内壁：漆喰塗り
石膏ボード
㋐12.5
2,100
2,460
リビング
玄関
ポーチ
中庭
デッキ
床：畳
土間：
化粧砂利
洗出し
基礎増し打ち
防湿土間コンクリート
2,730
1,820
基礎断熱

樹木はアオハダなどの落葉樹を選んで植えている。夏期は木陰をつくり、冬期は日射を透過する。夏期に木の葉で視線が遮られることで中庭が狭く感じないよう、木は幹を見せるように植樹している

リビングは床を畳にして、座面高さが200㎜程度と低めのソファを置いている。視線高さを低くすることで、中庭により広がりが感じられる

：視線
：採光

断面図［S=1：100］

玄関からホールを介して公園を見た様子。敷地内の植栽越しに公園の樹木を見せることで、ホールに遠近感が生まれます

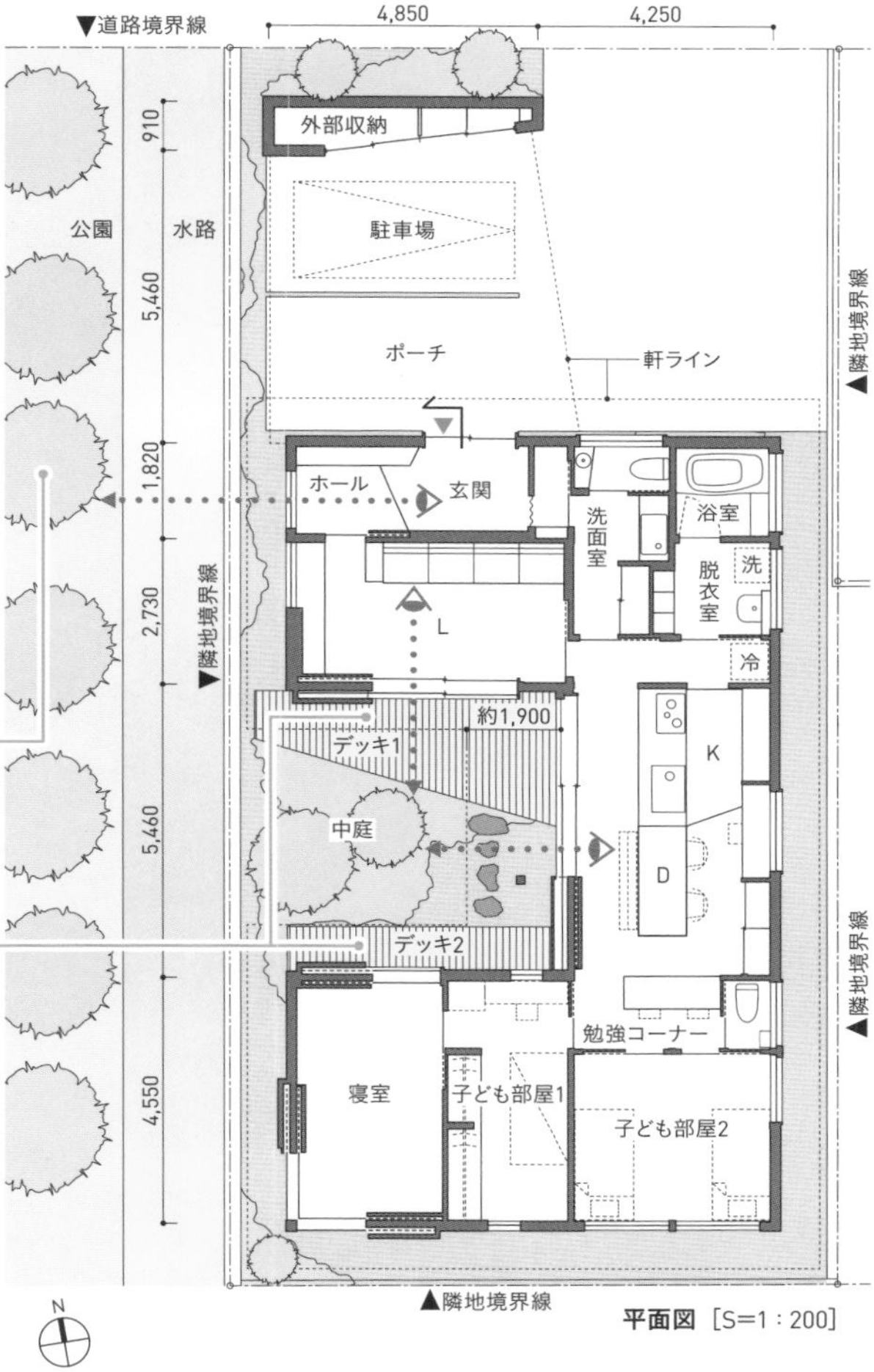

平面図［S=1：200］

水路を挟んだ隣地は公園となっている。ここでは公園の樹木を借景に、建物を計画している

中庭は、建物と庭の間にデッキを配し、建物との連続感を強調している

「上西の家」所在地：静岡県
敷地面積：252.91㎡
延床面積：101.97㎡
天井高：2,100～3,100㎜
設計：扇建築工房
写真：アドブレイン

キッチンから中庭を見た様子。約1,900㎜の奥行きの軒によって、夏期の日射しは遮られ、冬の日射は室内に採り込まれます

小技
玄関

『平屋の玄関は広くフラットに』

平屋の玄関は、広くするのが正解。一般的に玄関は、大人が靴を脱ぎ履きできるスペースと下足入れのスペースで1坪が基準ですが、平屋の玄関は3～8畳程度に広げるとうまくいくケースが多いもの。外部との近さを生かすため、居室から玄関外までフラットにつなげるプランがおすすめです。玄関には自転車やアート、観葉植物を置いたり、ピアノを据えたりして、趣味部屋のようにしても。生活に密着した玄関にすることで、平屋の魅力はさらに増します。

POINT

ライフスタイルを表現する

広い玄関は単なる出入口の用途にとどまらず、建築主のライフスタイルを反映した個性的な空間にするのがポイントです

玄関も
居室のように
美しくね

POINT

下足入れの収納量に配慮

玄関をすっきりと保てるように、普段履きは収納できる最低限の下足入れを設置。そのほかの玄関収納物［※］は別途置き場所を計画しておきましょう

※　ベビーカー、車椅子、レジャー用品、スポーツ用品、掃除道具など土間に置きがちなモノ

玄関土間を居室にする

玄関土間を広くすれば、リビングのように使える空間になります。リビング・ダイニングの広さを優先する場合は、玄関を外部に出しフラットにつなげてもＯＫ。玄関の広さを優先する場合は、玄関と居室を兼ねるプランがおすすめです。

下足入れ（写真左）は障子と高さをそろえるとすっきり見えます。天井いっぱいの高さなので、容量も十分に確保

1,820
1,820
N
WC
機械および収納

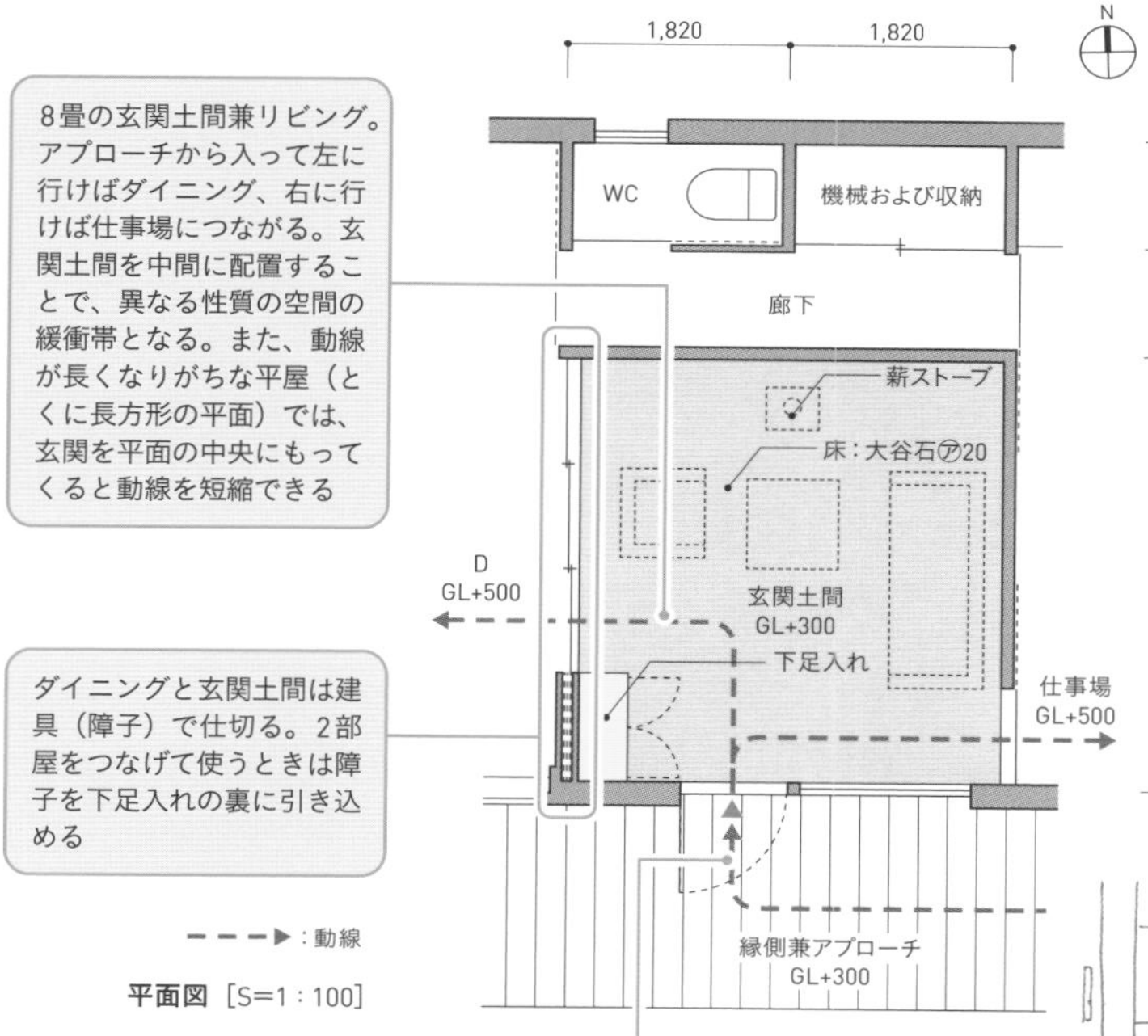
910
910
3,640
GL＋300㎜の縁側をアプローチとし、外部から段差なく居室に入れるようにしている

平面図［S=1：100］

「ヒラヤノイエ」所在地：岩手県
敷地面積：365.73㎡　延床面積：99.41㎡
天井高：2,200㎜
設計：オオツカヨウ建築設計
写真：加藤大志朗

廊下
薪ストーブ
床：大谷石㋐20

D
GL+500

仕事場
GL+500
縁側兼アプローチ

8畳の玄関土間兼リビング。アプローチから入って左に行けばダイニング、右に行けば仕事場につながる。玄関土間を中間に配置することで、異なる性質の空間の緩衝帯となる。また、動線が長くなりがちな平屋（とくに長方形の平面）では、玄関を平面の中央にもってくると動線を短縮できる
ダイニングと玄関土間は建具（障子）で仕切る。2部屋をつなげて使うときは障子を下足入れの裏に引き込める
- - - ▶：動線

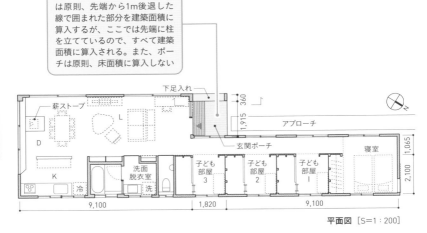

玄関ポーチから直接リビングへ

玄関ポーチに玄関土間の機能をもたせることで、平屋の魅力である内と外のつながりが増します。玄関土間を外に出した面積の分、リビング・ダイニングを広々と使えるようにもなるので、小さな平屋にも有効なプランです。

アプローチから玄関ポーチを見た様子。写真手前の右側に見えるのが下足入れ。玄関のガラス張りの框戸はリビング・ダイニングに明るさと開放感をもたらします。この玄関は敷地の奥にあるため、ガラス張りでも周辺からの視線が気にならなりません。夜間は室内側の縦ブラインドを閉める仕様です

リビングに隣接する約2.5畳の玄関ポーチ。跳ね出したポーチは原則、先端から1m後退した線で囲まれた部分を建築面積に算入するが、ここでは先端に柱を立てているので、すべて建築面積に算入される。また、ポーチは原則、床面積に算入しない

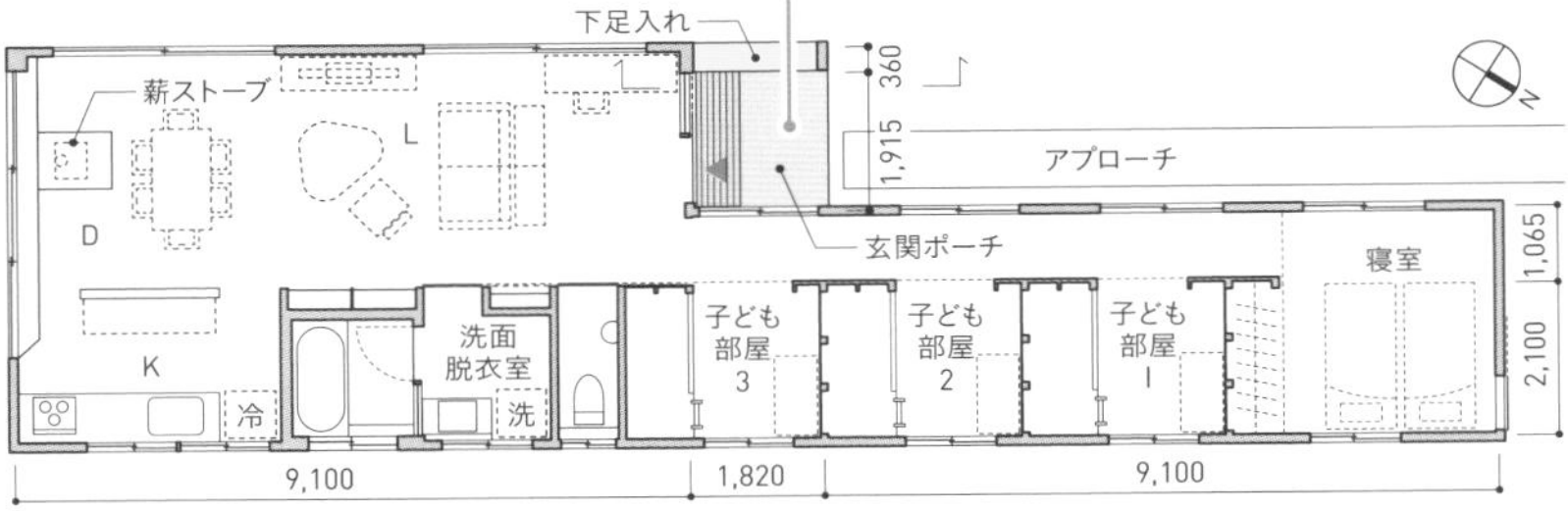

下足入れ
薪ストーブ
L
D
K
冷
洗面
脱衣室
洗
子ども
部屋
3
子ども
部屋
2
子ども
部屋
1
寝室
玄関ポーチ
アプローチ
360
1,915
1,065
2,100
9,100
1,820
9,100

平面図［S=1：200］

玄関からリビング・ダイビングを見た様子

リビング・ダイビングから玄関を見た様子

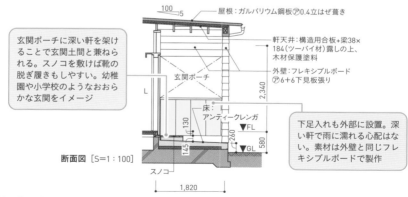

玄関ポーチに深い軒を架けることで玄関土間と兼ねられる。スノコを敷けば靴の脱ぎ履きもしやすい。幼稚園や小学校のようなおおらかな玄関をイメージ

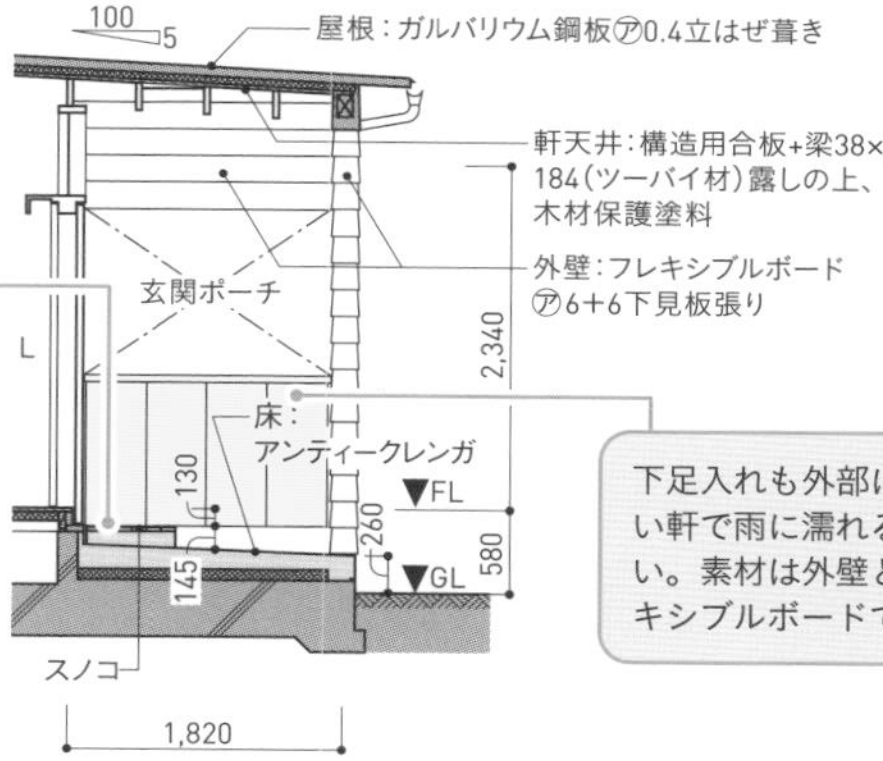

100
5
屋根：ガルバリウム鋼板㋐0.4立はぜ葺き
軒天井：構造用合板+梁38×184（ツーバイ材）露しの上、木材保護塗料
外壁：フレキシブルボード㋐6+6下見板張り
玄関ポーチ
L
2,340
床：アンティークレンガ
130
▼FL
260
580
145
▼GL
スノコ
1,820

断面図［S=1：100］

下足入れも外部に設置。深い軒で雨に濡れる心配はない。素材は外壁と同じフレキシブルボードで製作

「屋島の家」所在地：香川県
敷地面積：482.30㎡　延床面積：84.47㎡
天井高：2,340〜3,380㎜
設計：向山建築設計事務所
写真：米津光

人にも犬にもやさしいフラット玄関

犬と一緒に暮らす家では、散歩から帰った犬の足洗い場を設けると、とても便利。正面玄関とは別にこぢんまりとした裏玄関を設けることもありますが、正面玄関を広くして、人も犬も心地よい玄関につくり込むのもおすすめです。

仕上げはタイルやメラミン、汚れに強い長尺のビニルシートなどを活用し、機能性・清掃性を強化した

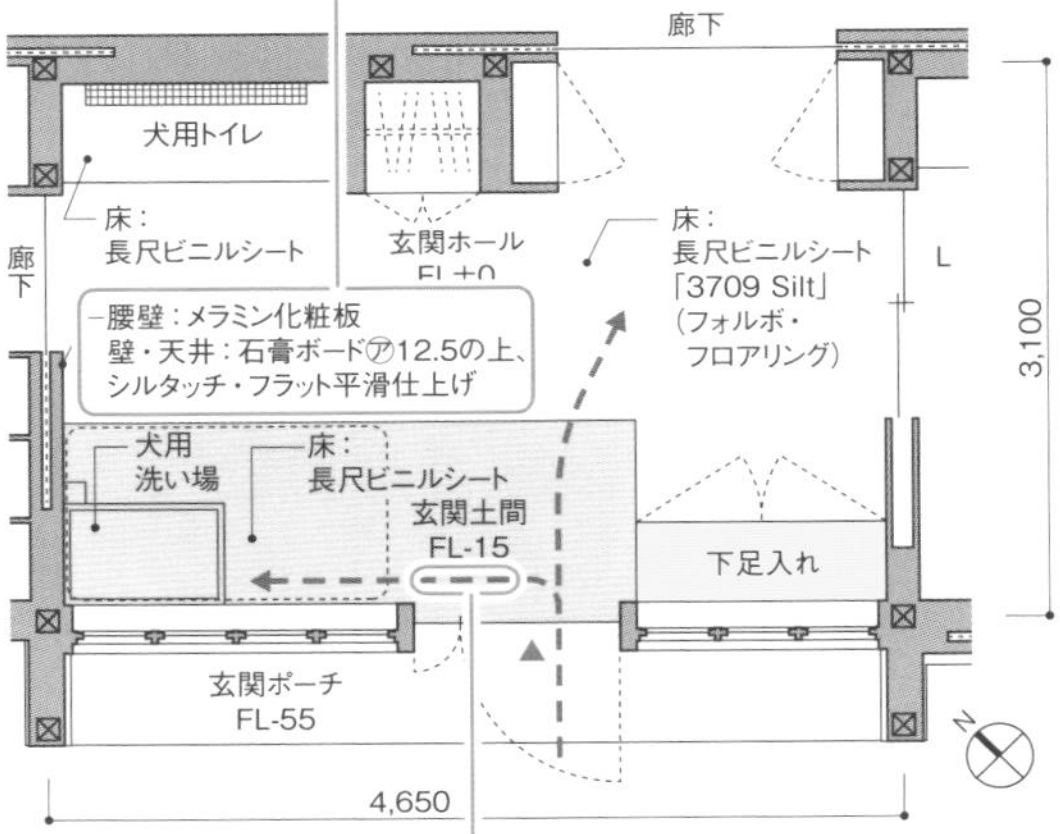

廊下
犬用トイレ
床：
長尺ビニルシート
玄関ホール
FL±0
床：
長尺ビニルシート
「3709 Silt」
（フォルボ・
フロアリング）
L
3,100
廊下
腰壁：メラミン化粧板
壁・天井：石膏ボード㋐12.5の上、
シルタッチ・フラット平滑仕上げ
犬用
洗い場
床：
長尺ビニルシート
玄関土間
FL-15
下足入れ
玄関ポーチ
FL-55
4,650
N

平面図［S=1：80］

土間とホールを併せた約8畳の正面玄関。土間とホールの段差は15㎜と低いので、犬を抱えながらでも安全に移動できる。犬の足腰にも優しい

清掃しやすくひんやりとしたビニルシート床で犬もゆったりくつろげます（写真：服部信康建築設計事務所）

「寄棟の舎」所在地：岐阜県
敷地面積：994.75㎡　延床面積：111.96㎡
天井高：2,000〜3,480m
設計：服部信康建築設計事務所
写真：山内紀人

玄関からリビング方向を見た様子。土間とボールの段差は15㎜とほぼフラットなので安全です

玄関の様子。前庭とフラットにつながっているので、犬もすぐ外に出られます（82頁参照）

玄関に設置したペット用シャンプー台。四周を囲うビニルカーテンを取り付け、シャンプー時の水はねを防いでいます

『間仕切は引戸&家具で』

平屋の水平方向への広がりを引き出すには、ワンルームがおすすめ。家族が1つの空間を分かち合いながら、各々の領域で好きな時間を過ごせるような、小さな居場所をたくさん設けたワンルームがベストです。

このとき役立つのが引戸や家具による間仕切。壁よりも緩やかに空間を仕切り、高さ設定や開け閉めの具合によってワンルームのつながりをコントロールできます。特にリビングと和室・個室、子ども室と廊下、個室と個室の間仕切に有効です。

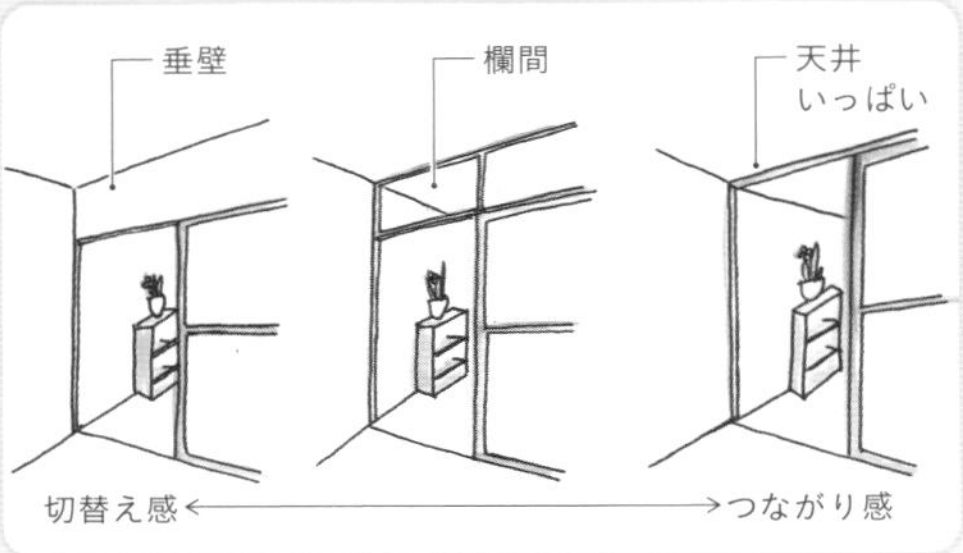

POINT

引戸の種類で機能が変わる

空間の切替えを強調したい場合は垂壁がおすすめ。つながりを強調したい場合は、欄間部分をオープンにしたり天井いっぱいの建具にしたりするとよいでしょう

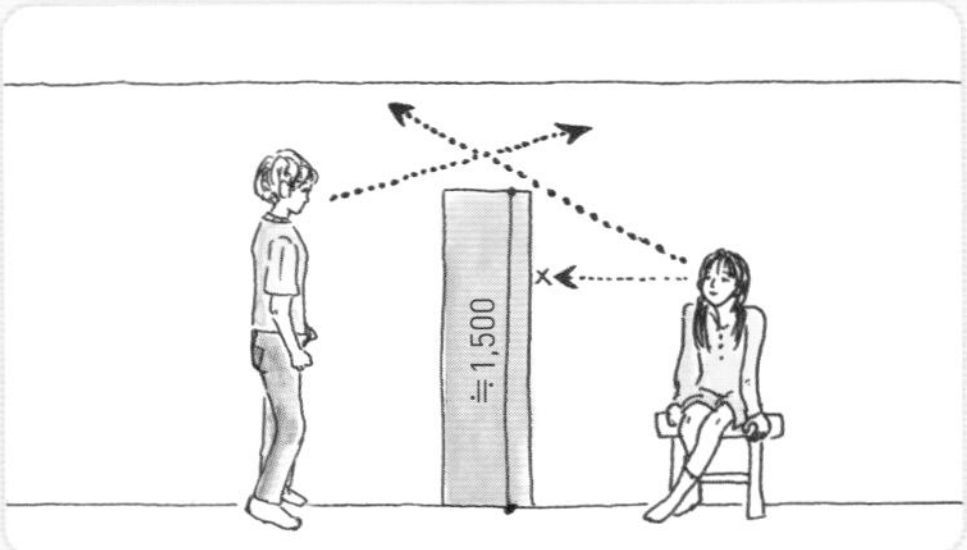

POINT

間仕切家具は高さ1,500㎜

ワンルームをほどよく仕切る家具は、大人の目線よりも低くして視線が抜けるようにします。仕切っても天井がつながっていれば広がりを感じられます

4枚引戸で仕切る夫婦の寝室

夫婦の寝室を同室にするか別室にするかは、間取りの大切なポイントになります。特別な理由がなければ、引戸で仕切っておくと、ライフステージに合わせて同室にしたり別室にしたり融通がきいて便利です。この平屋では、将来の介護に備えて寝室に引戸の間仕切を設けています。

引戸上部の欄間は、夫婦が互いに気配を感じられるようオープンな仕様に。声を掛ける際の聞こえもよく、部屋間の通風にも役立ちます

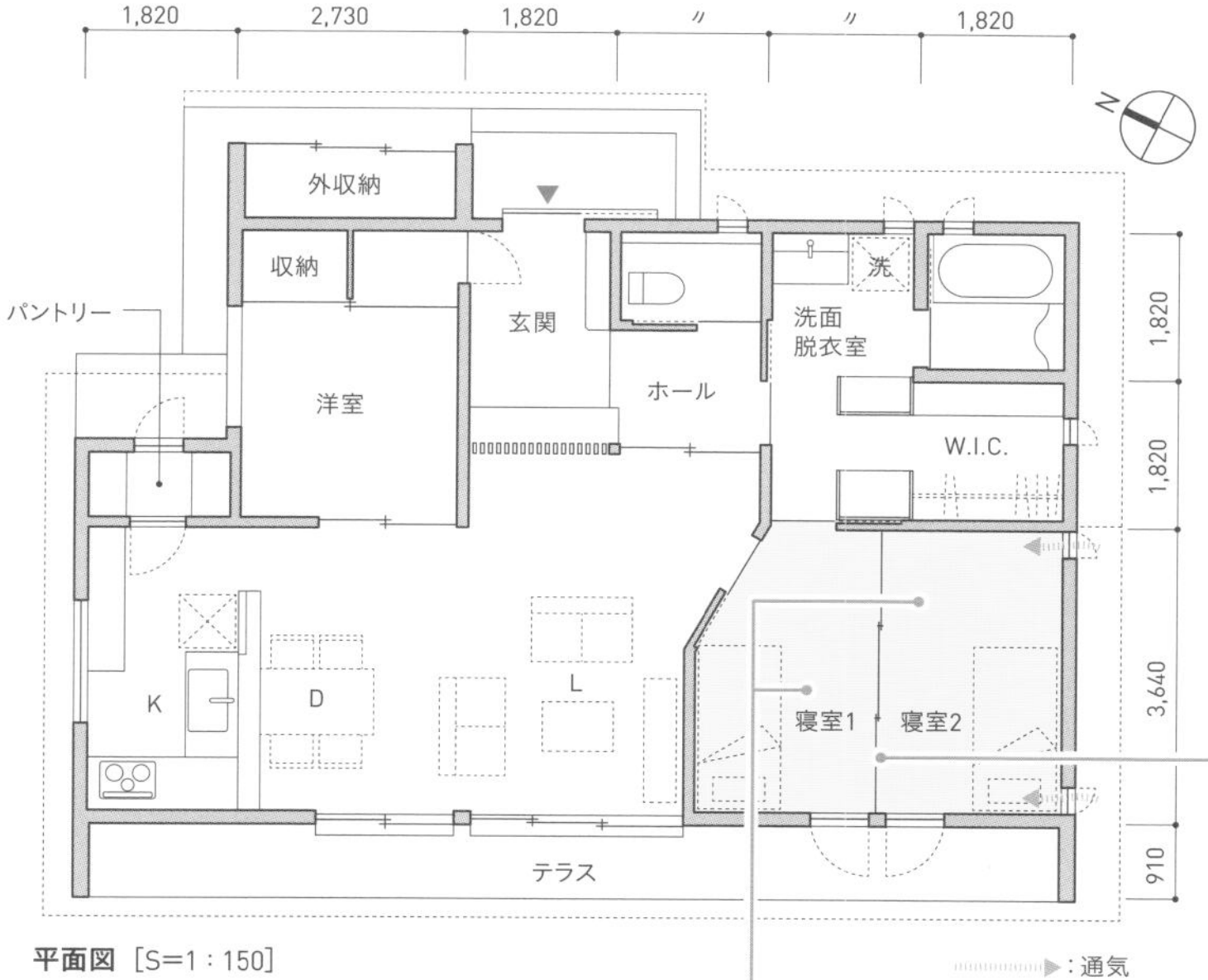

1,820
2,730
1,820
〃
〃
1,820
N
外収納
収納
パントリー
玄関
洗
洗面
脱衣室
洋室
ホール
W.I.C.
K
D
L
寝室1
寝室2
テラス
1,820
1,820
3,640
910

平面図［S＝1：150］

▶：通気

2つの寝室は4枚引戸で仕切り、夫婦のどちらかに介護が必要になったときには、引戸を開けて2部屋をつなげられるようにしている。介護する人が休息を取りたくなったら、また仕切ればよい

床に連続性をもたせるため引戸は上吊レールとし、足元にマグネットの振止めを設置している

「くまもとの住まい」所在地：熊本県
敷地面積：206.75㎡　延床面積：83.63㎡
天井高：2,150～3,475㎜
設計：風祭建築設計
施工：株式会社レジナ
写真：荒木康史

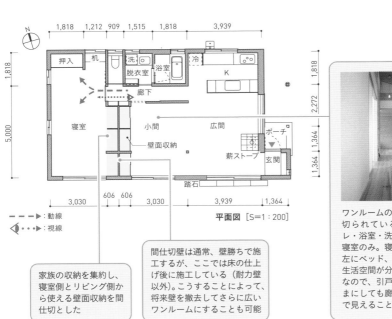

家族の収納をまとめて間仕切に

間取りに縛られない自由な暮らしを提案できるワンルーム。最低限必要な間仕切は、壁面収納と兼ねると便利です。大容量収納を確保でき、間仕切が不要になっても容易に撤去できます。

写真奥が間仕切を兼ねる壁面収納。山小屋や木造校舎をイメージし、ゆったりと木に包まれるような雰囲気のワンルームに

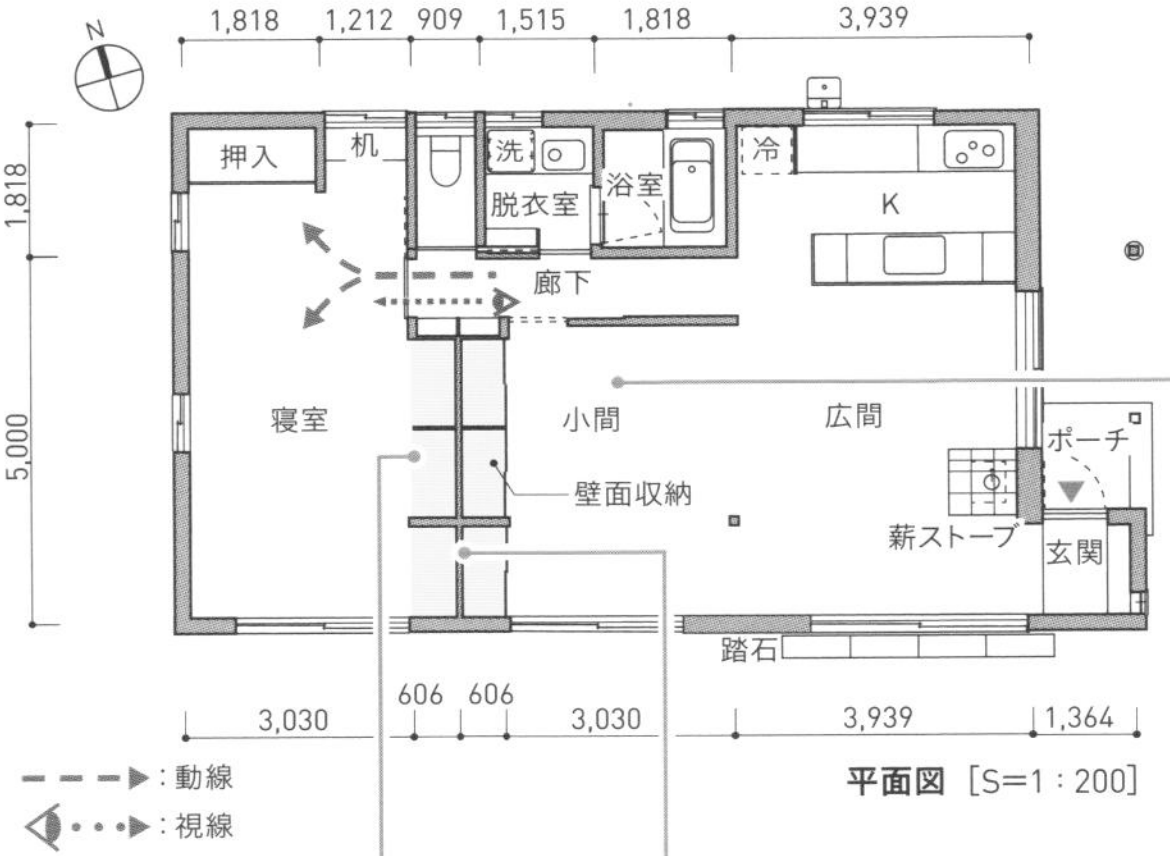
1,818
1,212
909
1,515
1,818
3,939
N
押入
机
洗
脱衣室
浴室
冷
K
廊下
寝室
小間
広間
壁面収納
ポーチ
薪ストーブ
玄関
踏石
1,818
5,000
1,818
2,272
1,364
1,364
3,030
606
606
3,030
3,939
1,364
：動線
：視線

平面図［S=1：200］

家族の収納を集約し、寝室側とリビング側から使える壁面収納を間仕切とした

間仕切壁は通常、壁勝ちで施工するが、ここでは床の仕上げ後に施工している（耐力壁以外）。こうすることによって、将来壁を撤去してさらに広いワンルームにすることも可能

ワンルームの平屋で、仕切られているのはトイレ・浴室・洗面脱衣室と寝室のみ。寝室に入ると、左にベッド、右に収納と生活空間が分かれる配置なので、引戸を開けたままにしても廊下から中まで見えることはない

「Oさんの平屋」所在地：埼玉県
敷地面積：499.00㎡　延床面積：78.29㎡
天井高：2,350〜4,700㎜
設計：テラバヤシ・セッケイ・ジムショ
写真：テラバヤシ・セッケイ・ジムショ

LDKと寝室を緩やかに仕切る

夫婦2人暮らしや1人暮らしの住宅では、寝室も含めてワンルームにしたいという要望もあります。とはいえLDKと寝室では用途がまったく異なるので、空間の切り替えがほしいもの。ここでは、約70㎡の平面を、段差とアイランド収納で緩やかに分けています。

「求院の家」所在地：島根県
敷地面積：322.88㎡　延床面積：68.74㎡
天井高：2,200〜3,000㎜
設計：ハルナツアーキ
写真：中村絵

アイランド収納は両側から使えるようにしている。リビング側は高さ800㎜のオープン棚として、本やCDの収納に活用。寝室側は高さ1,600㎜のクロゼットになる。さらに内側の扉を開けると床下収納につながる。また、アイランド収納はリビング・ダイニング側から寝室を丸見えにしないための目隠しにもなる

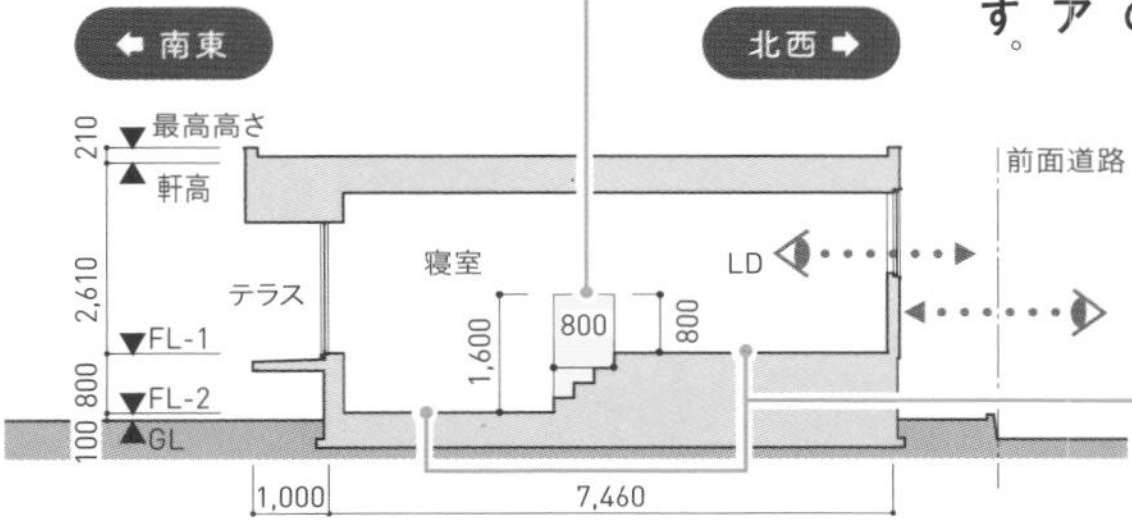

リビング・ダイニングは道路と視線の高さをずらすために床を上げている。一方、寝室の床は地面と同じ高さに設定し、地下にもぐったかのような安心感を与える

：視線　**断面図**［S=1：200］

玄関を開けると住まい全体がほぼ見渡せるシンプルな間取り。床に800㎜の高低差を設けることで空間を緩やかに分けている

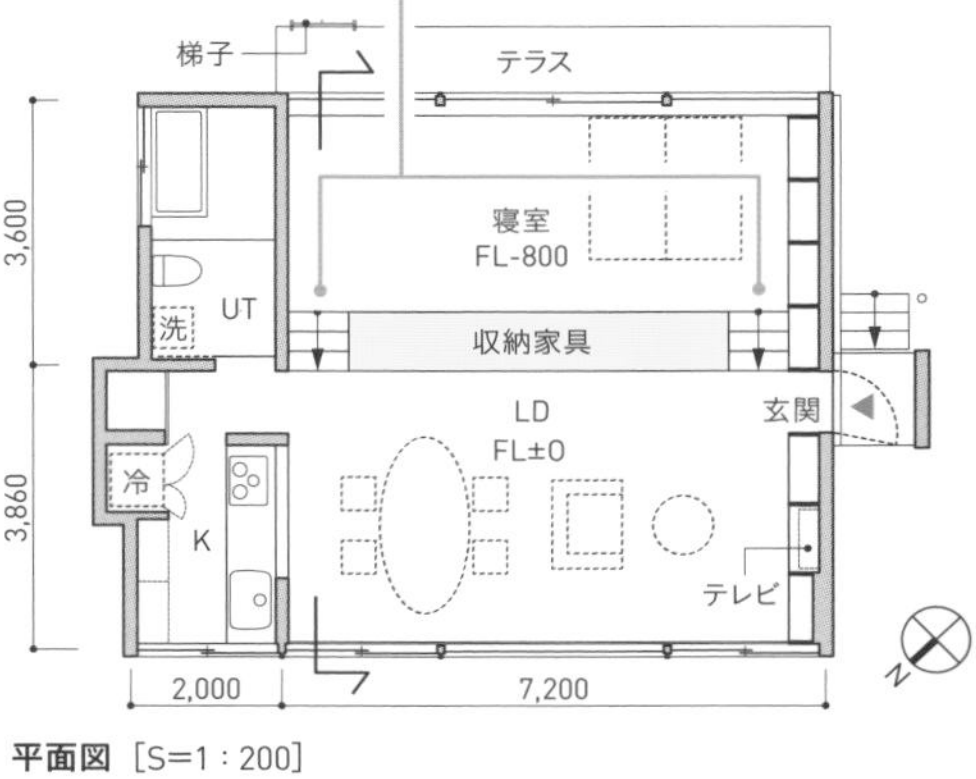

平面図［S=1：200］

上：寝室側のカーテンを開けたところ
下：階段とアイランド収納の上部にはカーテンレールを設置し、必要に応じて仕切れるようにしています

小技
子ども部屋

『子ども部屋は転用を前提に』

家中を水平に見渡せ、子どもを見守りやすい平屋は、子育てにうってつけ。子どもが小さいうちはリビングなどを子ども用スペースを兼ねる空間にしておきましょう。子ども部屋は子どもがある程度成長すると必要になりますが、巣立った後は不要になるため、そのときどきで用途を変えられるようにしておきたいものです。

階段の上り下りなく行き来できる平屋は、足腰が弱くなっても、子ども部屋を客間や書斎などに転用し、長期的に利用しやすいのも利点です。

[松原知己]

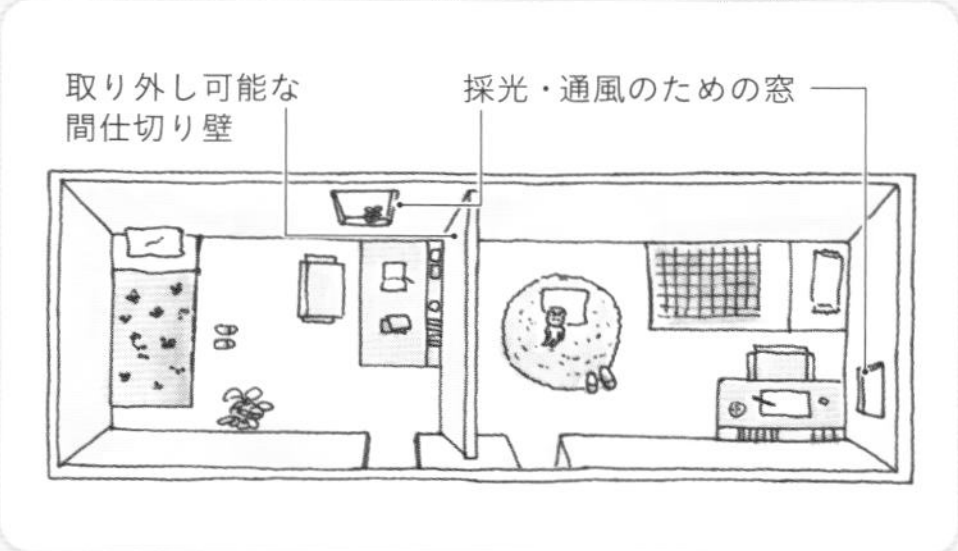

POINT

部屋を仕切れる設えにする

簡単に取り外せる間仕切や家具で仕切るなど、将来的に部屋数を変えられるようにするのがおすすめ。仕切る場合を想定し、開口部は複数設けておきましょう

POINT

最小限の広さは3畳

子ども部屋は、最低限ベッドと机だけ入ればOK。家族共用の収納を設けるなどの工夫をすれば、3畳程度の広さでも十分に活用できます

2分割できる子ども部屋

子どもが望めば、間仕切と建具を設けて2つに分割できる子ども部屋。子どもは普段リビングなどの共用スペースで過ごすことを想定し、分割したときの広さはベッドと机が入る最低限の3.2畳としました。

「善光寺南の家」所在地：愛知県
敷地面積：200.39㎡
延床面積：94.33㎡
天井高：2,100〜3,000㎜
設計：松原建築計画
写真：堀隆之写真事務所

料理をしながらでもリビング・ダイニングで過ごす子どもの姿が見渡せるよう、対面キッチンとした

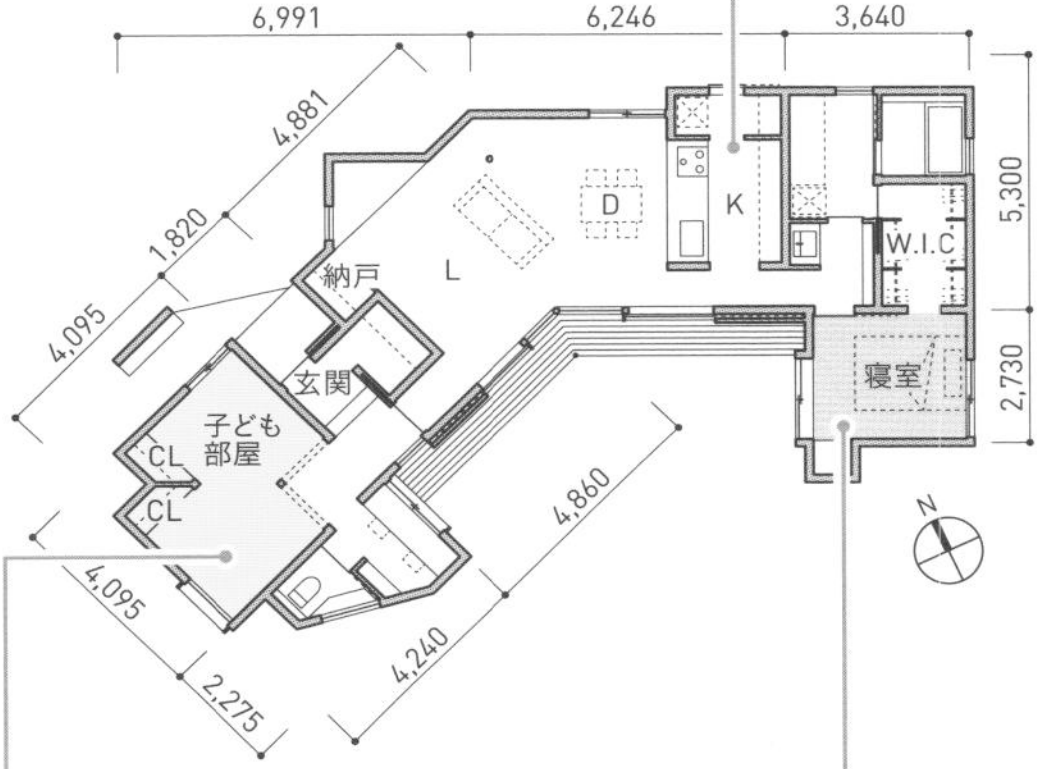

平面図［S=1：300］

2つに仕切った場合の子ども部屋は、それぞれ3.2畳の不整形となるが、使い勝手をよくするため、どちら側にもクロゼットを設けた

家族だんらんの場であるリビング・ダイニングを中心に、夫婦の寝室と子ども部屋を東西に分けて配置しているため、平屋でも家族間のプライバシーを確保することができる

子ども部屋南側（左）、北側（右）をそれぞれ廊下から見た様子。間仕切を設けて部屋を分割した際、どちらの部屋にも窓があるように、2方向の壁面にあらかじめ窓を設けています

小技／浴室

『浴室での視線を抜く』

外部からの視線をいかに遮りプライバシーを守るかが平屋の課題［106頁参照］。特に浴室は高いプライバシー性が求められるため、換気・採光用の小さな窓だけがある閉鎖的な空間になりやすいのです。

ですが、浴室には心身をリラックスさせ、健康を増進する暮らしの中での大切な機能があります。外部からの視線を完全にカットしたうえで、中からは外の景色を楽しめるなど、視覚的にも癒しが得られるよう工夫しましょう。

POINT

囲って大きな開口を設ける

塀などを設けて、外部の視線を遮断した中庭やテラスに面した浴室をつくり、開口を設けるプラン。浴室からそのまま外に出られるようにしても贅沢です

POINT

空に向かって開く

外から中の様子が見えないよう高い位置に窓を設けたり、上階がない平屋の特性を生かして天窓を設けたりと、空を望める工夫をするのもおすすめ

屋根の上部が開いている部分が、三角形の坪庭の位置。この坪庭部分に換気扇のフードを隠しているため、外観がすっきりと見えます

囲われた坪庭に開く

給排水や換気の観点から、浴室は外壁沿いに配置することが多いもの。浴室に窓を設けたくても開けない場合は、小さな空きスペースを壁で囲んで坪庭をつくり、そこに向かって開くのがおすすめです。

坪庭の内側は、ほかの外壁と異なり白色で仕上げている。上部から入ってきた光が反射するため、浴室やトイレへの採光にも効果的

1,820
960
1,820
910
1,820
1,820
335
710
パントリー
廊下
洗面
脱衣室
子ども部屋

平面図
[S=1：120]

坪庭の形状は三角形なので、浴室に加え、それに隣接するトイレにも採光と新鮮な外気を供給している

「横山町のいえ」所在地：愛知県
敷地面積：279.60㎡　延床面積：113.17㎡
天井高：2,200～3,100㎜
設計：安江怜史建築設計事務所
写真：安江怜史

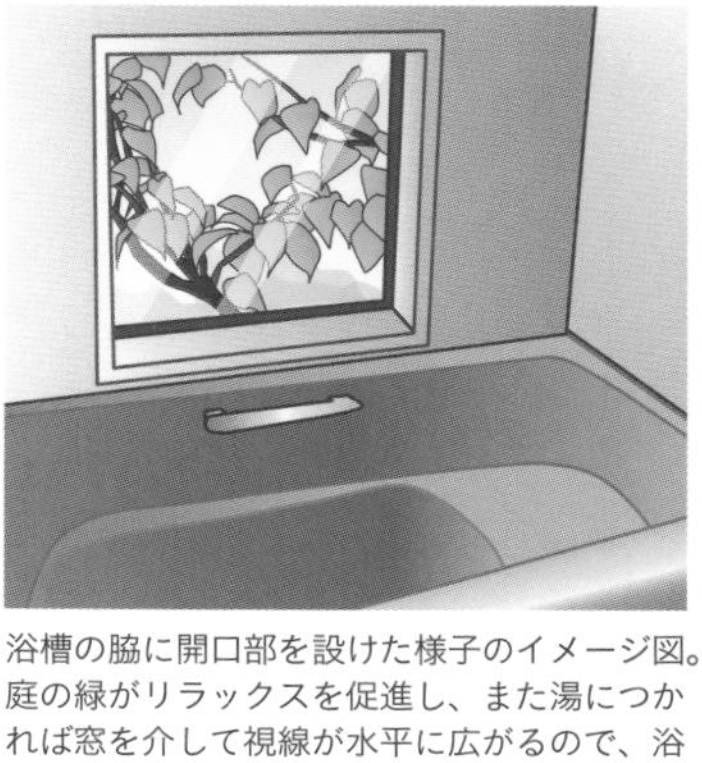

浴槽の脇に開口部を設けた様子のイメージ図。庭の緑がリラックスを促進し、また湯につかれば窓を介して視線が水平に広がるので、浴室が広々と感じられます

『適材適所の収納計画』

30坪程度の小さな平屋では特に、必要十分な収納の設け方が重要になります。小屋裏を収納にするのも1つの手ですが、季節家電やスーツケースなどは案外かさばるうえに重量があり、高い場所に収めるのが難しいことも。そんなときは、小上りを設けて下部を床下収納にすれば、これらを労なく収められます。

また、生活の中心となる動線上に、まとまった壁面収納やウォークスルークロゼットを設ければ、無駄な動きが減り家事や身支度の時短にもつながります。

POINT

床下収納を設ける

寝室に小上りを設けて、その下部を布団などの収納にすれば、収納時に高く持ち上げる必要もなく、運ぶ距離も少なくなり一石二鳥です

POINT

動線上に収納を集約する

平屋は上下移動がないため、動線もひとつながりになりやすいもの。キッチンや玄関起点の動線上に収納をつくれば家事もスムーズになります

リビング前の廊下から東側を見た様子。動線（廊下）の両端は外部につながっており、光と風の通り道でもあります

収納と動線はセットで考える

各部屋に収納を設ける間取りでは、部屋の使用者や用途が変わったときに使いにくくなる可能性があります。共有空間に家族の収納を集約すれば、ライフスタイルの変化に合わせて部屋の用途を柔軟に変更可能。ここでは長い動線に沿って壁面収納を造作しました。移動しながらモノを取り出せるので、家事や身支度の時間も短縮できます。

- - →：家事動線

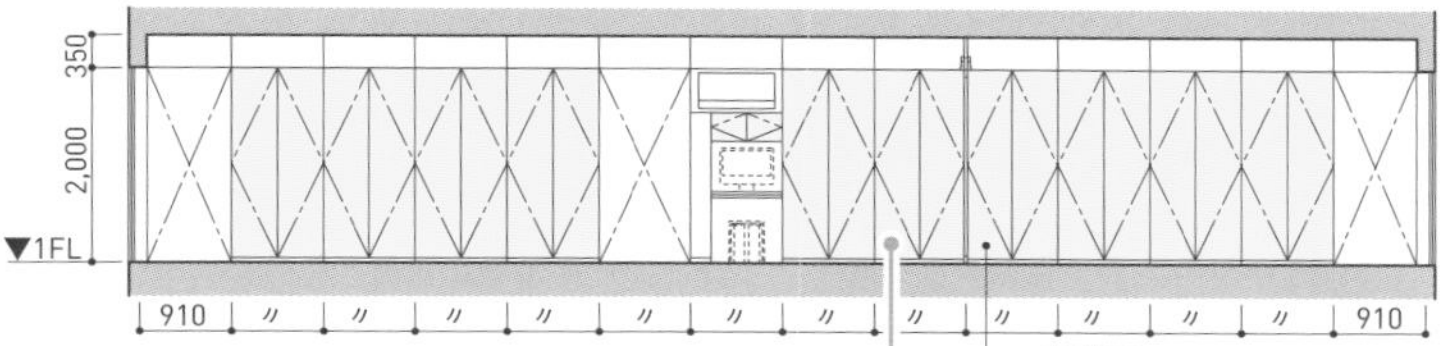
350
2,000
▼1FL
910
〃
910
収納扉：
ポリエステル化粧合板張り

壁面収納姿図［S=1：150］

壁面収納は、間口910×高さ2,000×奥行き340～470㎜の収納を10個並べたつくり。内部には可動棚を取り付けている。さまざまなモノをすぐに収められ、扉付きなので空間もすっきりと見える

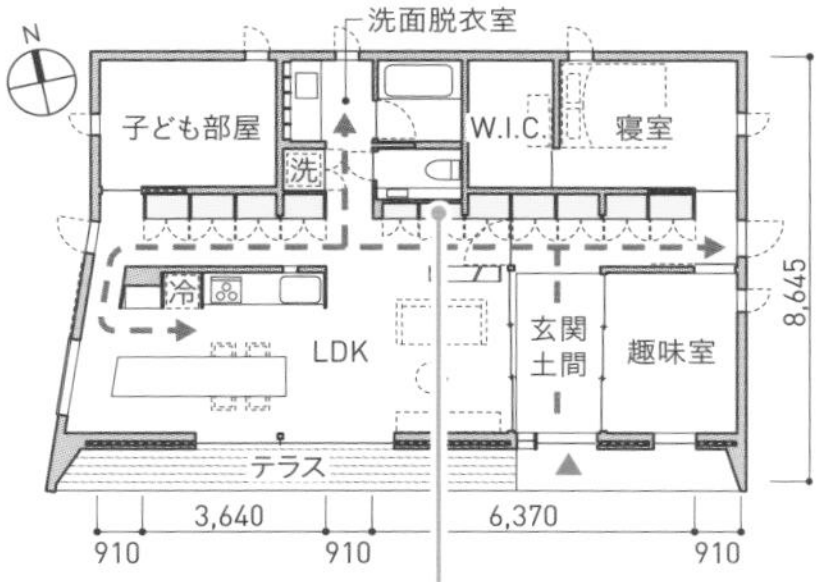
N
洗面脱衣室
子ども部屋
W.I.C.
寝室
洗
冷
LDK
玄関
土間
趣味室
テラス
8,645
3,640
6,370
910
910
910

平面図［S=1：300］

東西に長い平屋の中心動線上に壁面収納を配置。この動線と収納が、空間全体を一体につないでいる［42頁参照］

廊下沿いに設けた壁面収納。PCデスクを兼ねた棚も造作して収めています

「犬山の住宅」所在地：愛知県
敷地面積：498.50㎡　延床面積：100.15㎡
天井高：2,100～3,925㎜
設計：hm＋architects
写真：小川重雄

小技
天井

『自由な天井を楽しむ』

平屋の屋根や天井は、2階建てに比べ斜線制限や上階の間取りに制限されることがない分、形状の自由度が高いのも魅力。個性的なR天井にすれば、建物自体が一味違う仕上がりになります。

日本では比較的少ないのですが、海外のカフェや教会ではよく見られるR天井は、境目のない壁と天井が空間に心地よい一体感を生みます。複数のRを組み合わせて住宅全体を波打たせれば、天井高の変化により空間を緩く仕切ることも可能です。

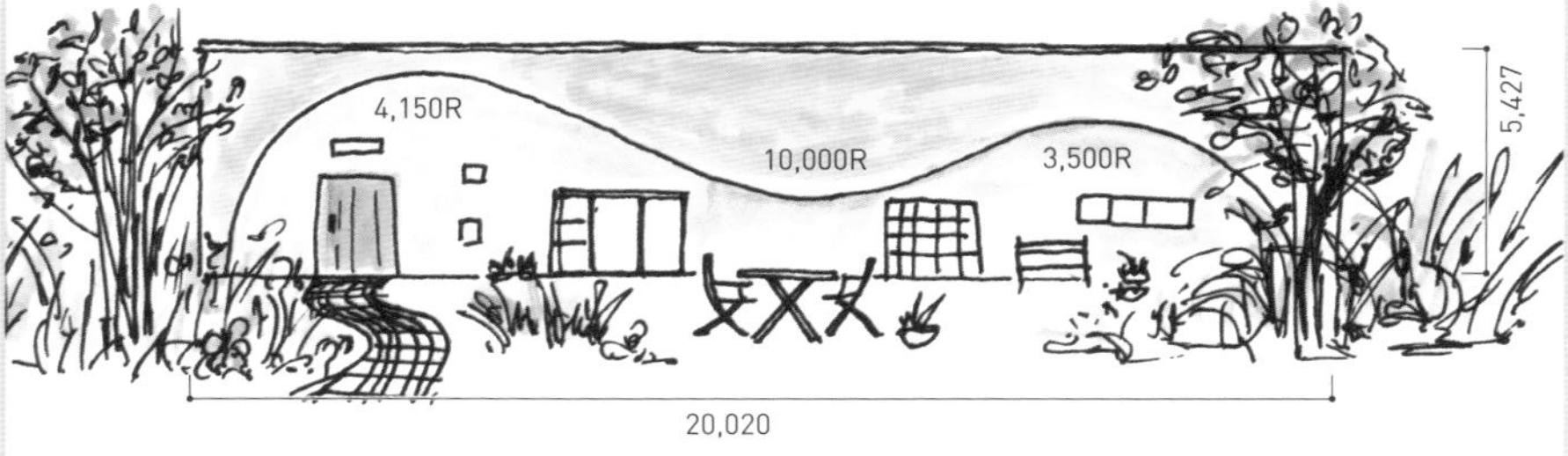
4,150R
10,000R
3,500R
5,427
20,020

POINT 床まで伸びるR天井

波の山部分に天井を高くしたいリビング・ダイニングを配置し、谷部分に天井が低くてもよい個室や水廻りを配置するのがおすすめ。カフェや美術館のような住宅を求める住まい手に人気です

外から見てもかわいい 波打つR天井

建物の長辺方向の天井にRを付けて、ファサードに曲線が表れるようにした平屋です。X・Y方向ともに曲面になると施工が極端に難しくなりますが、曲面が一方向のみであればそれほど難しくありません。ただし、Rの半径や高さ、サッシの納まりについて詳細図を描く必要があります。

天井の高い部分。天井から床まで曲面が続いています。ペンダント照明はR天井が映えるようにした1〜2m間隔で高さも不規則に配置しています

R天井はきちんと下地処理をしなければ不陸が出てしまうので注意。木下地ではなくLGS（軽量鉄骨）下地にすると施工精度が高まる

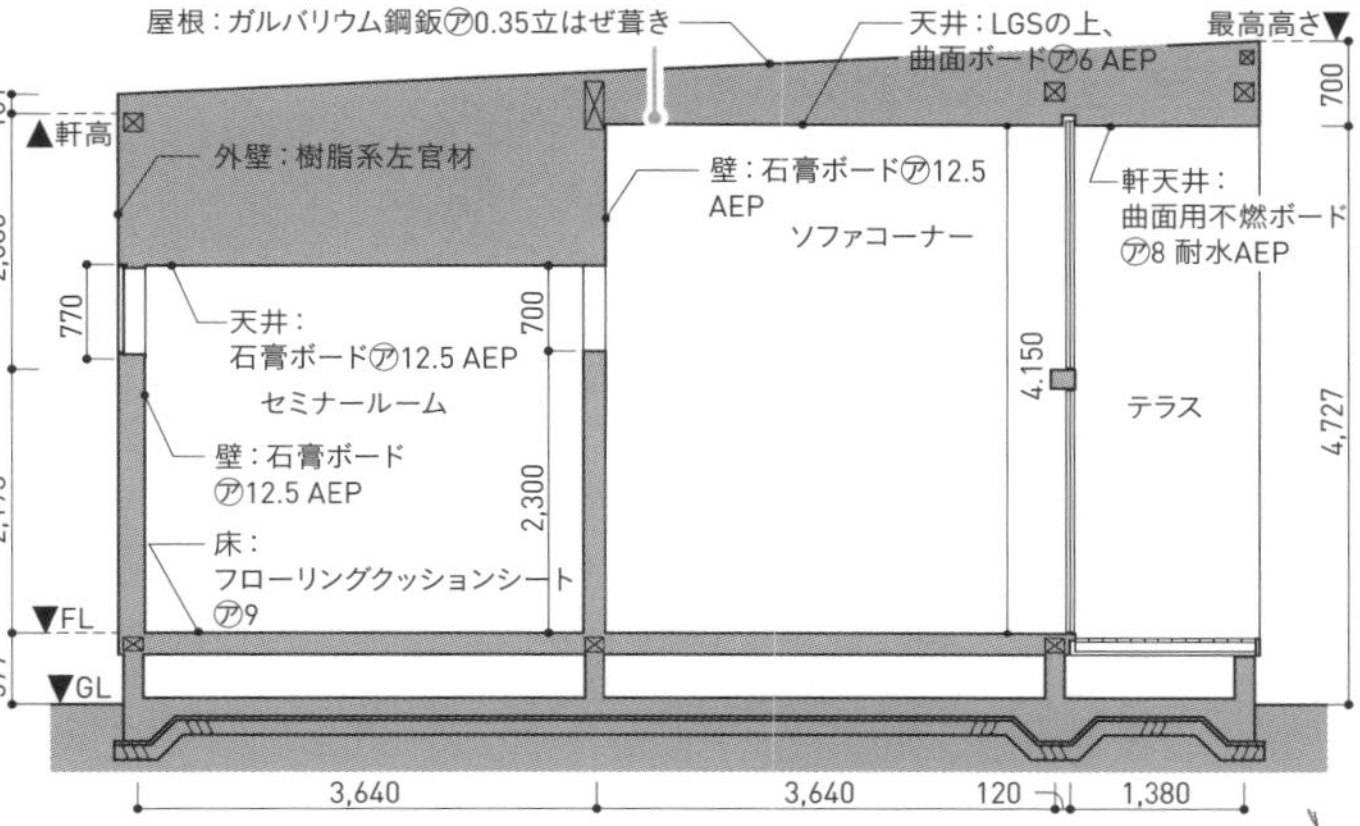
屋根：ガルバリウム鋼鈑㋐0.35立はぜ葺き
天井：LGSの上、
曲面ボード㋐6 AEP
最高高さ▼
700
161
▲軒高
外壁：樹脂系左官材
壁：石膏ボード㋐12.5
AEP
ソファコーナー
軒天井：
曲面用不燃ボード
㋐8 耐水AEP
2,080
770
700
天井：
石膏ボード㋐12.5 AEP
セミナールーム
4,150
テラス
4,727
2,193
壁：石膏ボード
㋐12.5 AEP
2,300
床：
フローリングクッションシート
㋐9
▼FL
577
▼GL
3,640
3,640
120
1,380

断面図
[S=1：120]

天井の低い部分。天井が滑らかに高くなる伸びやかな空間です

「Mirit」所在地：宮城県
敷地面積：358.37㎡
延床面積：145.74㎡
天井高：2,426〜4,150m
設計：菊池佳晴建築設計事務所
写真：越後谷 出

『床・壁・天井の質感にこだわる』

断面（階）で空間を切り替えられない平屋は、空間構成が単調になりやすいことも。質感の異なる素材を使い分け、陰影のある空間に仕上げて印象を切り替えましょう。ただし質感の高い素材は高価なことが多いので、使う素材を4種類程度にとどめると、全体のコストを抑えられます。

また、緑豊かな敷地に建つ平屋は、外の自然と素材を調和させると広がり感が生まれます。たとえば、石をリビングの床に用いて床レベルを下げるなど、内外の中間領域とするのもおすすめです。

POINT

素材を絞り統一感を出す

使う素材の数を絞ることで、家全体に統一感を演出。修繕の際に使う材料も絞られるため、材料費や職人の数も削減できます

POINT

素材で陰影をつくる

粗い質感の漆喰や凹凸のある石を用いて、空間に陰影をつくるのもおすすめ。陰影がある素材なら、大空間の床など広範囲に用いても単調になりません

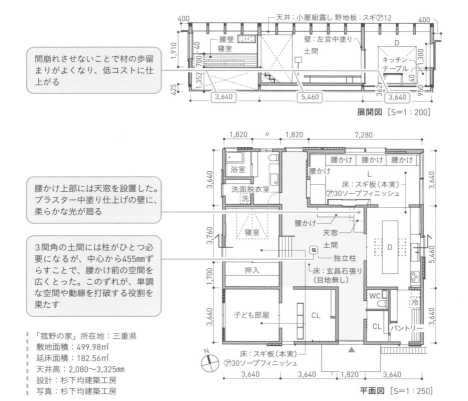

仕上げ材の種類を限定する

家全体の仕上げを統一すれば、仕上げ材の数量に無駄がでず、コストを抑えられます。ここでは内壁をプラスターの中塗りで平滑に仕上げています。

上：床は触感のよいソープ仕上げのスギ材を使用。土間の床のみ玄昌石張りとし、重厚感を演出しています
左：クロゼット入口から土間の腰かけを見た様子。天窓下の腰かけに座ることで低い重心を意識させ、落ち着きのある空間に仕上げました[22頁参照]。天井にはスギの荒材を使用

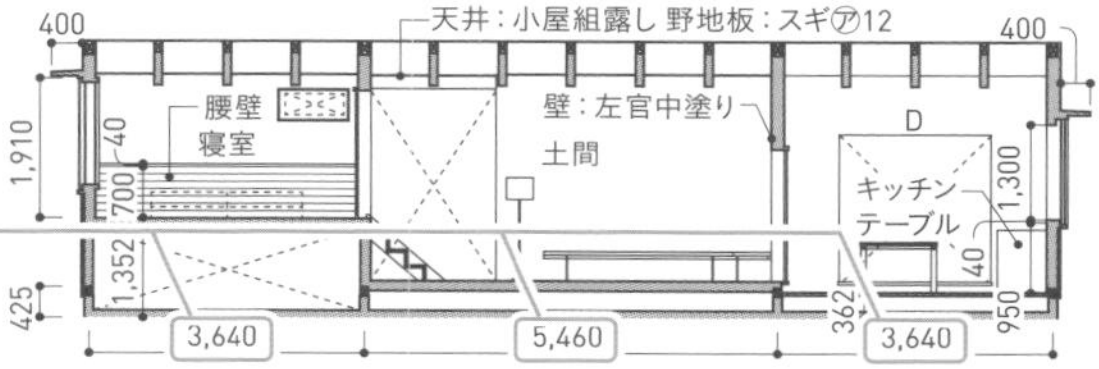
400
天井：小屋組露し 野地板：スギ㋐12
400
腰壁
寝室
壁：左官中塗り
土間
D
キッチンテーブル
1,910
40
700
1,352
425
1,300
40
362
950
3,640
5,460
3,640

間崩れさせないことで材の歩留まりがよくなり、低コストに仕上がる

展開図［S=1：200］

1,820
1,820
7,280
浴室
洗面脱衣室
洗
腰かけ
腰かけ
腰かけ
腰かけ
L
床：スギ板（本実）
㋐30ソープフィニッシュ
腰かけ
天窓
寝室
土間
D
独立柱
押入
床：玄昌石張り
（目地無し）
WC
冷
子ども部屋
CL
CL
パントリー
床：スギ板（本実）
㋐30ソープフィニッシュ
N
3,640
3,760
1,700
3,640
3,640
5,460
3,640
3,640
3,640
1,820
3,640

腰かけ上部には天窓を設置した。プラスター中塗り仕上げの壁に、柔らかな光が廻る

3間角の土間には柱がひとつ必要になるが、中心から455㎜ずらすことで、腰かけ前の空間を広くとった。このずれが、単調な空間や動線を打破する役割を果たす

平面図［S=1：250］

「菰野の家」所在地：三重県
敷地面積：499.98㎡
延床面積：182.56㎡
天井高：2,080〜3,325㎜
設計：杉下均建築工房
写真：杉下均建築工房

長く過ごす場所の仕上げは上質に

リビングやダイニングなど長く過ごす場所には、たとえ高価でもよい素材を選ぶと心地よい空間になります。この平屋では、南側に配置したリビングとテラスの床の段差を小さくし、同じ蛇紋石《じゃもんせき》（水磨き）を張って仕上げました。

地色の部分が石張りの床。石が日射熱を蓄えるので、リビング・ダイニングは冬でも暖かく過ごせる。夜間のために床暖房も採用

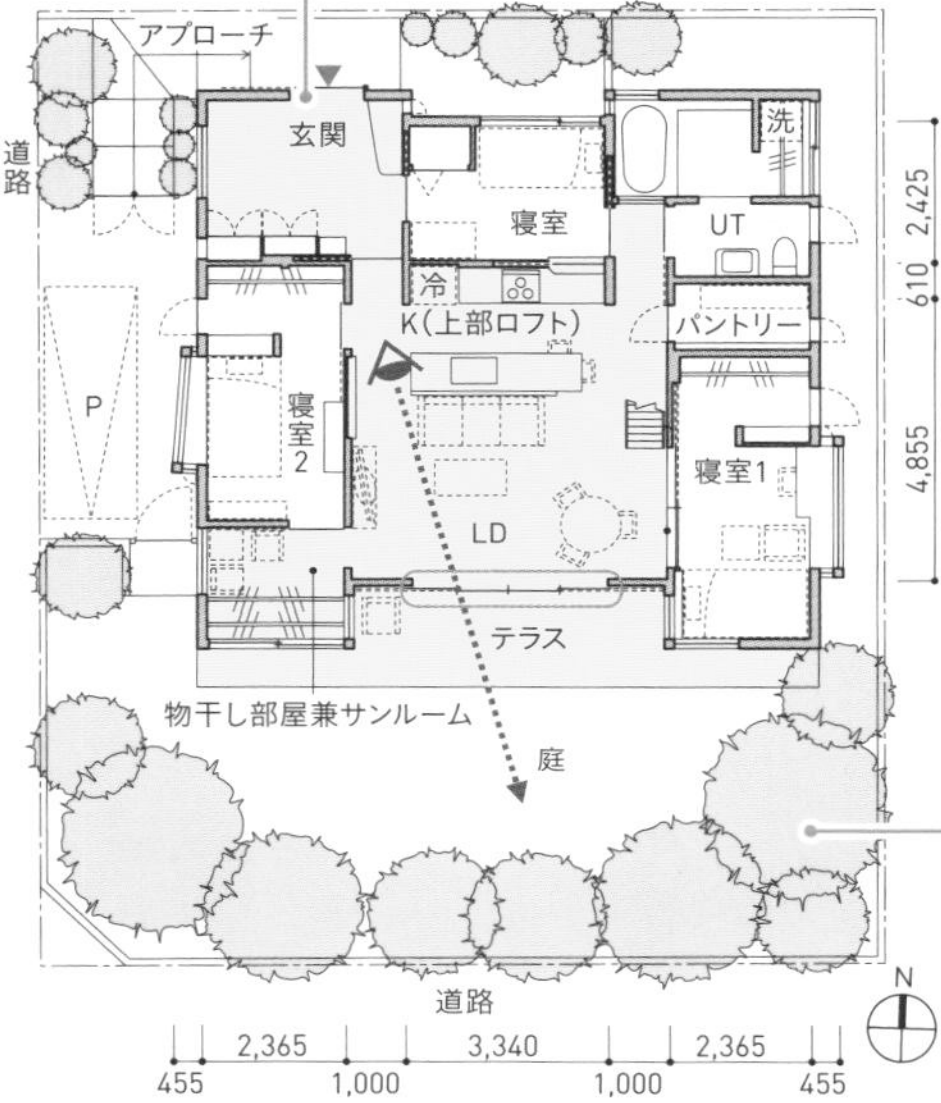

敷地の広さに対して比較的こぢんまりとしたプラン。その分庭の面積が広く、緑を存分に楽しめます

平面図［S=1：250］

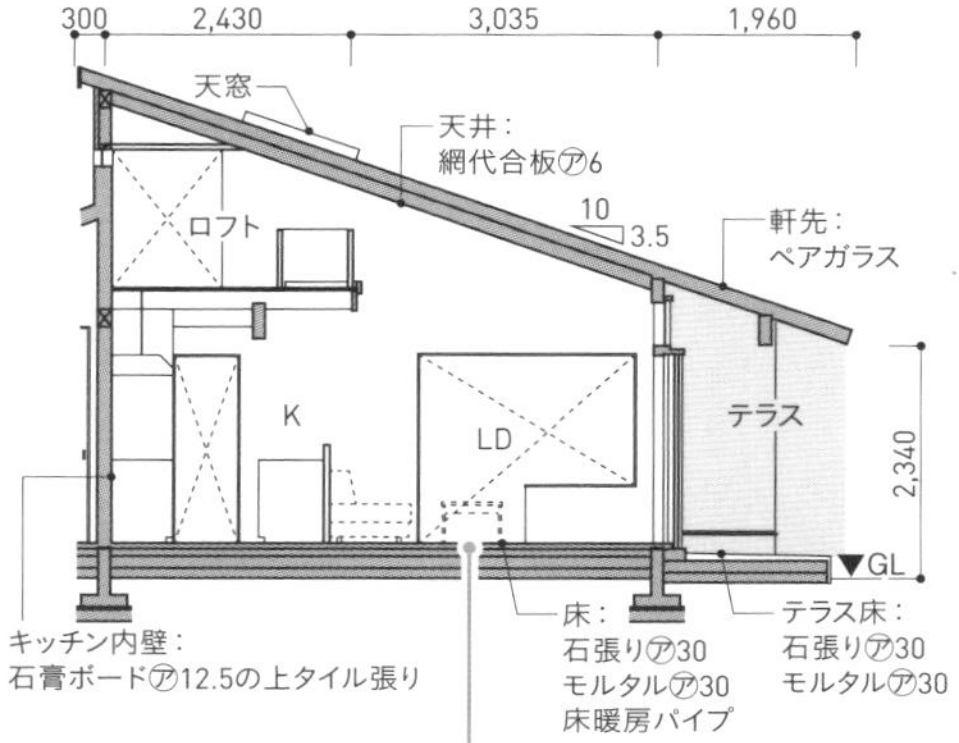

断面図［S=1：150］

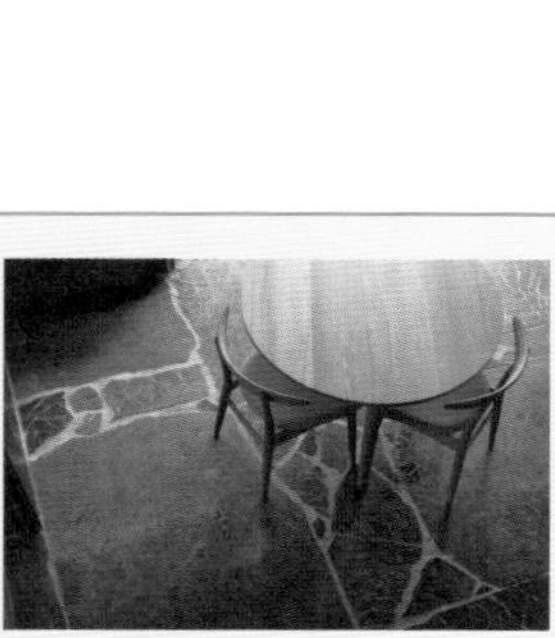

床材は、1×3mの蛇紋石をその場で割りながら施工。緑がかった石をランダムに張ったことで、広々としていながらも間延びを感じることのない空間に仕上げています

「一橋学園の家」所在地：東京都
敷地面積：228.52㎡
延床面積：88.10㎡（小屋裏：20.06㎡）
天井高：2,550～3,986㎜
設計：佐藤・布施建築事務所
写真：石曽根昭仁

リビングから東側の寝室を見た様子。軒を深く出しています（1,960㎜）が、軒の仕上げを透明なペアガラスとし、光を透過させることで、リビングが暗くならないように配慮しています

石張りの床は、水はけもよく掃除もしやすいため、犬が庭から直接リビングに上がっても気になりません

光と影の濃淡を素材で強調する

光をどのように拡散させるかによって、建物内部の雰囲気は変わります。この平屋では、方形屋根の頂上に天窓を設け、LDKに光を届ける仕組みを採用。天井と壁は、墨入り漆喰の木鏝《きごて》押さえで、あえてグレーに仕上げて反射を抑え、開口部からの光を穏やかに拡散しています。

ダイニングの天窓。木鏝押さえは、金《かな》鏝《ごて》押さえよりも粗い質感で、味わいのある仕上がりとなります

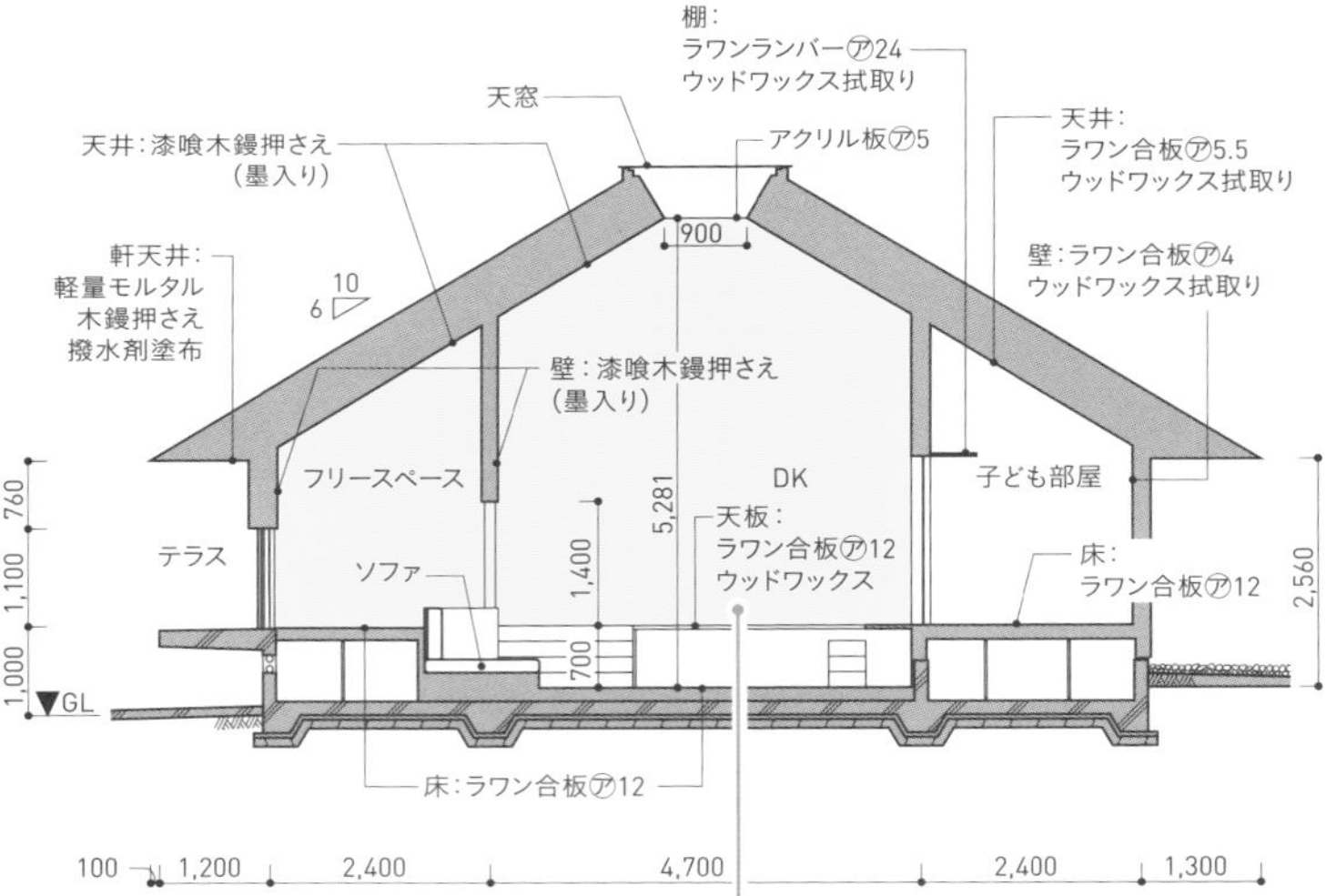
棚：
ラワンランバー㋐24
ウッドワックス拭取り
天窓
アクリル板㋐5
天井：漆喰木鏝押さえ
（墨入り）
天井：
ラワン合板㋐5.5
ウッドワックス拭取り
軒天井：
軽量モルタル
木鏝押さえ
撥水剤塗布
10
6
900
壁：ラワン合板㋐4
ウッドワックス拭取り
壁：漆喰木鏝押さえ
（墨入り）
フリースペース
DK
子ども部屋
5,281
天板：
ラワン合板㋐12
ウッドワックス
テラス
ソファ
1,400
700
床：
ラワン合板㋐12
760
1,100
1,000
▼GL
2,560
床：ラワン合板㋐12
100
1,200
2,400
4,700
2,400
1,300

断面図［S=1：150］

ダイニングキッチンは壁・勾配天井の仕上げをそろえることで囲われ感をつくり、落ち着く空間とした

室内の様子。どの場所にも壁が光をやわらかに反射して、ほどよい明るさをもたらしています

ダイニングの様子。高さによって壁や天井の明るさが変わり、空間にニュアンスをプラスしています

方形屋根が特徴的な外観の夕景

「河原の舎」所在地：愛知県
敷地面積：228.13㎡
延床面積：90.25㎡
天井高：2,000〜5,280㎜
設計：服部信康建築設計事務所
写真：西川公朗

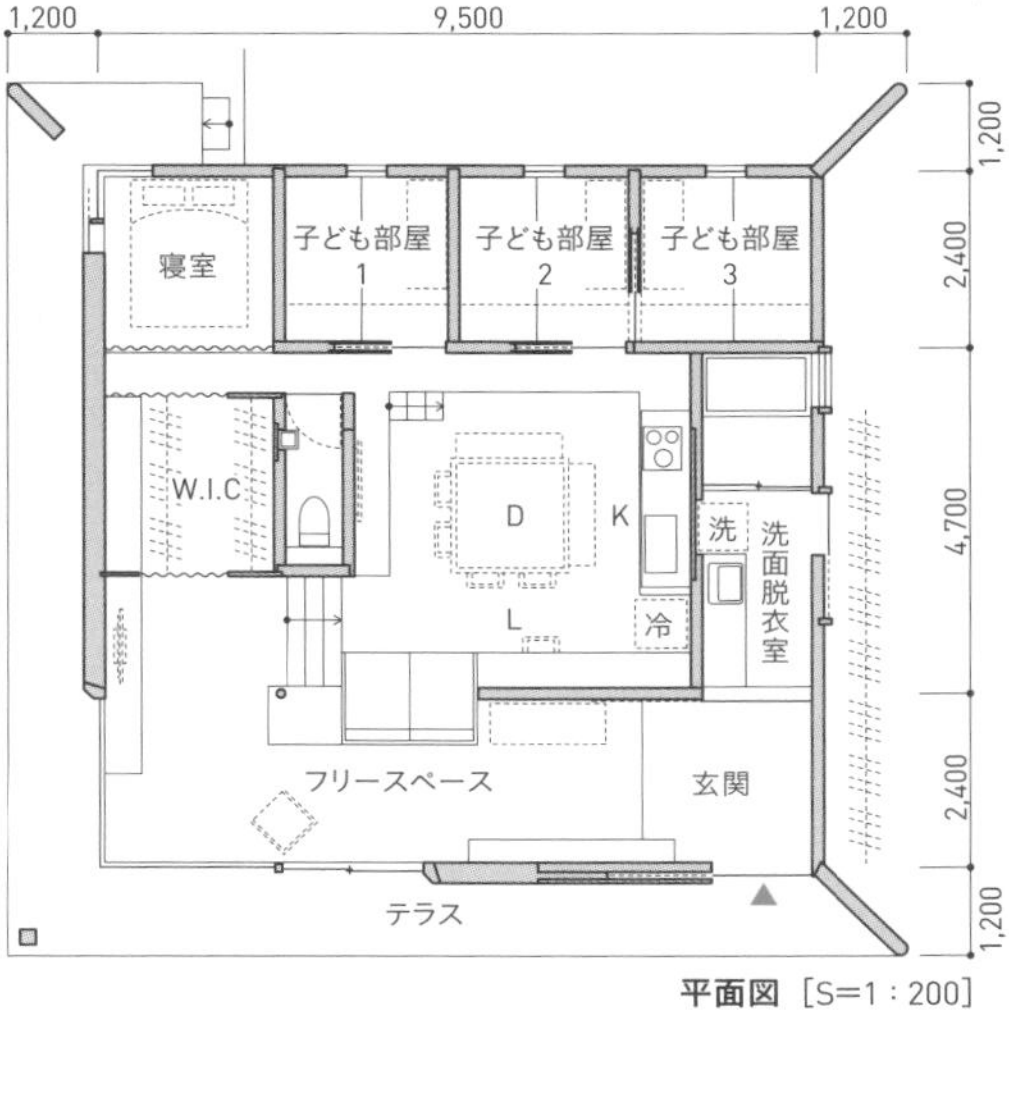

平面図［S=1：200］

小技 — 明るさ

『天窓の光を調節する』

床面積が大きくなりがちな平屋では、外壁面の開口部から距離のある建物中央部分は光が届きにくいため、薄暗くなりやすいもの。そのため、天窓を設けて採光を確保することが多いのですが、天窓からの光は強すぎることもあるため、採光量や熱量を調節する工夫が必要となります。

たとえば、天窓の下にアクリル板を設置すると、光がやわらぎます。ルーバーを設置して角度を調整すれば、光を拡散したり集約したりすることもできます。

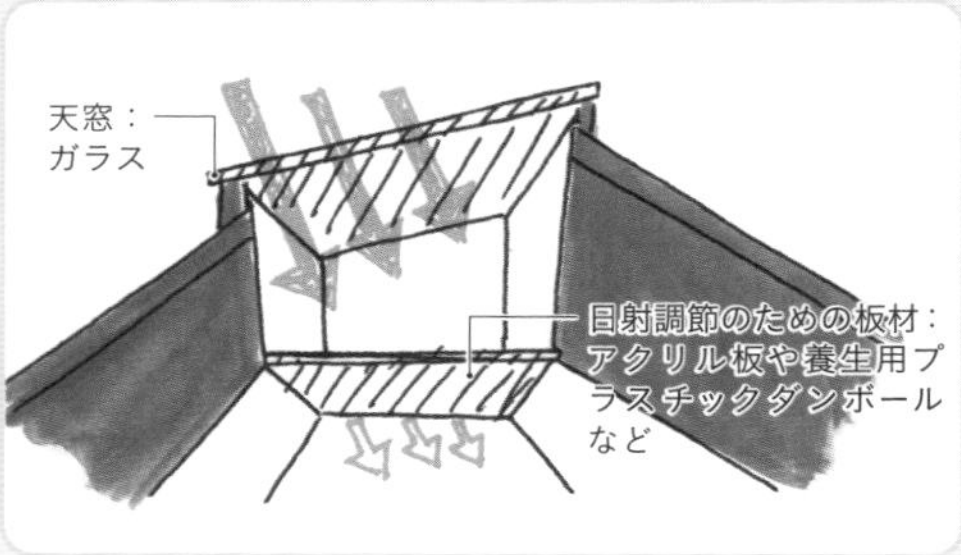

天窓：ガラス
日射調節のための板材：アクリル板や養生用プラスチックダンボールなど

POINT

半透明の板材を挟む

半透明の板材を天窓の下部に設置し、日射量をコントロールする方法。室内から天窓が直接見えなくなり、意匠性もバッチリ

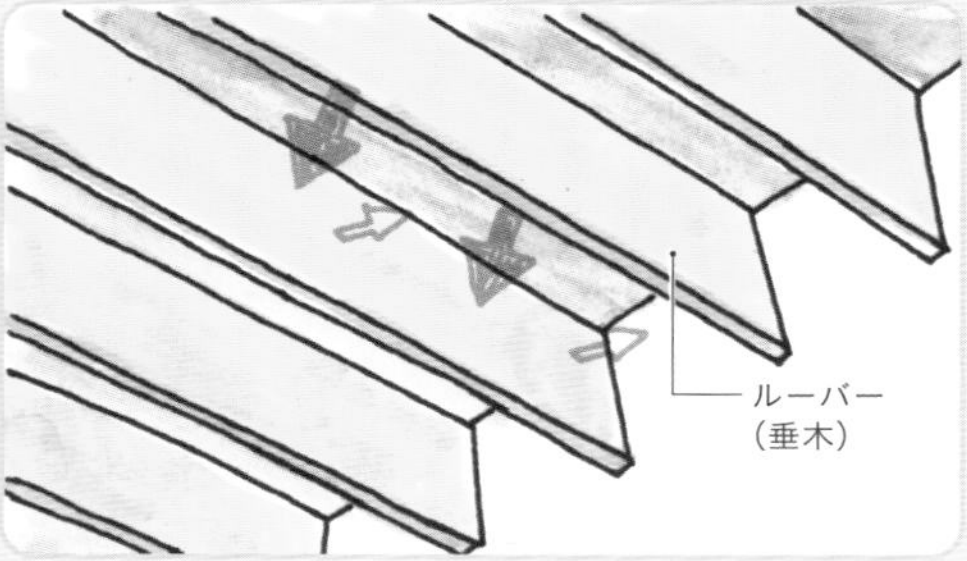

ルーバー（垂木）

POINT

ルーバーを設ける

天窓の下にルーバーを設置し、光を反射・拡散させる方法。白に近い色だと、より光を明るく拡散する。垂木をルーバーとして活用してもOKです

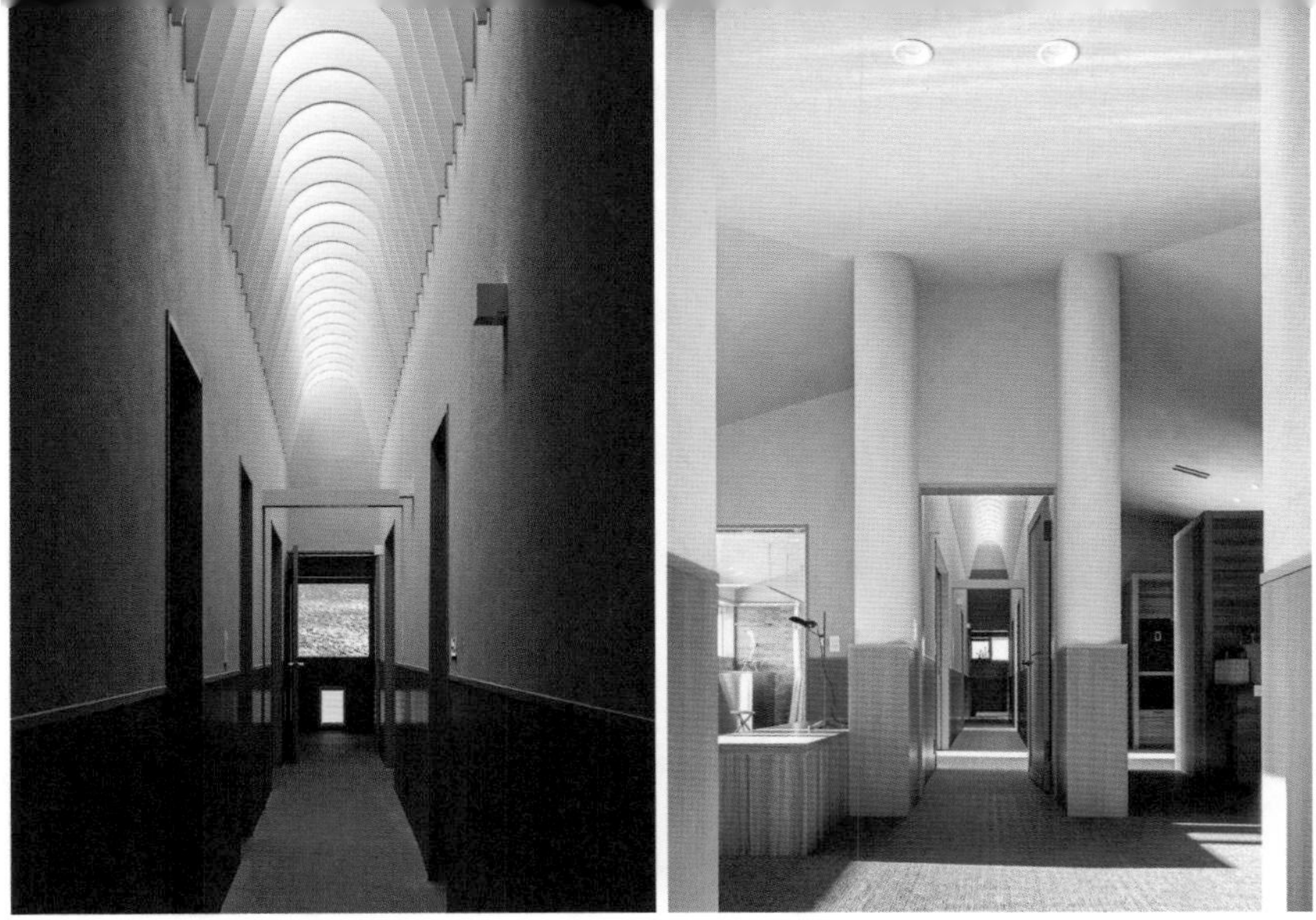

左：廊下の天窓。ルーバーを300㎜間隔で並べることで光が拡散し、奥行き感も強調されています｜右：リビングから廊下を見た様子

廊下に光を届ける

緩勾配の大屋根が特徴的な平屋。床面積も大きく、採光確保には工夫が必要でした[72頁参照]。そこで、建物中央部の廊下に天窓を設置。この天窓の下には、アーチ状のルーバーを設けました。ルーバーにより拡散した光が、暗くなりがちな廊下を明るく印象的な空間に変えています。

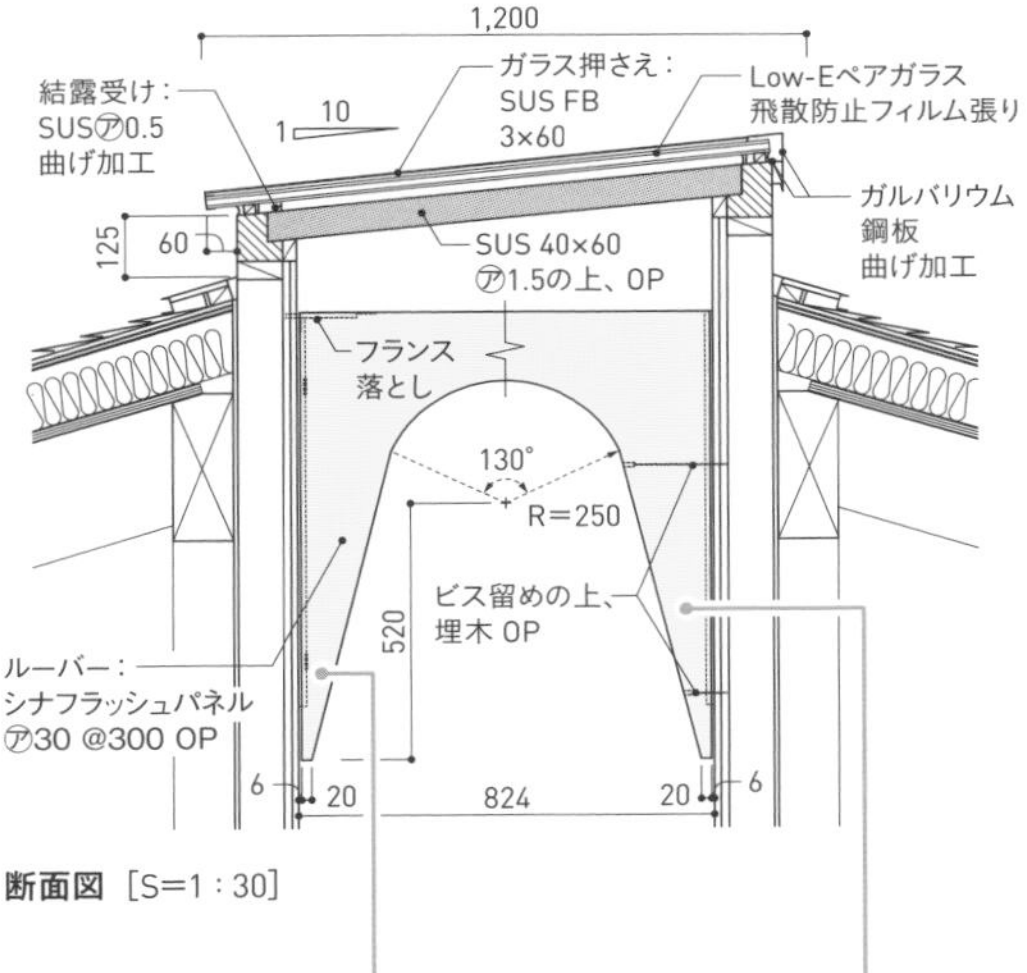
1,200
結露受け：SUS㋐0.5 曲げ加工
ガラス押さえ：SUS FB 3×60
Low-Eペアガラス 飛散防止フィルム張り
1 10
ガルバリウム鋼板 曲げ加工
125
60
SUS 40×60 ㋐1.5の上、OP
フランス落とし
130°
R＝250
520
ビス留めの上、埋木 OP
ルーバー：シナフラッシュパネル ㋐30 @300 OP
6
20
824
20
6

断面図 [S=1：30]

ルーバーには、塗装性のよいシナフラッシュパネルを使用した。白色に塗ったことで、光を明るく拡散させることができる。また、ルーバーは取り外し可能にして、メンテナンス面にも配慮した

アーチ状にカットしたルーバーが光に穏やかに濃淡をつけ、下方に柔らかな光を届ける。ルーバーに気づいて視線を上に向けさせ、より明るく感じさせる効果もある

「寄棟の舎」所在地：岐阜県
敷地面積：994.75㎡
延床面積：111.96㎡
天井高：2,000～3,480㎜、
設計：服部信康建築設計事務所
写真：山内紀人

『猫が好む立体プラン』

猫は上下運動を好むため、猫と暮らすなら複数階建てのほうが適していると思われがち。ですが、平屋でも造作家具や小屋裏などを利用すれば、猫が楽しめる空間をつくれます。ポイントは室内の高い場所に猫の居場所をつくること。猫は高い位置から室内を見下ろすことで安心感を得るからです。

　また、硬く滑りやすい床は猫の体の負担になるので、カーペットや木などの軟らかい床材や自然塗料を使用した猫にやさしい仕上げ材を選びましょう。

POINT

高所に居場所をつくる

家具や収納を利用して段差を設ければ、猫の遊び場や居場所になります。ただし人と視線が合う高さや、人の出入りが多い場所は避けましょう

POINT

脱走対策は万全に

平屋は開放的なプランになりやすいため、2重扉や高い塀で囲ったバルコニー、中庭の設置などで猫の脱走対策に万全を期す必要が

家中のキャットウォークで猫と広々暮らす

中心部に中庭を設け、その周りの高窓付近を猫の居場所にしました。この平面形状なら、廊下なしでスムーズに家中を行き来でき、人にも便利。猫はキャットタワーを昇って家具や梁の上などを自由に行き来できます。平屋でありながら2層分を広々と使ったプランです。

玄関からリビング、中庭方向を見た様子。猫は左手のクロゼットや梁の上を通って奥の中庭付近の居場所や、さらに奥の部屋へと自由に歩き回ります

キャットタワーは玄関土間に設置。ロフトの南東側には階段が付いているので、猫は2方向から昇降できる

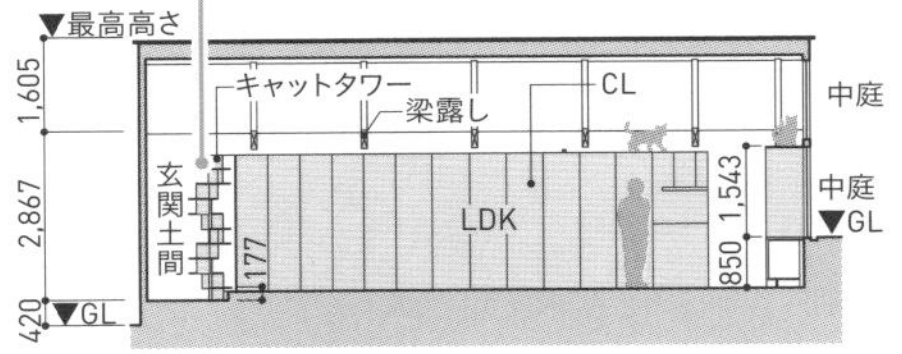

断面図［S=1：250］

中庭付近に設けたキャットウォークからクロゼット、ロフトの間隔は猫が飛び移れる距離（1,000㎜程度）とした

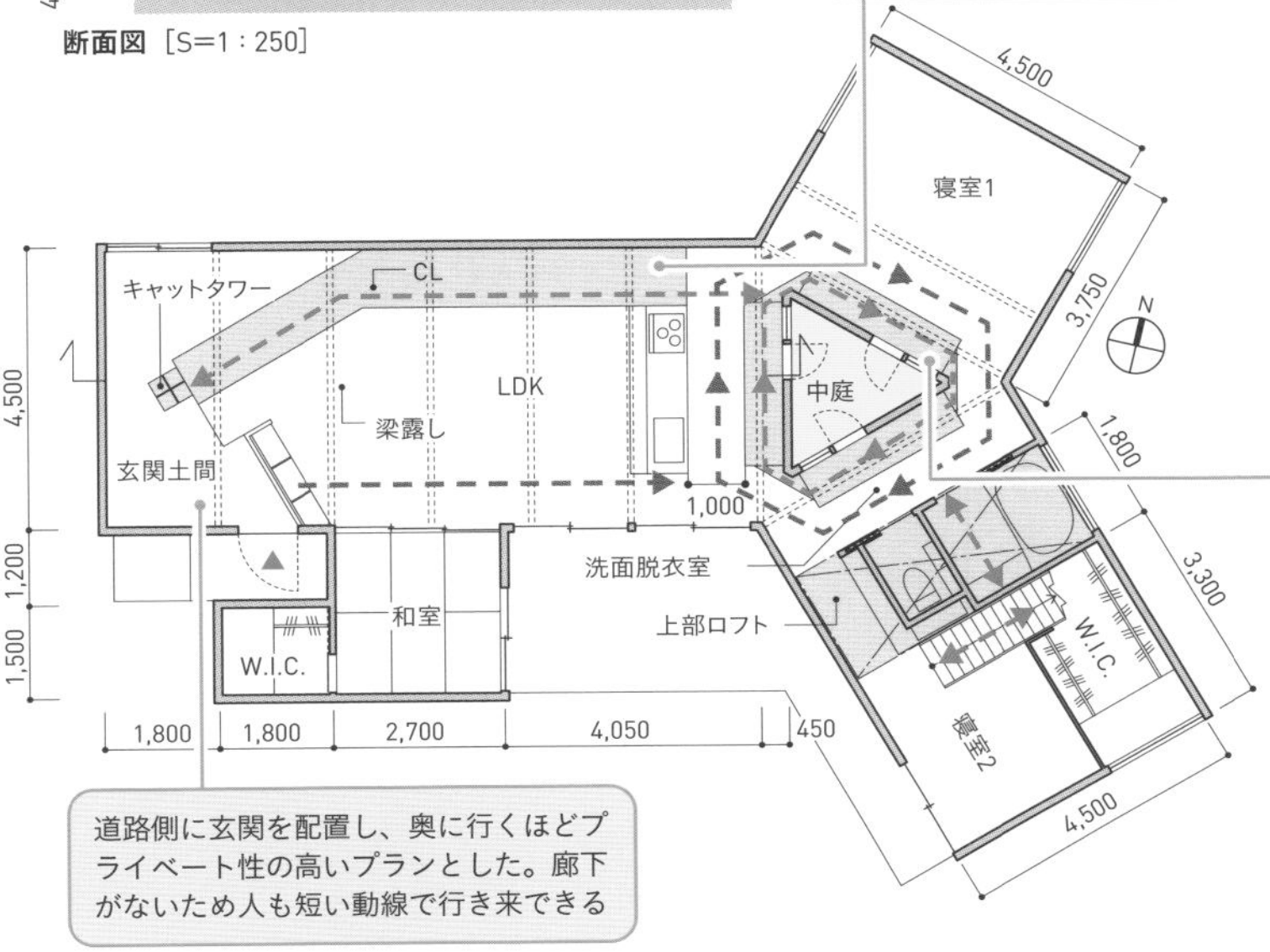

中庭に面して高窓を設け、室内への通風・採光を得る。同時に、猫が高窓に面したキャットウォークの上で日向ぼっこをして心地よく過ごせる環境とした。中庭は猫が遊べて、脱走できない屋外空間となる

道路側に玄関を配置し、奥に行くほどプライベート性の高いプランとした。廊下がないため人も短い動線で行き来できる

「acrab」所在地：茨城県　敷地面積：299.78㎡
延床面積：106.15㎡　天井高：2,000〜3,956㎜
設計：ポーラスターデザイン
施工：いえつなぎ
写真：藤本一貴

：猫動線　：人動線
：キャットウォーク

平面図［S=1：200］

『薪ストーブで火と暮らす』

平屋と薪ストーブは、暖房方法としても、燃料の搬入や煙突などの内外の関係性においても相性抜群。薪ストーブの設置場所の条件は、暖気を家中に行き渡らせることができるうえ、薪の搬入や調理、メンテナンスなどに支障が出ない場所を選ぶことです。

薪ストーブを家の中心に置けばその熱は均等に行き渡りますが、使わない時期には邪魔。外部とのつながりも考えると、壁際や家の隅が適切です。ただし、壁際に置く場合は背面の壁にも防火措置が必要となります［※1］。

［松原正明］

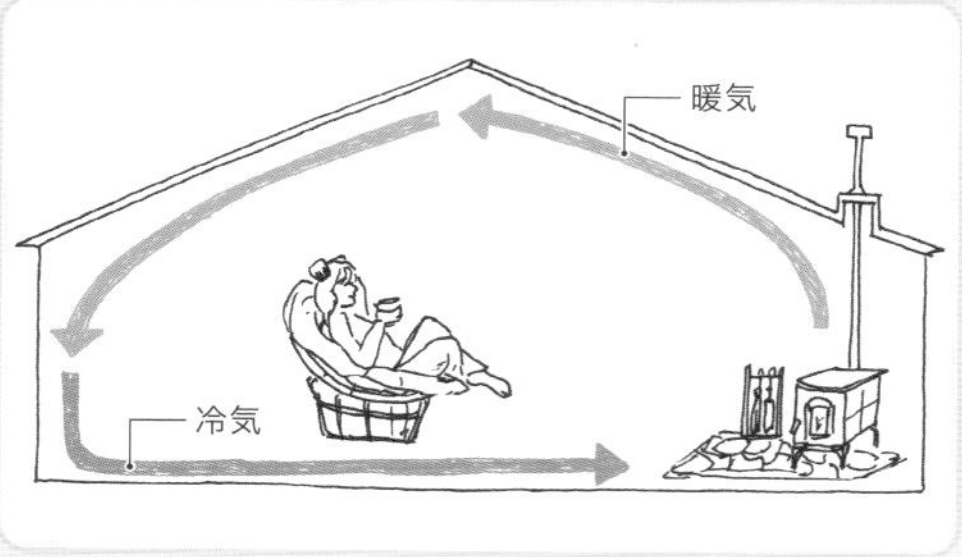

POINT

家中をつなげて対流を生かす

屋根勾配を利用して対流［※2］を起こせば、家中を温めやすくなります。各室を完全に仕切らずにつながりをもたせるのがポイントです

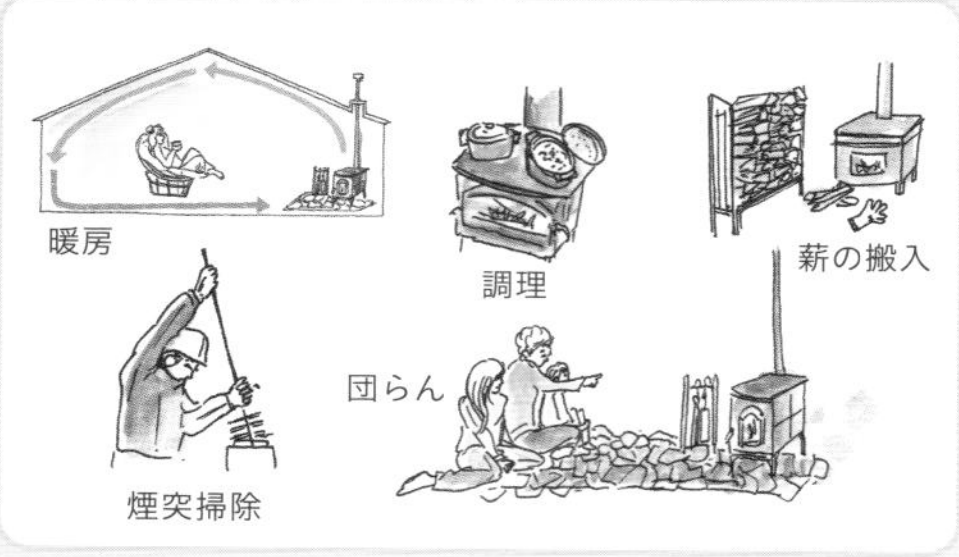

POINT

全機能を満たす場所に置く

薪ストーブは移動できません。暖房・調理・薪搬入時の利便性・清掃性・メンテナンス性・煙突を抜く位置など諸条件を満たす場所をしっかり検討しましょう

薪ストーブ＋土間で半屋外空間を演出

庭を囲むような建物形状で、景観と外部からの視線遮断に植栽を生かしたプラン。薪ストーブを配したリビングの床は、アプローチ側のテラスと同じタイル仕上げとしました。テラスに続く窓を開放すれば、リビングは半屋外空間になります。

上：キッチンからリビング方向を見た様子。リビングの開口部には、横桟が入った網戸やプリーツスクリーンを設置し、外部とのつながりを調整しています｜下：南側アプローチ。テラスまで屋根と壁で覆われています

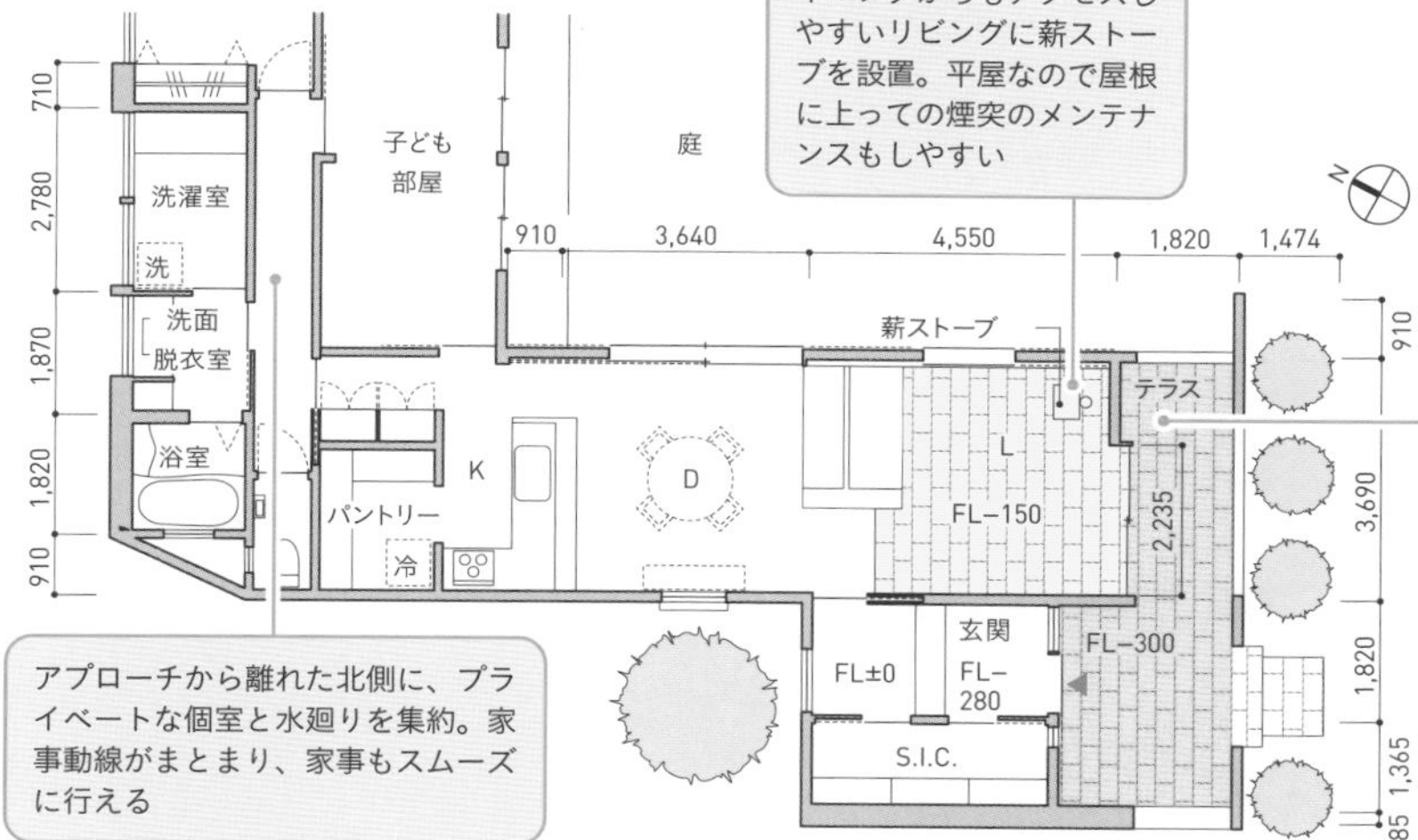

屋外とつながりやすく、ダイニングからもアクセスしやすいリビングに薪ストーブを設置。平屋なので屋根に上っての煙突のメンテナンスもしやすい

アプローチから離れた北側に、プライベートな個室と水廻りを集約。家事動線がまとまり、家事もスムーズに行える

建物南側のアプローチとテラスをつなぎ、植栽と併せて外部との緩衝帯とした。一部は薪置き場としても使える

平面図
[S=1：200]

「横山町のいえ」所在地：愛知県
敷地面積：279.60㎡　延床面積：113.17㎡
天井高：2,200〜3,100㎜
設計：安江怜史建築設計事務所
写真：安江怜史

※1 建築基準法35条の2、および国土交通省告示225号において、壁や天井に難燃材料や準不燃材料を使うなどの内装制限がある。また積極的に周囲の壁や床に蓄熱させれば暖房効率も向上する。炉台にはレンガ、石、コンクリートなどを用いるとよい。薪ストーブの下にコンクリートを敷くか、床補強のうえ、石張り・レンガ敷きなどを施せばよい｜※2 温かい空気は上昇し、冷たい空気は下降する性質

毎日の食卓で薪ストーブをフル活用

体を温め、癒してくれる薪ストーブ。さらに、調理にも薪ストーブの熱は大活躍します。シチューをコトコト煮込んだり、ピザを焼いたりも得意です。この平屋では「日常の調理に薪ストーブを使いたい」という住まい手の希望で、キッチンの近くの土間玄関に薪ストーブを設置しています。

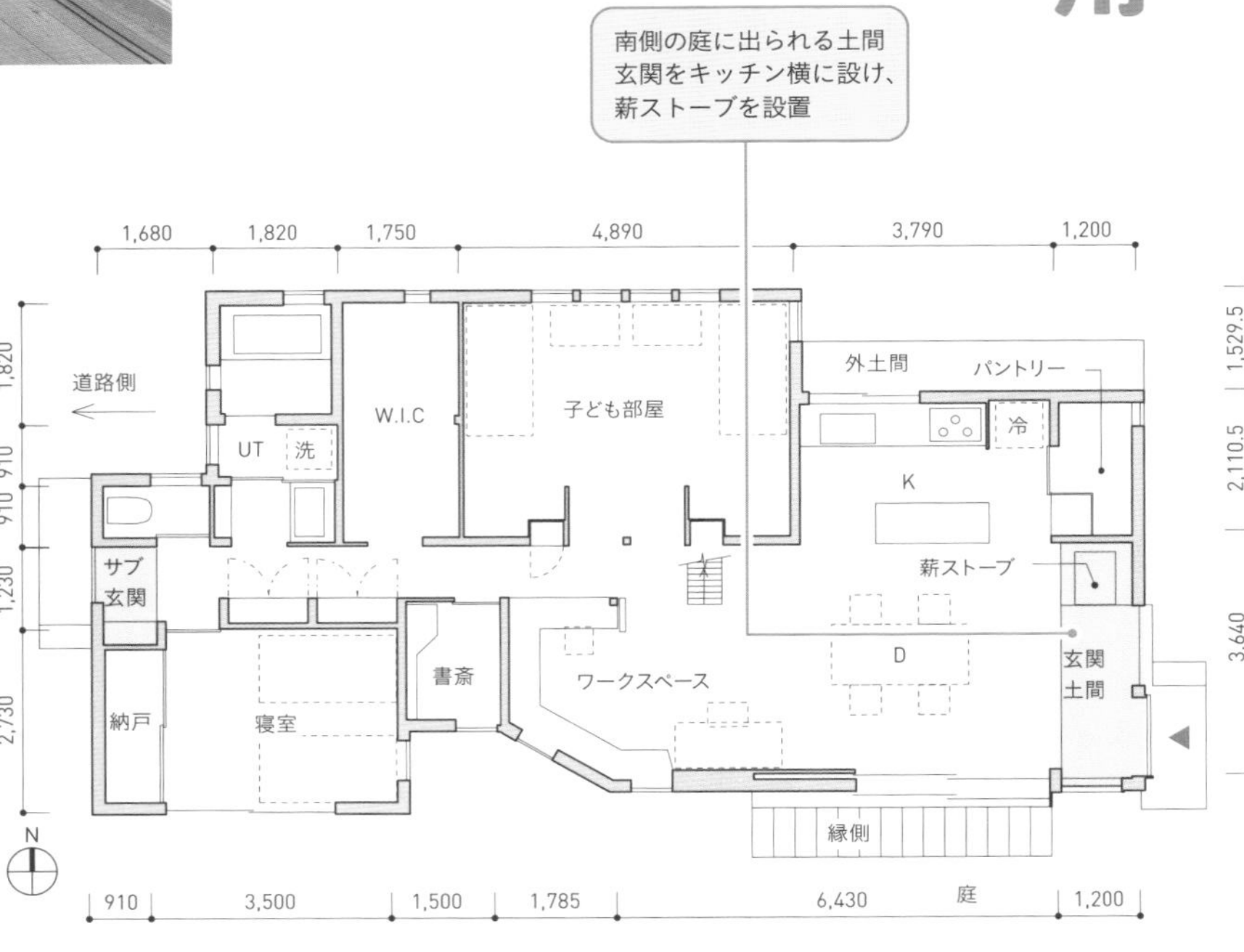
南側の庭に出られる土間
玄関をキッチン横に設け、
薪ストーブを設置
1,680
1,820
1,750
4,890
3,790
1,200
1,820
910
910
1,230
2,730
1,529.5
2,110.5
3,640
道路側
外土間
パントリー
W.I.C
子ども部屋
UT
洗
冷
K
サブ
玄関
薪ストーブ
書斎
ワークスペース
D
玄関
土間
納戸
寝室
縁側
N
910
3,500
1,500
1,785
6,430
庭
1,200

平面図［S=1：160］

ワークスペースからLDK・玄関土間を見た様子。パントリーの脇に薪ストーブがあり、調理動線の一部になっています

建物外観。三角屋根と、薪ストーブの煙突が周囲の緑とよく馴染んでいます

「白子の家」所在地：千葉県
敷地面積715.66㎡
延床面積99.33㎡　天井高2,100〜3,580mm
設計：野口修アーキテクツアトリエ
写真：小泉一斉

玄関土間はモルタル仕上げ。庭との一体感を高めるために、扉はガラスの框戸を採用

小技
プライバシー

『塀以外で目隠しをする』

室内と外部の距離が近く、景観を存分に楽しめるのが平屋のよいところ。周辺環境に恵まれている場合、立地条件さえ許すなら、塀などを設けずおおらかに周囲とつなげる計画としたいものです。

　とはいえ、あまりに開放的すぎても暮らしにくいため、最低限のプライバシーは確保しましょう。土や樹木など、自然に存在するものを目隠しに用いれば、内部からの眺望を邪魔することなく、周辺環境とうまくなじみます。

POINT

築山を設ける

平屋は2階建てに比べて基礎面積が大きく、工事の残土が多く出ます。これをうまく利用して築山を設ければ、周囲に溶け込む緩やかな目隠しになります

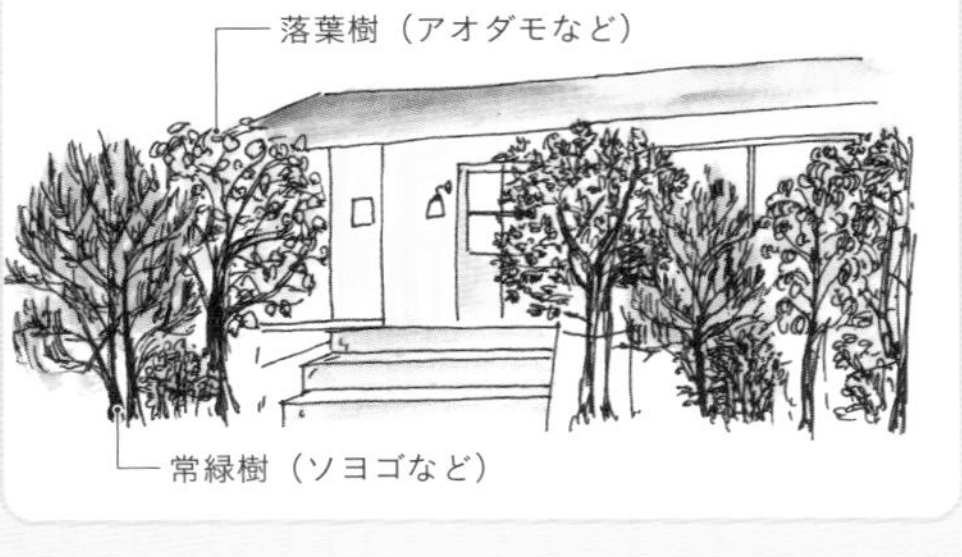

POINT

樹木を活用する

植栽は有用な目隠しとして機能します。冬期でも道路からの視線をある程度遮れるよう、落葉樹と常緑樹の割合を6：4程度にするとよいでしょう

残土を利用してプライバシーを守る

豪雪地域の平屋。西側に美しい山と豊かな緑（防風林）が広がっています。LDの大開口と前面道路は約10m離れているが、敷地面積は約1750㎡と広々。東側の接道面に残土を利用した築山を設けています。

ダイニングから築山を見た様子。高さ2,150㎜、幅5間の開口部から、外部の景観をくまなく見渡せます。プライバシー確保のために設けた築山の高さは約1.5mで、室内からの眺望を確保し、同時に道路からの視線を適度に遮っています

平面図［S=1：250］

リビング・ダイニングには、間口5間の大開口を設けた。厳寒の豪雪地帯に建つため、断熱性に優れた高性能木製サッシ「夢まど」（アルス）と断熱ブラインドを採用。冬場のコールドドラフトを防ぐため、開口部付近の床には冷気止めのパネルヒーターを設置している

前面道路から築山を見た様子。冬場は積雪により白く美しい壁に、夏場は緑の丘へと表情が変化。冬場は積雪によりさらに1mほど高さが増します。築山をつくる際はできるだけ擁壁を避け、安定勾配になる½〜⅓程度の法面勾配にすればコストを抑えられます［※］

「西根の家」所在地：山形県
敷地面積：1,752.16㎡　床面積：111.79㎡
天井高：2,200〜3,500㎜
設計：渋谷達郎＋アーキテクチュアランドスケープ
写真：渋谷達郎

※ 残土の量が不足する場合は、低木〜中木を植栽し、高さをカバーするとよい

小技
手入れ

『メンテナンス性から外壁を考える』

平屋の外装材は、比較的自由に選べるのも魅力。なぜなら、複数階建ては屋根や外壁のメンテナンス時に足場を組む必要がありますが、平屋は大掛かりな足場を組む必要がなく、メンテナンスしやすいからです。また、軒を深く出せば雨掛かりが少なくなって、外壁が傷みにくいという長所もあります。

　いずれにせよ、住まい手の好みを十分に反映したうえで、意匠性、施工性コスト、メンテナンス性の各要素を勘案し、最適な外装材を選びましょう。

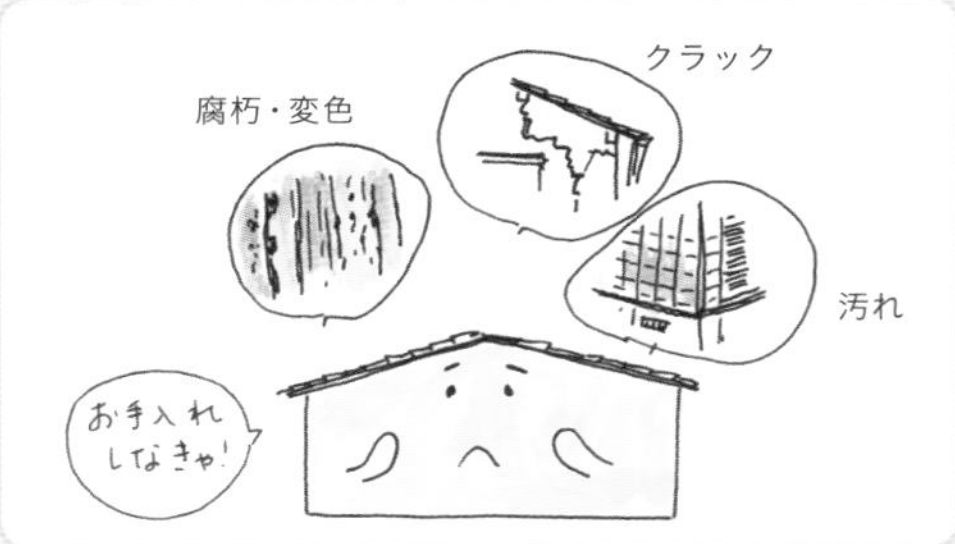
腐朽・変色
クラック
汚れ
お手入れしなきゃ!

POINT

メンテナンスコストを考える

一般的に、メンテナンスしやすい外装材はサイディング系。一方、木・塗装系は、保護塗料の塗布やクラックなどの定期的な補修が必要となります

雨樋
深い軒
濡れない!
うわ〜!

POINT

深い軒には雨樋不要

平屋では、軒を深く出せば雨樋が不要になるケースも多数。外樋なら、漏水のリスクはほぼなく、取り替えなどのメンテナンス性も高いのです

屋久島地杉の外壁で経年変化を楽しむ

スギ材を外壁仕上げ材に採用した平屋。軒を1000㎜以上出しているので雨掛かりが少なく、外壁も傷みにくいのが魅力です。とはいえ、傷んできたら取り替えは必要。この平屋では、一般的なスギ材よりも油分が多く耐久性の高い屋久島地杉《やくしまじすぎ》を無塗装で使用しています。

玄関側外壁。床の高さは積雪や眺望を考慮して、設計GLから600㎜上げています。既製品の場合、取り替え時にはすでに廃番ということもありますが、木材であればその心配は不要。木材特有の経年変化を楽しめるメリットもあります

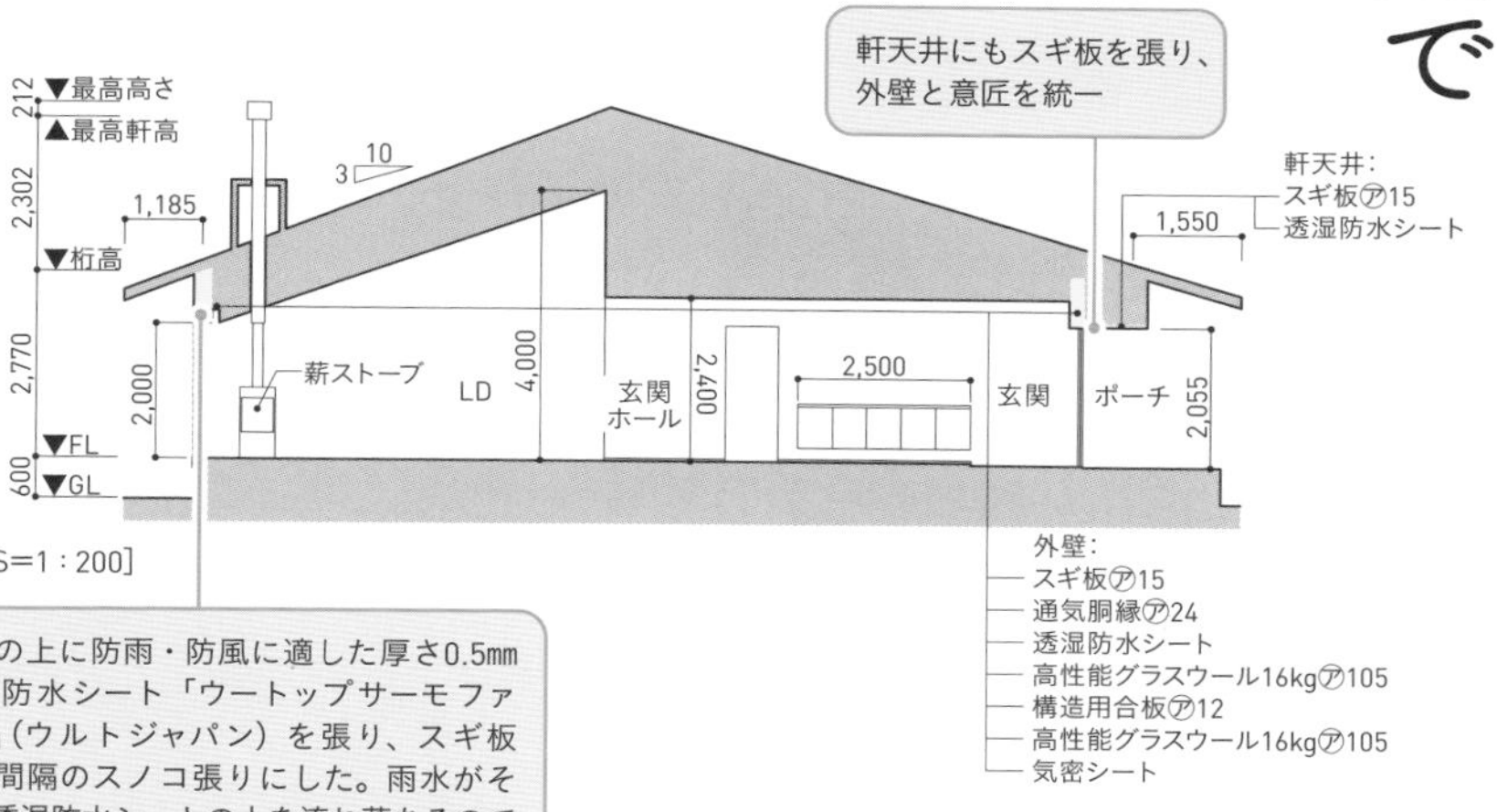
断熱材の上に防雨・防風に適した厚さ0.5㎜の透湿防水シート「ウートップサーモファサード」(ウルトジャパン) を張り、スギ板を20㎜間隔のスノコ張りにした。雨水がそのまま透湿防水シートの上を流れ落ちるので、多雪地域でも十分に機能を果たす。スギ材の張り替えも容易に行える

断面図 [S=1：200]

外観。外壁全体がスギ材で覆われ、周囲の風景に溶け込んでいます

「宮内の家」所在地：山形県
敷地面積：1,388.05㎡　延床面積：142.47㎡
天井高：2,400㎜（リビング平均天井高3,000㎜）
設計：渋谷達郎＋アーキテクチュアランドスケープ
写真：渋谷達郎

小技
駐車場

『駐車場はさりげなく、使いよく』

平屋を建てやすい地域では、日常的な移動手段としての自家用車が必須アイテム。敷地に余裕があったとしても、駐車場の設置場所や車の扱い方は大事なポイントとなります。駐車場に屋根を設けたいという要望も多いので、駐車場が家や庭の一部に見えるよう軒を大きく出してもよいでしょう。

　ただし、平屋は外部との距離感が近く、室内外が同一平面上になるため、駐車場が目に入りやすいので、室内からの見え方にも配慮しましょう。

POINT

建物と一体感をもたせる

駐車場まで屋根を延ばすなどして建物と一体感をもたせると、意匠的にまとまって見えます。室内とつなげれば荷物の多いときや荒天時にも便利

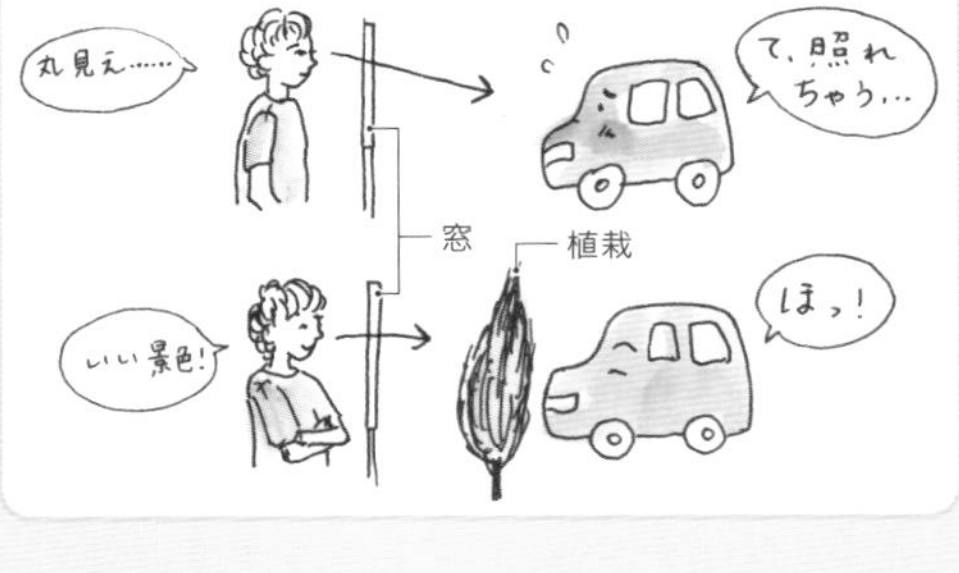

POINT

室内からの見え方も考える

室内や庭から駐車場が丸見えでは興醒め。駐車場と部屋との境に格子戸や植栽を設ければ、車を隠しつつ通風・採光も得られます

一体化した駐車場で視線をコントロール

玄関と駐車場・外部収納を直結させた平屋。玄関と道路との間に駐車場を置いて車を出し入れしやすくし、前面道路からの視線を遮っています。中庭側にはルーバーを設け、ＬＤＫからの駐輪場の見え方にも配慮しました。

リビング側テラスから駐車場方向を見た様子。外部収納の外壁（写真右）と駐車場の塀（写真中央）はスギ材で仕上げられ、庭となじんでいます

中庭と駐車場の間に高さ1,600㎜程度のルーバーの塀を設け、室内側から車が直接見えないようにした。ルーバーの隙間から駐車場の外へさりげなく視線が抜けて緩やかにつながり、広がりを感じられる。また、通風・採光も確保できる

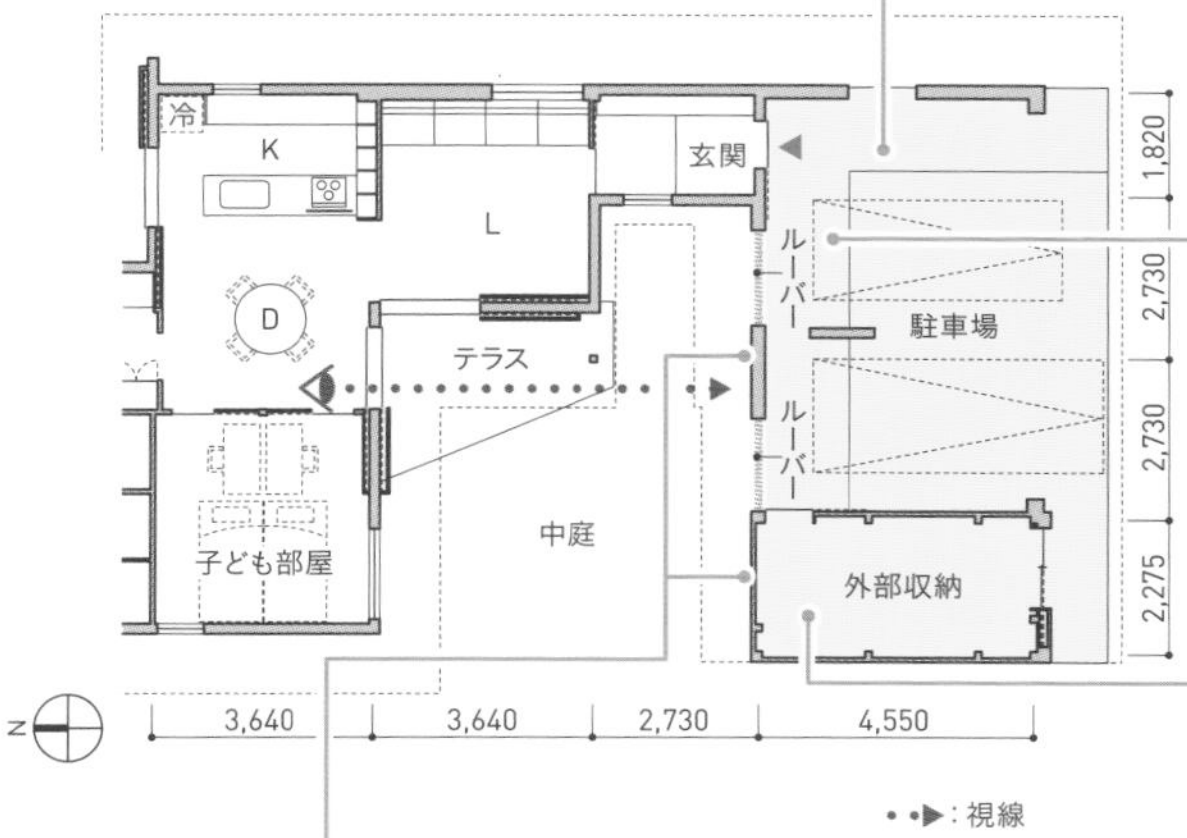
冷
K
L
玄関
D
テラス
ルーバー
駐車場
ルーバー
子ども部屋
中庭
外部収納
1,820
2,730
2,730
2,275
N
3,640
3,640
2,730
4,550
：視線

平面図 [S=1：250]

玄関から続く屋根は駐車場全体に掛かっているので、荒天時でも雨に濡れることなく乗り降りできる

駐車場の隣には、外部収納を併設。将来子どもが増えたり、独立したりした際は、ここに断熱処理を施せば離れとしても使える

駐車場・外部収納にも耐力壁を設け、構造的にも建物と一体化している

景色となじむ駐車場外観。左側が外部収納

「西美薗の家2」
所在地：静岡県
敷地面積：404.25㎡
床面積：133.96㎡
天井高：2,000～2,100㎜
設計：扇建築工房
写真：アドブレイン

Column 3

風土に合わせた平屋

台風も怖くない南国の平屋

この平屋が建つのは、島の大部分が国立公園に指定されている西表島。台風が上陸すると数日間は外に出られず、停電でクーラーも使えなくなります。この平屋では、台風時でも安全に通風を確保し、窓を閉め切らずに過ごせるよう、雨戸ではなく、高強度の防風ネット「ハリケーンファブリックスクリーン」(ハリケーンファブリック沖縄)を採用。これを取り付けるためのフックを庇に設けました。晴天時には、西側に開いた大開口から、豊かな森や広大な海など、島のダイナミックな風景を存分に楽しめます。

左：庇に防風ネットを取り付けた様子。暴風をそよ風程度にカットし、飛散物から家を守ります。台風時でも通風と採光の確保が可能｜上：軒側面に見えるのが防風ネットを取り付けるためのフック。台風時にはこのフックに商品付属のアンカーを嵌め、防風ネットを引っかけるだけでOK

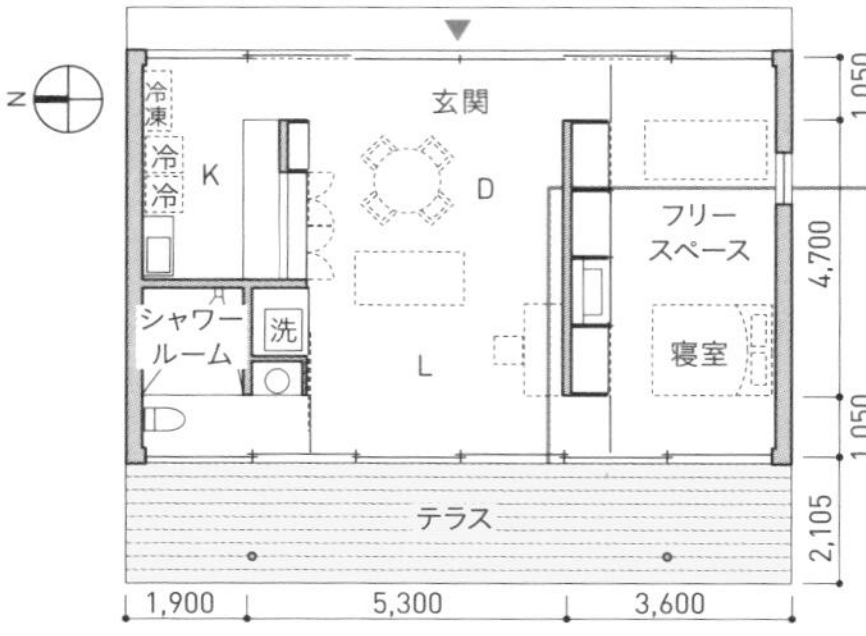

平面図［S＝1：250］

広いコンクリート製のテラスは洗濯物や仕事道具を干すスペースにもなる

「Villa921」所在地：沖縄県（西表島）
敷地面積：496.02㎡　延床面積：73.44㎡
設計：ハルナツアーキ
写真：中村絵

上：西側外観。景観が望める西側に約2mの深い軒を出し、南国の強い日射を遮っています。雨水をためない切妻屋根を採用｜下：テラスからリビングダイニング、玄関を見た様子。大開口による抜けで外部の景色を大胆に取り込んでいるため、延床面積に対してかなりの広さを体感できます

Profile

執筆者プロフィール［五十音順］

赤座伸武［あかざ・のぶたけ］赤座建築デザイン
1971年岐阜県生まれ。'90年向井建築設計事務所入所。2006年赤座建築デザイン事務所設立。'09年〜国立岐阜工業専門学校建築学科非常勤講師

飯田亮［いいだ・りょう］
飯田亮建築設計室×COMODO建築工房
1979年栃木県生まれ。地元工務店を経て、デザインは基本的に独学で習得。2007年に設計事務所、'12年にCOMODO建築工房（工務店）設立

伊原洋光［いはら・ひろみつ］
hm+architects一級建築士事務所
1973年愛知県生まれ。'96年愛知工業大学工学部建築学科卒業。'98年愛知工業大学大学院工学研究科修了。'98年第一工房勤務を経て、2016年hm+architects一級建築士事務所共同主宰。現在、愛知工業大学、中部大学非常勤講師

伊原みどり［いはら・みどり］
hm+architects一級建築士事務所
1967年新潟県生まれ。'88年工学院大学専門学校建築学科卒業。'88年第一工房勤務を経て、2014年hm+architects一級建築士事務所設立、'16年〜共同主宰

及川敦子［おいかわ・あつこ］及川敦子建築設計室
1976年北海道生まれ。2001年北海道大学大学院工学研究科都市環境工学専攻修了。伊藤寛アトリエを経て、'05年にビオフォルム環境デザイン室に参加。'06年及川敦子建築設計室設立。'12年〜、京都造形芸術大学大学院（通信教育部）非常勤講師

大塚陽［おおつか・よう］オオツカヨウ建築設計
1973年岩手県生まれ。'95年北海道東海大学芸術工学部建築学科卒業。建築企画山内事務所を経て、2009年オオツカヨウ建築設計設立

風祭千春［かざまつり・ちはる］
風祭建築設計
1979年茨城県生まれ。2001年東京電機大学工学部建築学科卒業。設計事務所、確認審査機関、工務店勤務を経て'15年風祭建築設計設立。'16年NPO法人フェーズフリー建築協会設立、理事長就任。現在、ICSカレッジオブアーツ非常勤講師

川添純一郎［かわぞえ・じゅんいちろう］
川添純一郎建築設計事務所
1967年長崎県生まれ。'91年九州大学工学部建築学科卒業。2000年川添純一郎建築設計事務所設立

菊池佳晴［きくち・よしはる］
菊池佳晴建築設計事務所
1977年宮城県生まれ。2000年東北芸術工科大学デザイン工学部環境デザイン学科卒業。羽田設計事務所、都市建築設計集団を経て、'11年菊池佳晴建築設計事務所設立。東北芸術工科大学特別講師

桑原雅明［くわはら・まさあき］ワーク・キューブ
1962年愛知県生まれ。'85年武蔵工業大学工学部卒業。'88年筑波大学大学院芸術研究科修了。伊藤建築設計事務所を経て、'92年ワーク・キューブを共同開設

佐藤高志［さとう・たかし］サトウ工務店
1968年新潟県生まれ。県内の建築事務所に勤務後、2002年サトウ工務店に入社、'10年同工務店代表に就任。著書に、『デザイナーズ工務店の木造住宅納まり図鑑』（エクスナレッジ）がある

佐藤哲也［さとう・てつや］
佐藤・布施建築事務所
1973年東京都生まれ。'96年東京デザイン専門学校建築デザイン科を卒業後、椎名英三建築設計事務所に勤務。2003年布施木綿子建築設計事務所を共同主宰。'06年に佐藤・布施建築事務所を共同設立

佐藤友也［さとう・ともや］
扇建築工房
静岡県浜松市の設計事務所で7年、ゼネコンで現場監督を2年ほど経験したのち、扇建築工房に入社。2018年に代表に就任。浜松市を中心に、住宅の設計・施工を手がける

渋谷達郎［しぶや・たつろう］
アーキテクチュアランドスケープ一級建築士事務所
1976年山形県生まれ。2004年慶應義塾大学大学院理工学研究科前期博士課程修了。隈研吾建築都市設計事務所ほかを経て'09年アーキテクチュアランドスケープ一級建築士事務所設立。現在、山形大学、山形県立産業技術短期大学校、東北芸術工科大学非常勤講師

杉下均［すぎした・ひとし］杉下均建築工房
1952年岐阜県生まれ。'75年建築研究所Jを共同設立。'78年杉下均建築工房設立

堤庸策［つつみ・ようさく］arbol
1979年東京都生まれ。'98年国立阿南工業高等専門学校高等課程修了後、専門学校アートカレッジ神戸卒業。2002年田頭健司建築研究所を経て、'09年arbolを設立

出口佳子［でぐち・よしこ］杉下均建築工房
1971年愛知県生まれ。柳瀬真澄建築設計工房勤務などを経て、2001年より杉下均建築工房

寺林省二［てらばやし・しょうじ］
テラバヤシ・セッケイ・ジムショ
1965年北海道生まれ。'87年東京都立武蔵野技術専門校建築設計科卒業。梅村雅英建築設計アトリエを経て、'98年テラバヤシ・セッケイ・ジムショ設立

長澤徹［ながさわ・とおる］
ポーラスターデザイン
１９７３年埼玉県生まれ。‘96年東京都立大学工学部建築学科卒業。積水ハウス勤務後、ポーラスターデザイン一級建築士事務所設立

西下太一［にしした・たいち］
西下太一建築設計室
１９８８年愛媛県生まれ。２０１２年東京藝術大学美術学部建築学科卒業。‘16年西下太一建築設計室設立

野口修一［のぐち・しゅういち］
野口修アーキテクツアトリエ
１９６８年千葉県生まれ。千葉大学大学院修了。‘98年野口修一建築設計室設立。２００３年野口修アーキテクツアトリエへ改称

長谷川総一［はせがわ・そういち］
長谷川設計事務所
１９５６年神奈川県生まれ。‘79年京都工芸繊維大学工学部卒業。同年マツダ店舗設計研究所入所。レンオゴ設計事務所、アトリエフルタ建築研究所を経て、‘92年長谷川設計事務所設立

服部信康［はっとり・のぶやす］
服部信康建築設計事務所
１９６４年愛知県生まれ。‘84年東海工業専門学校卒業。同年名巧工芸入社。‘87年総合デザイン入社。‘89年スペース入社。‘92年R&S設計工房入社。‘95年服部信康建築設計事務所設立

平野恵津泰［ひらの・えつやす］
ワーク・キューブ
１９６５年愛知県生まれ。‘87年明治大学工学部卒業。青島設計を経て、‘92年ワーク・キューブを共同開設

布施木綿子［ふせ・ゆうこ］
佐藤・布施建築事務所
１９７１年東京都生まれ。‘94年日本大学理工学部建築学科を卒業後に、椎名英三建築設計事務所に所属。２００２年布施木綿子建築設計事務所主宰。‘06年佐藤・布施建築事務所を共同設立

穂垣友康［ほがき・ともやす］**くらし設計室**
１９８０年広島県生まれ。２００３年広島大学工学部建築学科卒業。藤本寿徳建築設計事務所、渡辺明設計事務所を経て、‘12年くらし設計室設立。国立呉工業高等専門学校非常勤講師

松原知己［まつばら・ともみ］**松原建築計画**
１９７４年愛知県生まれ。‘97年愛知工業大学卒業。加藤設計、久保田英之建築研究所を経て、２００８年に松原建築計画を設立

松原正明［まつばら・まさあき］**木々設計室**
１９５６年福島県生まれ。東京電機大学工学部建築学科卒業。‘86年に松原正明建築設計室設立。２０１８年に木々設計室に改称。NPO法人家づくりの会正会員

峯田建［みねた・けん］
スタジオ・アーキファーム
１９６５年山形県生まれ。‘91年東京藝術大学美術学部建築科卒業。‘93年同大学大学院美術研究科修士課程修了。‘96年スタジオ・アーキファーム一級建築士事務所設立。現在、千葉大学、東京理科大学非常勤講師

向山博［むこうやま・ひろし］
向山建築設計事務所
１９７２年神奈川県生まれ。‘95年東京理科大学工学部建築学科卒業。鹿島建設、シーラカンスK&Hを経て、２００３年向山建築設計事務所設立

村梶招子［むらかじ・しょうこ］**ハルナツアーキ**
１９７６年岐阜県生まれ。２００１年名古屋大学大学院修士課程修了。同年石本建築事務所、‘06年手塚建築研究所勤務を経て、‘11年ハルナツアーキ設立。現在、金沢科学技術専門学校非常勤講師

村梶直人［むらかじ・なおと］**ハルナツアーキ**
１９８０年石川県生まれ。‘04年金沢工業大学大学院修士課程修了。手塚建築研究所を経て、‘11年ハルナツアーキ参画。現在、アシーズ

八島正年［やしま・まさとし］**八島建築設計事務所**
１９６８年福岡県生まれ。‘93年東京藝術大学美術学部建築科卒業。‘95年同大学大学院美術研究科修士課程修了。‘98年八島正年＋高瀬夕子建築設計事務所共同設立。２００２年八島建築設計事務所に改称

八島夕子［やしま・ゆうこ］**八島建築設計事務所**
１９７１年神奈川県生まれ。‘95年多摩美術大学美術学部建築科卒業。‘97年東京藝術大学大学院美術研究科修士課程修了。‘98年八島正年＋高瀬夕子建築設計事務所共同設立。２００２年八島建築設計事務所に改称。現在、共立女子大学非常勤講師

安江怜史［やすえ・れいじ］
安江怜史建築設計事務所
１９８０年愛知県生まれ。２００２年滋賀県立大学卒業。GA設計事務所を経て、‘14年安江怜史建築設計事務所設立

吉元学［よしもと・まなぶ］
ワーク・キューブ
１９６３年愛知県生まれ。‘86年武蔵工業大学工学部卒業。都設計事務所、MD建築設計事務所を経て、‘92年ワーク・キューブを共同開設。２０１９年愛知淑徳大学教授

すごい平屋

2021年10月25日　初版第1刷発行
2022年 2 月 1 日　　　第4刷発行

発行者　澤井聖一

発行所　株式会社エクスナレッジ

〒106-0032
東京都港区六本木7-2-26
https://www.xknowledge.co.jp/

問合せ先　編集　Tel：03-3403-1381
Fax：03-3403-1345
info@xknowledge.co.jp
販売　Tel：03-3403-1321
Fax：03-3403-1829